Jamal Karsli

Maulkorb für Deutschland

Fakten, Analyse, Aufklärung zur Antisemitismusdebatte

Jamal Karsli

Maulkorb für Deutschland

Fakten, Analyse, Aufklärung zur Antisemitismusdebatte

2. Auflage: November 2003

ISBN: 3-00-012488-8

Buchbestellung über den Buchhandel
oder im Internet unter:
www.karsli.de
jamal@karsli.de

Printed in Germany

Inhaltsverzeichnis

Danksagung

Ich möchte mich bei allen Menschen, die mir in der schwierigen Zeit der gegen mich gerichteten Mediankampagne beigestanden haben, herzlichst bedanken. Zuerst danke ich meiner Familie. Sowohl meine Frau Franca als auch meine Kinder Fatima, Sofia und Sami (Sami bedeutet auf arabisch übrigens „Semit“) haben sehr unter der Kampagne gegen mich und der öffentlichen Diffamierung meiner Person gelitten. Danke, dass Ihr die schwere Zeit so geduldig mit mir gemeistert habt.

Die vielen tausend Unterstützungsschreiben aus aller Welt waren mir ein wertvoller Trost während der sich steigernden Kampagne gegen mich. Dank gilt dem israelischen Buchautor und Friedensaktivisten Shraga Elam für die Formulierung einer Online-Petition und dem Auschwitzüberlebenden Dr. Hajo Meyer, der mir ebenfalls gemeinsam mit Shraga Elam durch solidarische offene Briefe und Presseveranstaltungen sehr geholfen hat. Da ich all die herzlichen und (über die verlogene Hetze gegen mich) empörten Briefe, Faxe und Emails aus der Bevölkerung nicht persönlich beantworten konnte, möchte ich mich auf diesem Weg für den Beistand bedanken. Sie alle haben mir neuen Mut gegeben, meinen Weg weiter zu gehen.

Ich danke Volker Motz für seine unterstützende Begleitung meiner Arbeit, Ahmad Aweimer für die typographische Bearbeitung meines Textes und Dr. Peter Ruprecht für das Lektorat. Schließlich gilt mein besonderer Dank Susanne Ruprecht. Ihre kontinuierliche und kompetente redaktionelle Betreuung hat meinem Manuskript die präzise Struktur und die sprachliche Klarheit verliehen, in der es heute vorliegt.

Vorwort zur 2. Auflage

Für die zweite Auflage habe ich mein Buch „Der Fall Karsli. Eine Antisemitismusdebatte" noch einmal gründlich überarbeitet und aktualisiert. So ist zum Beispiel ein komplett neues Kapitel über einen weiteren politisch motivierten Antisemitismusvorwurf entstanden. Es trägt den Titel „Zweierlei Maß“ und berichtet von der skandalösen Zensur des kanadisch-britischen Philosophieprofessors Dr. Ted Honderich: Nachdem der Leiter des Fritz Bauer Instituts in Frankfurt Micha Brumlik Herrn Honderich als Antisemiten beschimpfte und seinem Verleger, dem Suhrkamp Verlag, vorwarf, mit dem Buch „Nach dem Terror. Ein Traktat“ „philosophischen Judenhass“ zu publizieren, wurde es vom Suhrkamp Verlag nicht wieder aufgelegt. Brumliks Forderung, das Buch unverzüglich vom Markt zu nehmen, kam der Verlag eilfertigst nach. Die hier erneut demonstrierte unvermindert effektive Schlagkraft der Antisemitismuskeule ließ mich die Situation in Deutschland im Hinblick auf die Möglichkeiten einer sachlichen und kritischen Kritik an Israel erneut überdenken. Als dann auch der deutsch-französische Sender ARTE zum zweiten Mal in diesem Jahr einen kritischen Beitrag zum Thema Israel absetzte, wurde mir klar, dass die Presse- und Meinungsfreiheit in Deutschland bei weitem nicht die Möglichkeiten hat, wie es offiziell dargestellt wird und wie es ihr Name vermuten lässt. Denn vermutlich steckt auch hinter dieser Programmänderung eine proisraelische Lobby, die schon im April 2003 für die Absetzung des israelkritischen Films „Dschenin, Dschenin“ sorgte, der ebenfalls bei ARTE ausgestrahlt werden sollte. Wenn ich die Fakten und kritischen Analysen zum Thema, die ich in meinem Buch zusammengetragen habe, bilanzierend betrachte, komme ich zu dem Schluss, dass Deutschland tatsächlich einen Maulkorb trägt. Ich habe die zweite Auflage meines Buches daraufhin umbenannt und diese Erkenntnis zum Titel meines Buches gemacht: **Maulkorb für Deutschland.**

Wie der Druck aussieht, der zur Unterdrückung bestimmter Fakten oder Meinungen ausgeübt wird, macht der jüngste Zensurversuch von israelischer Seite deutlich: Das Eurobarometer der European Commission hatte im Oktober 2003 eine alle Mitgliedsstaaten der EU einbeziehende Umfrage über die Haltung der Bürger zum Irakkrieg, zum gesamten Nahen Osten und zum Weltfrieden in Auftrag gegeben. Eins der 15 Ergebnisse ist, dass 59 Prozent der EU-Bürger Israel für die größte Bedrohung des Weltfriedens ansehen. Die für ihre liberale Haltung bekannten Niederlande führt die Liste der Bürger, die zu dieser Einschätzung kamen, mit 74 Prozent an. An zweiter Stelle liegt Österreich mit 69 Prozent, bei den Deutschen sind es 65 Prozent und bei den Dänen 65 Prozent der Bürger.

Der vollständige Bericht der Umfrage ist unter: www.europa.eu.int/comm/public_opinion/flash/fl151_iraq_full_report.pdf nachzulesen.

Das Simon Wiesenthal Center, ein internationales Zentrum zum Gedenken an den Holocaust, rief offen zur Zensur dieser Ergebnisse auf: Der Leiter des Centers Rabbi Marvin Hier bezichtigte die Europäer nicht nur erneut als unverbesserliche Antisemiten, sondern forderte zudem ungeniert, die Ergebnisse der Umfrage nicht zu veröffentlichen und außerdem gegen die Umfrage zu protestieren. Er drohte zudem, sollten die Ergebnisse doch veröffentlicht werden, so müsse Israel die einzig mögliche Konsequenz ziehen: Ein solch offensichtliches Vorurteil der EU und ihrer Mitglieder mache sie ungeeignet für jede künftige Rolle im Nahost-Friedensprozess. Glücklicherweise war die Drohung nur insofern wirksam, als dass die Veröffentlichung dieses Umfrageergebnisses zwar verzögert, jedoch nicht unterbunden werden konnte.

Ein Beispiel für die unterschiedliche Verfahrensweise der Medien mit ihren selbst geschürten Skandalen ist der „Fall Friedman“. Der ehemalige Vizepräsident des Zentralrats der Juden in Deutschland wurde im Sommer 2003 in einen Skandal um Menschenhandel mit osteuropäischen Prostituierten und Kokainbesitz verwickelt. Im Juli 2003 legte er daraufhin alle öffentlichen Ämter nieder. Nun wurde er im Oktober, nur vier Monate später, zu einer der quotenreichsten und renommiertsten Sendungen überhaupt – „Sabine Christiansen" - als Talkgast zum Thema: „Politik in der Krise" eingeladen, als wäre nichts geschehen. Die Zuschauer reagierten zu Recht „irritiert" und äußerten ihr Unverständnis darüber, dass er überhaupt eingeladen worden sei, teilte eine Sprecherin der ARD-Zuschauerredaktion mit. Einen Tag später war er im „Grünen Salon" bei n-tv zu Gast und debattierte dort über die Frage : „Wie tolerant ist Deutschland?". Zusätzlich wird Friedman künftig Kolumnen für das Hamburger Magazin „Max" schreiben. Ich schließe mich der CDU-Lehrervereinigung an, die sich beschwerte, dass Friedman im öffentlich-rechtlichen Fernsehen eine „Rehabilitation durch die Hintertür erfahren habe".

Ein weiteres Thema, welches mich bei der Überarbeitung meines Buches wiederholt beschäftigt, ist der tragische Tod meines Landtagskollegen Jürgen W. Möllemann. Der genaue Hergang seines Fallschirmabsturzes ist noch immer nicht vollständig geklärt. Mindestens so schlimm und bedrückend wie die offenen Fragen ist jedoch das fast vollständig verschwundene Interesse der Öffentlichkeit an der Aufklärung seines mysteriösen Todessprungs nach nur drei Monaten. Dieses Desinteresse ist ein klassisches Beispiel für die Schnelllebigkeit und Oberflächlichkeit unserer Mediengesellschaft, in der alle Themen für einige Tage Sensationscharakter haben, um sodann den nachrückenden Schlagzeilen zu weichen.

Während die Welt Jürgen Möllemann bereits zu vergessen beginnt, kämpfe ich noch immer für unsere gemeinsamen Visionen, die eine wesentliche Grundlage unserer Zusammenarbeit waren. Es freut mich sehr, dass es mir gelungen ist, bereits einen Teil dieser Visionen durch die Gründung der neuen Partei Frieden, Arbeit, Kultur und Transparenz, kurz ***FAKT*** (www.fakt-partei.de) zu verwirklichen.

FAKT ist eine der Konsequenzen meiner politischen Erfahrungen in Deutschland. Die Idee zur Gründung einer neuen Partei entstand zum einen aus der Enttäuschung über die bestehenden Parteien, zum anderen durch den enormen Zuspruch aus allen Teilen der Bevölkerung. Viele Menschen baten mich darum, meine politischen Ideen, die ich weder bei den Grünen noch in der FDP verwirklichen konnte, mittels einer neuen Partei zu realisieren. Gut ein Jahr nach dem Ende der Antisemitismusdebatte um mich und Jürgen Möllemann wurde FAKT gegründet. Entstanden ist eine sozialliberale Partei, deren Ziel es ist, die in unserer Gesellschaft brach liegenden politischen Kräfte, die von den etablierten Parteien nicht erreicht werden, zu bündeln. Dies sind z. B. die Jugend - **das** Potential unserer Gesellschaft - die Senioren und die Migranten. Wir wollen verlorenen gegangene Werte unserer Kultur wieder herstellen. Damit meine ich z.B. den Familiensinn. Immer mehr Jugendliche weisen psychische Störungen auf oder rutschen in den Drogenkonsum ab. Ich bin mir sicher, dass eine Wiederherstellung des Zusammenhalts in den Familien diesem Trend entgegenwirken würde. Ein Zusammenrücken der Generationen würde auch dazu führen, die Menschenwürde der alten Menschen zu bewahren. Das Anerkennen und Schätzen der Lebenserfahrung eines alten Menschen gehört ebenfalls zu den Werten, für die wir stehen. So wie beim Thema Familie benötigt unser Staat auch hinsichtlich der aktuellen desolaten Gesundheits- und Steuerproblematik dringend neue und mutige Reformen. FAKT wird auch hier neue Wege beschreiten und neue Maßstäbe setzen. Wir haben uns auf die Fahnen geschrieben, offen, klar und unbequem zu sein. Das heißt, wir sind bereit, mutige Schritte zu unternehmen und auch die sogenannten „heiße Eisen-Themen" anzupacken, die von den etablierten Parteien gemieden werden. ***FAKT*** will eine unabhängige politische Bewegung werden, die den wirtschaftlichen und politischen Stillstand auflöst, die sich für eine nachhaltige Entwicklung und eine nachhaltige Friedenssicherung im In- und Ausland einsetzt - ohne Klientel, ohne Fesselung, ohne Rücksichtnahme auf die Interessen einer spezifischen Lobby. Dass ***FAKT*** mit diesem Anspruch auch die Visionen von Jürgen Möllemann verwirklicht, entspricht auch der Einschätzung seines ehemaligen Mitarbeiters Hans-Joachim Kuhl. Auf der Abschiedsseite von Jürgen Möllemanns Homepage wünscht er sich für die politische Zukunft Deutschlands, „dass es vielleicht in ferner Zukunft etwas gibt, das im Sinne von Jürgen Möllemann entstehen könnte. Das einzige, was ich dazu bisher erkennen kann, ist die Partei FAKT von Jamal Karsli".(1)

Als Vorsitzender von ***FAKT*** möchte ich vor allem meine Erfahrung als Migrant und meine langjährige Arbeit mit Migranten einfließen lassen. Mir liegt viel daran, dass die in Deutschland lebenden Einwanderer nicht nur gesellschaftlich, sondern auch politisch endlich vollständig integriert werden. Ich möchte, dass sie eine eigene politische Stimme erhalten und nicht nur eine Schattenexistenz in ihrer neuen Heimat führen. Des weiteren möchte ich der Mehrheit der Bevölkerung klar machen, dass die Migranten ein riesiges Potential und eine Bereicherung für unsere Gesellschaft darstellen. Denn von zu vielen Menschen werden sie leider fälschlicherweise immer noch als ein notwendig zu tolerierendes Übel angesehen. In zehn Jahren werden 40% aller deutschen Schülerinnen und Schüler einen Migrationshintergrund haben. ***FAKT*** wird Konzepte entwickeln, die auf der Grundlage dieser Tatsachen aufbauen und sie integrieren. Das Ergebnis werden reelle zukunftsorientierte und bürgernahe Programme sein, von denen alle profitieren.

Die explosionsartige Entwicklung der Partei seit ihrer Gründung im Mai 2003 zeigt mir, dass wir auf dem richtigen Wege sind. Die Mitgliederzahl hat sich seither bereits verdoppelt. Selbst Mitglieder anderer Parteien wandern zu uns ab. In der Bevölkerung gibt es offensichtlich einen riesigen Bedarf an der Einbindung der Themen, die wir zu den Säulen unserer Politik erklärt haben. Der enorme Anklang, den ***FAKT*** derzeit erfährt, macht deutlich, dass es augenscheinlich eine große Lücke in der Parteienlandschaft gibt, die von den bestehenden Parteien nicht geschlossen werden konnte. Täglich neue Mitgliedsanträge, in vielen großen Städten NRWs entstehende Orts- und Kreisverbände sowie zahlreiche Anfragen und Interessebekundungen aus anderen Bundesländern dokumentieren dies.

Vorwort

der israelischen Menschenrechtsanwältin, Autorin und Trägerin des Alternativen Nobelpreises *Felicia Langer*:

Das Buch „Maulkorb für Deutschland“ ist eine Art Anatomie der Verleumdung und der Hetzkampagne, der Unterdrückung von Meinungen und ein Beleg dafür, wie man jede Kritik an Israels völkerrechtswidrigem Verhalten im Keim erstickt, in dem man sie als Antisemitismus diffamiert.

Die politische und gesellschaftliche Demontage und Ausschaltung des Kritikers sind obligatorisch, um ein abschreckendes Beispiel zu statuieren unter dem Moto: „Wehe denjenigen, die es wagen!...”

Empörend. manchmal auch traurig, aber nicht entmutigend, weil der „Fall Karsli” als Beweis dient, dass man allem zum Trotz nicht jeden mundtot machen kann.

Eine wichtige Lektüre!

Felicia Langer,

am 07. 06. 2003

Die Nachfolger

Weil faschistische Mörder
Juden vertrieben haben
sollen jetzt faschistische Mörder
die Palästinenser
die unschuldig waren
am Tod der Juden Europas
so ermorden wie damals
die Juden ermordet wurden

Weil es Juden und Linke gibt
die das Wahnsinn nennen
und den Mördern nicht helfen wollen
bezeichnen die Zionisten
diese Linken als Nazis
und die antifaschistischen Juden
als „jüdische Antisemiten"
und „Verräter am eigenen Blut"

Erich Fried (2)

Nachruf

zum plötzlichen Tode von Jürgen W. Möllemann

In der Woche, in der ich das Manuskript des vorliegenden Buches abgeschlossen und dem Lektorat meines Verlages übergeben hatte, erfuhr ich in den Mittagsnachrichten von dem tödlichen Fallschirmabsturz meines Landtagskollegen Jürgen Möllemann. Die Nachricht löste einen Schock aus. Noch heute kann ich seinen plötzlichen Tod nicht fassen, nicht begreifen.

Unabhängig von den Ursachen seines Todes: Wir alle, die Politik, die Medien und die Bevölkerung verlieren nicht nur einen Ausnahmepolitiker, sondern vor allem einen couragierten, vitalen und leidenschaftlichen Menschen. Die arabische Welt hat zudem einen Freund und Fürsprecher verloren, der sich mit Leib und Seele für einen gerechten und dauerhaften Frieden im Nahen Osten einsetzte.

Aufgrund seines mutigen Einsatzes für eine friedliche Lösung im Nahen Osten sind wir ein Stück gemeinsamen Weges gegangen. Ich habe ihn in dieser Zeit als ebenso aufrichtigen wie integren und charakterstarken Menschen kennengelernt, der sich in einer für mich schwierigen Zeit konsequent hinter mich gestellt hat.

Besonders das Datum seines Todes hat mich ebenso erschüttert wie bewegt: Vor genau einem Jahr, am gleichen Tag, dem 05. Juni 2002, habe ich die nordrhein-westfälische Landtagsfraktion der FDP verlassen. Ich entschloss mich damals zu diesem Schritt, damit man mich nicht länger in der Kampagne gegen Jürgen W. Möllemann instrumentalisieren konnte. So wie ich zur FDP wechselte, um Jürgen Möllemanns Position zu stärken, so trat ich auch zurück, um ihn zu stärken. Die unbarmherzige Hetzjagd, die in den letzten Monaten seit der sogenannten Flugblattaffäre mit zunehmender Intensität gegen ihn betrieben wurde, verurteile ich aufs Schärfste. Auch ich wurde zuvor in aller Öffentlichkeit mit großem Mediengetöse zum Buhmann erklärt. Ich kann mich noch sehr gut daran erinnern, wie es ist, die Zielscheibe einer hemmungslosen Diffamierung zu sein, die erst eingestellt wird, wenn man zerstört am Boden liegt. Jürgen Möllemann ist bereits mehrfach wieder aufgestanden und auf die politische Bühne zurückgekehrt, nachdem er am Boden lag. Diesmal war der Druck auf ihn jedoch stärker als er selbst.

Anlässlich dieses schrecklichen Ereignisses appelliere ich an alle Funktionäre in der Politik und den Medien: Wir sollten in jeder noch so hitzigen Debatte, in jedem kämpferischen Einsatz für die „gute Sache", für den Fortschritt unserer Projekte oder anderer Ziele niemals vergessen, dass wir es untereinander, auch wenn wir unterschiedliche Meinungen, Werte oder Ziele vertreten, in erster Linie mit Menschen zu tun haben. Deshalb sollten wir uns immer menschlich verhalten. Wenn der Druck gegen einen anderen Menschen so groß wird, dass keine Perspektive mehr bleibt, dass ein ganzes Lebenswerk zerstört wird, dann wird er daran zerbrechen. Mir scheint, dass dies im Falle Jürgen W. Möllemanns geschehen ist: Er hat den gegen ihn gerichteten Druck nicht mehr aushalten, keine Perspektive mehr erkennen können. Dies kann und darf jedoch niemals Sinn und Zweck politischer Auseinandersetzungen sein. Wir müssen versuchen, die in der Politik gängige Steigerung „Feind, Erzfeind, Parteifreund" umzuwandeln, so dass es heißt: „Freund, guter Freund, Parteifreund".

Ich möchte diejenigen, die im „Fall Möllemann" wie im „Fall Karsli" unbedacht in den Hetzchor der Ankläger mit einstimmten, an ein berühmtes Zitat erinnern: „Wer unter euch ohne Sünde ist, der werfe den ersten Stein" (Johannes 8, 7). Die Heuchelei und die Doppelmoral, mit der die Kampagne gegen Jürgen Möllemann betrieben wurde, war so unmenschlich wie zerstörerisch. Der Tod von Jürgen Möllemann ist nicht nur tragisch, er ist ein Skandal. Er ist ein Indiz für eine unbarmherzige Gesellschaft, deren Spielregeln sich zu allererst an den Gesetzen der Macht orientieren und nicht an denen der Mitmenschlichkeit und der Würde, wie es der erste Artikel unseres Grundgesetzes vorsieht.

Düsseldorf, im Juni 2003
Jamal Karsli

Einleitung

Im Frühjahr des Jahres 2002 ging ein Aufschrei durch Deutschland: Ein antisemitischer Araber, Ex-Grüner und Moslem obendrein, wird neues Parteimitglied der FDP. Dies sei ein katastrophales Signal, das werde Konsequenzen haben, und das sei ja fast wie im 3. Reich, entsetzte man sich. So unwirklich es mir damals erschien: Dieser unerträgliche Antisemit, der die Schlagzeilen beherrschte, war niemand anderer als ich selber.

Nun werden diejenigen, die damals in den Chor mit einstimmten, jetzt sagen: „Nein, nein, nein. Die Kritik an Herrn Karsli hatte nichts mit seiner syrischen Abstammung und auch nichts mit seinem moslemischen Glauben zu tun. Niemand hat je so etwas gesagt." Diesen Leuten antwortete ich: „Ja, das stimmt. Niemand hat je so etwas über mich gesagt. Aber Sie wissen jetzt, wie man sich fühlt, wenn man gezwungen wird, gegen Positionen anzugehen, die man niemals vertreten hat".

Die polemische Überspitzung des Tenors derer, die mich während des „Falls Karsli" anfeindeten, ist tatsächlich eine bewusste Übertreibung dessen, was über mich in den Medien zu lesen war. Ich habe sie hier bewusst angewandt, um das System, mit dem damals meine Diffamierung betrieben wurde, zu illustrieren: Im Frühjahr 2002 berichteten die Medien nicht über das, was ich tatsächlich sagte und wofür ich tatsächlich seit vielen Jahren kämpfte, sondern man schrieb das über mich, was vermeintlich hinter meinen Aussagen stecken könnte. Sagte ich: „Dieser Orangensaft schmeckt sehr gut", so konnte ich am nächsten Tag - überspitzt formuliert - in den Zeitungen lesen: „Herr Karsli hat gesagt, der Orangensaft schmecke sehr gut, aber man sollte ihn nicht bei Juden kaufen." Aufgrund einer israelkritischen Äußerung wurden mir plötzlich grundsätzliche Haltungen, Aussagen und Überzeugungen unterstellt, die rein gar nichts mehr mit dem zu tun hatten, wofür ich eintrete, was ich tatsächlich gesagt habe und wovon ich zutiefst überzeugt bin.

Dass ich plötzlich in aller Öffentlichkeit als einer von denen dargestellt wurde, die ich in meiner gesamten bisherigen politischen Laufbahn als meine Gegner erachtet und gegen die ich politisch gekämpft hatte (Rechtsradikale, Nazis, Antisemiten), erschien mir zu Beginn der Kampagne noch schlicht absurd. Je mehr ich jedoch feststellte, was für eine Hetzjagd dort gegen mich am Werke war, welche Macht und welches Ziel sie hatte, desto mehr erkannte ich, dass es hier um weit mehr ging als um meine persönliche Erfahrung. Hier ging es um einen, wenn nicht **den** wunden Punkt unserer Nation: Es ging um das sensible Verhältnis zwischen Deutschland und Israel, es ging um die deutsche Vergangenheitsbewältigung der Naziverbrechen. Wie weit die daraus hervorgehende Tabuisierung jeglicher Kritik an der israelischen Regierung in Deutschland immer noch reicht und welche Auswirkungen sie auf unsere Gesellschaft, ja, auf unsere Demokratie hat, war mir bis dahin nicht in seinem ganzen Ausmaß bewusst.

Ich schreibe dieses Buch aus zwei Gründen:

- Erstens möchte ich den sogenannten „Fall Karsli" einmal so berichten, wie er sich tatsächlich zugetragen hat und somit das verdrehte Zerrbild, das von den Medien transportiert wurde, korrigieren.
- Zweitens halte ich es für außerordentlich wichtig, die weitreichende Tabuisierung des Themenkomplexes rund um die deutsch-israelischen Beziehungen zu durchbrechen, die wie ein verstaubter schwarzer Schleier auf unserem Lande liegt.

Ich halte es grundsätzlich für außerordentlich gefährlich, wenn ein Land, ganz gleich, was es tut, außerhalb jeglicher Kritik steht. Dies kann in Niemandes Sinne sein, der eine demokratische und liberale Haltung vertritt. Ich weiß von vielen Israelis, dass sie Bürger eines ganz normalen Staates sein wollen, der behandelt und kritisiert werden muss wie jeder andere Staat.

Ich möchte das Tabu brechen, da ich der Überzeugung bin, dass man sich die Dinge, die man bekämpfen möchte - wie in diesem Fall den Antisemitismus - gründlich anschauen und besprechen muss, anstatt ein Redeverbot über sie zu verhängen. Tabuisierung bedeutet die Verhinderung von Aufklärung und Aufarbeitung. Der Grund dafür, dass ich diese Diskussion in Gang bringen möchte, ist, dass ich kein Anhänger, sondern ein Gegner des Antisemitismus bin.

Chronologie

Deutsch-Syrer oder syrischer Deutscher?

Gleich zu Beginn meines ersten Buches muss ich ein Geständnis ablegen: Ich bin zwar nicht antisemitisch, wie ich im weiteren Verlauf ausführlich darlegen werde, jedoch: Ich bin schizophren!

Nun sagt man, dass die Schizophrenie den Vorteil habe, dass man nie allein ist. Ihr Nachteil ist die innere Zerrissenheit. Bei mir drückt sich diese Zerrissenheit folgendermaßen aus: Halte ich mich in Syrien, meinem Geburtsland, auf, sage ich: „Bei uns in Deutschland...." In meiner Wahlheimat Deutschland hingegen sage ich: „Bei uns in Syrien....." Meinem innersten Empfinden nach befinde ich mich faktisch zwischen zwei Nationen, zwei Kulturen, zwei Religionen, zwei Mentalitäten. Ich trage Anteile aus beiden Welten in mir und kann mich in beide unterschiedlichen Denkweisen hineinversetzen. Aus eben dieser Zerrissenheit entwickelte sich der Schwerpunkt meiner politischen Arbeit: Ich sehe es als meine politische Aufgabe, als Brücke zwischen diesen unterschiedlichen Welten zu wirken, Vorurteile auszuräumen, Missverständnisse zu klären, kurz: zur Völkerverständigung zwischen Orient und Okzident beizutragen.

Immer wieder werde ich mit den banalsten Klischees gegenüber der jeweils anderen Kultur konfrontiert. Hier in Deutschland sind es immer wieder die gleichen Themen, die im Zusammenhang mit meiner syrischen Herkunft angeschnitten werden: Scheiche, Harem, Öl, Kamele und natürlich der Islam. Die deutsche Vorstellung von der arabischen Welt scheint sich auf die Klischees zu reduzieren, die in den Karl May-Verfilmungen der 60er Jahre vermittelt wurden. Andersherum fragen mich meine syrischen Freunde und Verwandten, ob die Deutschen wirklich alle so fleißig und ordentlich sind, ob die alten Menschen tatsächlich in Altersheime abgeschoben werden und danach, wie hoch der Nazi-Anteil unter der deutschen Bevölkerung heute ist.

Ich habe die Erfahrung gemacht, dass jede Kultur ihre ganz besonderen Vor- und Nachteile beinhaltet. Darum bin ich ein leidenschaftlicher und überzeugter Verfechter der Idee einer interkulturellen und multireligiösen Gesellschaft. Wenn man es schafft, dass kulturelle und religiöse Unterschiede nicht als Bedrohung, sondern als Bereicherung für das eigene Lebensmodell empfunden werden, ließe sich meiner Meinung nach die beste aller Gesellschaften schaffen.

Ein geborener Brückenbauer

Bevor ich den „Fall Karsli" beschreiben, kommentieren und analysieren werde, möchte ich zunächst mich und meinen Werdegang vorstellen. Da die Beschreibung der eigenen Person immer etwas schwierig ist, möchte ich an dieser Stelle auf ein Porträt aus der Hauszeitschrift „Landtag intern" vom Dezember 1999 des Düsseldorfer Landtags zurückgreifen, das noch zu Zeiten meiner Parteizugehörigkeit bei den Grünen verfasst wurde:

Porträt der Woche

von Reinhold Michels

Wenn er in Syrien ist, sagt er: "Ich bin aus Deutschland". Sitzt er im Düsseldorfer Landtagsbüro, entfährt es ihm: "Ich bin Ruhrgebietler". So jemand wie Jamal Karsli ist also der geborene Brückenbauer, und so versteht sich der 46jährige, der 1980 nach Recklinghausen kam, auch. Ihm geht es um die Gleichberechtigung der hier lebenden Ausländer. Karsli spricht stets von Migranten. Als deutscher Abgeordneter der Grünen versucht er, sowohl bei den Deutschen als auch bei den Ausländern wechselseitige Vorurteile zu beseitigen.

Der Mann ist ein Temperamentbündel, sein Deutsch ist ausgezeichnet. 1980 konnte er bloß ein deutsches Wort: Postfach. Und heute? Am 12. September hat er für den Bürgermeister-Posten in Castrop-Rauxel kandidiert. 2,7 Prozent sind es geworden, na ja, die politische

Lage war für die Grünen eben nicht günstig. Karsli hatte sich nicht zur Bewerbung gedrängt. Aber die Grünen-Freunde aus Castrop-Rauxel wollten ihn. Sie sagten: "Du mußt es machen, Du kannst das, hast politische Erfahrung, bist politisch engagiert, verstehst etwas von Raumplanung". Karsli, gelernter Industriechemiker, der in Dortmund Raumplanung studiert hat und zwei Übersetzer-Büros besaß, bevor er sich endgültig der Politik als Vollzeitjob verschrieb, leidet nicht an Minderwertigkeitskomplexen. Er traut sich viele politische Aufgaben zu, Regierungsämter eingeschlossen. Politische Vorbilder habe er nicht, betont er energisch, wozu auch: Jeder Mensch habe doch Vor- und Nachteile.

Wenn er über seinen Arbeitseinsatz erzählt, hört sich das an, als ob da jemand sieben Tage in der Woche für die Veränderung der Gesellschaft schufte. Flüchtlings- und migrationspolitischer Sprecher ist Jamal Karsli bei den Grünen, den Petitionsausschuß nimmt er sehr ernst. In vier Landtagsjahren seien es 1000 Petitionen, vornehmlich von Ausländern gewesen, die er bearbeitet habe. 400 Ortstermine seien vonnöten gewesen. Karsli zeichnet das Bild eines umtriebigen Abgeordneten, der im Lande umherreist, um Gutes zu tun. Erfolgserlebnisse bauen angesichts eines solchen physischen und psychischen Einsatzes besonders auf. Neulich in Bonn habe ihn ein Farbiger aus Togo auf der Straße wiedererkannt und ihm so gedankt: "Ohne Sie wäre ich tot". Karsli hatte sich mit Erfolg für den damals in Abschiebehaft Genommenen eingesetzt.

1985 hat Karsli die deutsche Staatsbürgerschaft bekommen. Einen syrischen Pass besitzt er nicht. Und dennoch: Wenn er politisch wieder einmal kräftig hinlangt, passiert es schon, daß ihn Kollegen von anderen Fraktionen für einen Ausländer halten, der sich erdreistet, im deutschen Parlament gegen Deutsche Stellung zu beziehen. Denen ruft er entgegen: "Was wollt Ihr eigentlich, ich bin Deutscher wie Ihr, und ich bin gewählter Abgeordneter wie Ihr". Karsli erinnert sich (schmunzelnd!) auch daran, wie es ihm beim Start in der deutschen Politik in Castrop-Rauxel entgegen schallte: "Jetzt fehlen hier bloß noch Kamele, dann haben wir endgültig arabische Verhältnisse!"

Karsli ist jemand, der sich nicht unterkriegen läßt. Er hat von der verehrten Mutter das Kämpferherz geerbt. Beim Sohn (Karsli hat noch zwei Töchter) sei schon jetzt etwas von seinem, des Vaters Naturell, zu spüren. Karslis Grundsatz heißt: Herausforderungen sind dazu da, um angenommen zu werden. Ein bißchen klingt bei ihm alles nach dem Toyota-Spruch: Nichts ist unmöglich. Seit dem 16. Lebensjahr hat er sich für Politik interessiert. Für amnesty hat er sich engagiert, gegen die Todesstrafe, für die Gleichberechtigung von Mann und Frau. Karsli ist Moslem, aber keiner von der gepanzerten Sorte. Seine Frau, eine Italienerin und Lehrerin, die er in Venedig kennengelernt hat, ist Katholikin. Die gemeinsamen beiden kleinen Kinder werden weder christlich noch muslimisch dominiert. "Wir versuchen das Beste aus beiden Religionen, die ohnehin nicht so unterschiedlich sind, zu vermitteln". Die Kinder wachsen vielsprachig auf: Mit ihnen wird daheim in Recklinghausen deutsch, italienisch und arabisch geredet. Vater Karsli platzt vor Stolz, wenn er erzählt, wie die Kleinen abends vor Freude ihm entgegen hüpfen, auf den Arm genommen werden möchten, und wie sie dann sogar noch einmal mit Papa essen, obwohl sie eigentlich schon satt sind.

Der ausgeprägte Familiensinn ist in Syrien typisch, mehr noch als bei den Italienern, weiß Karsli. Er hat elf Geschwister, 70 Neffen und Nichten und mehr als 200 Cousinen und Cousins ersten Grades. Wenn Jamal Karsli zu Besuch in Syrien weilt, bricht ein tagelanges Sippenfest an. "Als ich das letzte Mal fünf Wochen bei der Verwandtschaft war, wurden in der Zeit bestimmt 40 Hammel geschlachtet". Der enorm starke Familienzusammenhalt in Syrien trägt seiner Meinung nach auch dazu bei, daß es dort viel weniger Jugendliche mit psychischen Störungen gebe als in Deutschland.

Als er vor knapp 20 Jahren hierher kam, war er geschockt über die emotionale Kälte der Menschen. Weiter fiel ihm auf, daß die Deutschen Portemonnaies bei sich trugen. "Aha", habe ich mir gedacht, "Geld muß hier eine besonders hohe Bedeutung haben". Inzwischen besitzt er, der Deutsche aus Syrien, auch eine Geldbörse, schon wegen der üblichen Kreditkarten.

Karsli möchte noch einmal in den Landtag gewählt werden. Was später einmal kommen wird, ist noch nicht entschieden. Ob die Familie in Deutschland bleibt, vielleicht nach Italien zieht oder gar nach Syrien - nichts ist gewiß. Er, Jamal Karsli (Jamal heißt übrigens Schönheit auf arabisch, erklärt er lachend) möchte eigentlich nicht alt werden in Deutschland. "Ich hätte Angst davor, in ein Heim zu müssen, ich möchte nicht, daß man mich dort zur Verwahrung hinbringt". Dann vergleicht er wieder, denn: Wie war es doch anders, rührender in der eigenen syrischen Familie: Die Mutter sei mit 85 gestorben, im Kreise ihrer Lieben - und mit welcher Würde.(3)

Obwohl das Porträt schon etwas älteren Datums ist, macht es meine liberale und demokratische Grundhaltung deutlich. Mein politisches Ziel war schon immer der Weltfriede und das Selbstbestimmungsrecht aller Völker. Ich bin davon überzeugt, dass die Gleichberechtigung aller Menschen die wesentliche Voraussetzung dafür ist. Denn solange sich ein Volk auf Kosten eines anderen Vorteile verschafft, wird es immer berechtigten Unmut auf Seiten des Benachteiligten geben. Hier, in der Ungerechtigkeit zwischen einzelnen Völkern, liegt die Quelle aller Krisenherde dieser Welt.

Als aktives Mitglied bei Amnesty International, des Friedenkommitees und im Ausländerbeirat der Stadt Recklinghausen sowie als Gründungsmitglied des interkulturellen Arbeitskreises „Mehr Demokratie“ habe ich mich schon immer für die grundsätzliche Gleichberechtigung aller Menschen und für die Menschenrechte eingesetzt. Aus der gleichen Überzeugung kämpfe ich bis heute weiter gegen Rassismus, Rechtsradikalität, Ausländerfeindlichkeit und Diskriminierung.

Erste Schritte in die Politik

Die Grünen hatten ähnliche Schwerpunkte und Ziele in ihrem Parteiprogramm. Auch sie setzten sich damals noch für das Selbstbestimmungsrecht der Völker ein. Da sie auch in allen anderen wesentlichen Punkten meiner Vorstellung von Politik entsprachen, schloss ich mich ihnen 1984 an und war insgesamt 18 Jahre für die Partei aktiv.

Durch das Nachrückverfahren der Grünen zog ich 1995 und 2000 als Nachrücker in den NRW-Landtag ein. Als Mitglied des Landtags war eine meiner Hauptaufgaben die des migrationspolitischen Sprechers der Fraktion Bündnis 90/ Die Grünen. Außerdem setzte ich mich als ordentliches Mitglied im Migrations- und Petitionsausschuss für die Menschenrechte ein und kämpfte gegen Vorurteile gegenüber Mitgliedern anderer Kulturen und Religionen.

Wie in dem Porträt geschildert, versuche ich durch mein eigenes Leben zu zeigen, dass man interkulturell und interreligiös glücklich zusammen leben kann. Durch mein eigenes Leben möchte ich die Fahne für ein gleichberechtigtes, demokratisches und liberales Miteinander hoch halten.

Eine kleine Anekdote aus meinem Familienleben dokumentiert, wie ernst ich meine Aufgabe im Migrations- und Petitionsausschuss genommen habe: Als meine Tochter Sofia etwa 3 Jahre alt war, war eines ihrer Lieblingsspiele das Nachahmen der Erwachsenen. So „telefonierte" sie gerne mit ihrer Haarbürste in der Hand, der ihren Telefonhörer darstellte, und erklärte dem „Anrufer" am anderen Ende der Leitung: „Nein, tut mir leid, mein Papa ist nicht zu Hause. Er ist bei einer Potition." Sie hatte das Wort „Petition" einfach so oft von mir gehört, dass es zu den ersten ihres eigenen Wortschatzes wurde, noch ehe sie es richtig aussprechen konnte.

Eine der vielen Petitionen, die ich bearbeitet habe, stammte übrigens von Ralph Giordano. Er hatte sich für das Bleiberecht einer Roma-Familie aus Mazedonien eingesetzt. Hätte ich tatsächlich antisemitische Tendenzen, hätte ich ohne Probleme das Anliegen des bekannten Juden Giordano auf Eis legen können. Es kommt mir eigentlich mehr als absurd vor, aber für diejenigen, die mich nur aus den Medien kennen, muss ich wohl hinzufügen, dass mir nichts ferner lag als das.

In meiner Funktion als Politiker nutze ich meine multikulturellen Erfahrungen. Mein Ziel war immer, dass es in Deutschland keine Menschen zweiter, dritter und vierter Klasse gibt, dass Menschen nicht aufgrund von Nationalität, Glaube oder Hautfarbe beurteilt, sondern an ihren Handlungen gemessen werden, dass ein liberales und demokratisches Miteinander auf der Basis prinzipieller Gleichberechtigung möglich ist. Dies ist meine Grundüberzeugung, dafür habe ich gekämpft - und dafür werde ich weiter kämpfen.

Inwiefern ich aus eigener Erfahrung weiß, wie es ist, rassistischen Vorurteilen ausgesetzt zu sein, dokumentiert ein Erlebnis in Italien:

Rasterfahndung

Norditalien. Ein kleiner Ort in der Nähe von Venedig. Zwei Polizeiwagen halten jeweils vor und hinter einem Haus. Aus einem der Autos springen zwei Carabinieri. Einer eilt zur Sicherung des Hinterausgangs auf die Rückseite des Hauses. Der andere begibt sich zum Vordereingang und läutet. Eine Dame öffnet. „Haben Sie einen Araber zu Besuch?" fragt der Polizist.

„Sie meinen vermutlich meinen Schwiegersohn," antwortet die erstaunte Frau, „der ist deutscher Staatsbürger syrischer Herkunft." Ob sie dies beweisen könne, will der Staatsdiener wissen. Nun, sie sei noch nicht auf den Gedanken gekommen, dass der Mann ihrer Tochter schriftliche Beweise hinterlegen müsse, antwortet die Dame empört und erklärt, dass sie ihn und ihre Tochter mittags zurück erwarte.

Als der Mann später wie angekündigt eintrifft, warten die Polizisten bereits vor dem Haus. Der Mann denkt an seinen vierjährigen Sohn, der bei den Schwiegereltern geblieben war, und wird bleich. Zwei Polizeiwagen voller Herrschaften mit dunklen Sonnenbrillen verheißen gewöhnlich keine guten Nachrichten.

„Sind sie im Besitz einer Fluglizenz? Waren Sie in der letzten Zeit in den USA?" übersetzt seine Frau ihm die Fragen der Staatsbeamten. Er verneint beides wahrheitsgemäß und zeigt den Beamten ein Dokument, das ihn als deutschen Parlamentsabgeordneten ausweist. Ob er bereit sei, mit aufs Polizeirevier zu fahren, wird der „Verdächtige" gefragt. Nein, dazu gebe es keinen Anlass, er sei dazu nicht

bereit, wenn er nicht gezwungen sei. Er überreicht den ungebetenen Gästen eine Visitenkarte und gibt ihnen seine Homepage-Adresse und die Handy-Nummer, falls weitere Fragen bestünden.

Die Staatsmacht zieht von dannen, aber in den verbleibenden Urlaubstagen stellt der Mann Merkwürdigkeiten während der Gespräche mit seinem Handy fest - als würden mehr Leute am Gespräch beteiligt sein als nur er und der anrufende Mitarbeiter ... (4)

Dies ist nicht etwa das erste Kapitel eines spannenden neuen Kriminalromans, sondern meine eigene wahre Geschichte - sie ereignete sich kurz nach jenem tragischen 11. September 2001.

Als Politiker weiß ich persönlich, wie ich mich in solchen Situationen zu verhalten habe. Ich habe genügend Mut und Sprachkenntnisse, um mich gegen Verdächtigungen zu wehren. Auch die Erfahrung, dass ein Zuggast im ansonsten leeren Abteil des Intercity mir einen Platz verweigern wollte - allein aufgrund meines „verdächtigen“ Aussehens und mich, nachdem ich mich dennoch gesetzt hatte, als „Pakistani, der doch verschwinden solle“ bezeichnete, wirft mich mittlerweile nicht mehr aus der Bahn.

Wie aber ist es um junge Menschen - Studenten etwa - bestellt, die in Deutschland eine Ausbildung machen und vielleicht noch nicht so perfekt der Sprache mächtig sind? Müssen sie sich zukünftig einem Generalverdacht unterwerfen? „Kriminelle Ausländer“ sollen raus aus Deutschland - das fordern Stammtische und rechte Politiker schon immer. Jetzt sind die anderen an der Reihe: Wer aus dem islamischen Kulturkreis stammt, in Deutschland ein technisches Studium absolviert, friedlich und unauffällig lebt, muss ja wohl ein „Schläfer“ - ein potentieller Massenmörder sein. Ich weiß aus vielen Berichten, dass Migranten heute solchen Verdächtigungen ausgesetzt sind.

Jeder verantwortungsbewusste Mensch muss spätestens an dieser Stelle laut „Halt!“ rufen. Ansonsten wären Jahrzehnte zivilisatorischen Fortschritts umsonst gewesen.

Friedenspolitik

Um einen Eindruck von meiner konkreten Arbeit im Düsseldorfer Landtag zu vermitteln, werde ich in diesem Kapitel wichtige Stationen meines friedenspolitischen Einsatzes vorstellen.

Im Rahmen dieses friedenspolitischen und menschenrechtlichen Engagements habe ich immer wieder auf die Folgen von Kriegen für die Bevölkerung hingewiesen. Zu diesem Zweck habe ich zahlreiche Demonstrationen organisiert und dort als Redner gesprochen. Außerdem habe ich regelmäßig an Informationsreisen in Kriegs- und krisengeschüttelte Länder unserer Erde teilgenommen, um mir ein eigenes Bild davon zu machen, was Krieg für jeden einzelnen Menschen bedeutet. Denn erst, wenn man die Einzelschicksale der Menschen vor Ort erlebt, wird das ganze Grauen einer militärischen Auseinandersetzung hinter den statistischen Zahlen, die man üblicherweise bei Kriegsberichterstattungen erhält, in seinem ganzen Ausmaß deutlich.

Türkei und Kosovo

1998 besuchte ich die Türkei, um mich mit dem heutigen Ministerpräsidenten Recep Tayyip Erdogan solidarisch zu zeigen, der damals wegen der Verlesung eines religiösen Gedichtes zu 10 Monaten Gefängnis verurteilt worden war. In humanitärer Mission besuchte ich 1997 und 1999 den Kosovo und 2001 den Irak. Allein zum Thema Kosovo habe ich an etwa 50 Veranstaltungen mitgewirkt und schon 1997 vor einem bevorstehenden Krieg gewarnt. Ich habe bis zum Schluss versucht, zu verhindern, dass das letzte Flugzeug mit abgeschobenen Flüchtlingen aus Düsseldorf in den Kosovo startet. Mir war klar, dass man mit der Rückkehr dieser Menschen nur Öl ins Feuer des Konfliktes vor Ort gießen würde. Denn diese Menschen hatten nun eine Weile in demokratischen Verhältnissen gelebt und empfanden die Diskrepanz zu den Bedingungen in ihrer Heimat und ihre dortige Unterdrückung nun um so heftiger. Die kommenden Konflikte waren quasi vorprogrammiert. Die Politik der rot-grünen Regierung war insofern alles andere als weitsichtig.

Im Anschluss an meine Besuche in Krisengebieten habe ich die gewonnenen Eindrücke und Informationen jeweils in Reiseberichten wiedergegeben. Hier ist ein Auszug meines Berichtes über den Kosovobesuch 1999:

Als Folge des Krieges wurden z.B. im Kosovo rund 120.000 Häuser zerstört, allein im „deutschen Sektor", der rund ein Fünftel der Fläche des Kosovo ausmacht, waren von den 48000 Wohnungen 18.000 renovierungsbedürftig, 15-18.000 waren so baufällig, dass sie abgerissen werden mussten. Das bedeutete, dass etwa 150.000 Menschen den harten Winter (bis minus 25 Grad) in Zelten verbringen mussten. Rund 600.000 Menschen waren noch lange Zeit auf die regelmäßige Unterstützung von etwa 240 Hilfsorganisationen angewiesen. (5)

Während eine flächendeckende medizinische Grundversorgung nach Angaben der Organisation „Mutter Theresa" recht schnell wieder gegeben war, war eine eigenständige Versorgung mit dem Notwendigsten für einen großen Teil der Bevölkerung lange Zeit nicht in Sicht.

Tschetschenien

Ein Jahr später, 2000, wütete der Krieg in Tschetschenien. Für seine Auswirkungen schien sich in der sogenannten „zivilisierten Welt“ kaum jemand wirklich zu interessieren. Ich sah erschreckende Parallelen zu den grausamen Massakern in Bosnien und im Kosovo. Auch hier versuchte ich, die Öffentlichkeit für das Leid der Bevölkerung zu sensibilisieren, um ein Eingreifen der westlichen Nationen zu erwirken:

Krieg in Tschetschenien weckt schreckliche Erinnerungen an den Kosovo

Vom Balkan auf den Kaukasus: Das Kosovo des Jahres 2000 heißt Tschetschenien. Seit vielen Wochen mordet und zerstört der zweite russische Feldzug in der Teilrepublik. Tausende Tote und zerstörte Städte und Dörfer, allem voran eine bis auf die Grundmauern verwüstete Hauptstadt Grosny. Hier ist es Grosny, im Kosovo war es Pristina. In Jugoslawien zogen Milosevics Schergen gegen die Provinz, in Russland Jelzins/Putins Reste der roten Armee gegen die Teilrepublik. Im Kosovo wurde die Bevölkerungsmehrheit mit Gewalt außer Landes getrieben, in Tschetschenien wird den Einwohnern Grosnys mit Ermordung gedroht, wenn sie ihre Stadt nicht verlassen. Für Milosevic war die angeblich von der UCK ausgehende Bedrohung der Anlaß für den Krieg im eigenen Land; Jelzin und Putin reichte bereits die vermutete Verantwortung tschetschenischer Terroristen für einige Bombenanschläge, um aus dem kleinen Volk der Tschetschenen per se blutrünstige Gewalttäter zu machen.

Einen signifikanten Unterschied dieser beiden Tragödien gibt es jedoch: Milosevic wurde von einer internationalen Koalition gestoppt, zuletzt, als gar nichts anderes mehr half - mit militärischen Mitteln. Die russische Regierung hingegen wird immer noch aus der Perspektive der vergangenen Ost-West-Konfrontation betrachtet. Dabei ist sie nur mehr ein Schatten der ehemaligen Sowjetunion. Aber sie ist eine Atommacht und als Partner für Stabilität in Europa unverzichtbar. Eine militärische Option oder Waffenhilfe für die Rebellen scheiden daher definitiv aus. Doch es gibt andere Möglichkeiten: Wieso fließen nach wie vor Kredite nach Moskau? Weshalb werden die Mitgliedschaften in Organisationen wie der OSZE nicht eingefroren? Die Reaktion des Westens beschränkt sich bisher auf eher unverbindliche Protestnoten und die Bitte an Moskau, die Kampfhandlungen einzustellen.

In der Politik, aber auch in der kritischen Öffentlichkeit in Deutschland spielt der Krieg auf dem Kaukasus scheinbar keine besondere Rolle. Demonstrationen oder Mahnwachen gegen das Leiden des tschetschenischen Volkes sind nur spärlich zu verzeichnen. Vielleicht hat die Propaganda des Kreml nicht nur das russische Wahlvolk in die Arme von Jelzin und Putin getrieben, sondern auch die Köpfe hierzulande erreicht. „Islamische Kämpfer" und „muslimische Terroristen" wurden aus dem ganzen Volk gemacht - und solche Gestalten mag man auch in Deutschland nicht. Dass der Islam in Tschetschenien bislang bei weitem nicht zu Massenmobilisierungen taugte und nur oberflächlich verankert war, ist schließlich kaum bekannt. Erst unter dem Trommelfeuer russischer Waffen im ersten Tschetschenienkrieg gewannen die religiösen Kräfte an Zulauf - Angst schweißt eben zusammen, und in Bedrohungssituationen suchen Menschen Halt.

Ohne Druck der zivilisierten Welt sehe ich für die umkämpfte Teilrepublik nur zwei - gleichermaßen bedrückende - Perspektiven: Entweder wird die russische Zentralmacht nach siegreichem Feldzug das Land wie eine Besatzungsmacht unterdrücken, oder - was nach den militärischen Rückschlägen der letzten Tage nicht ausgeschlossen scheint - ein jahrelanger Guerillakrieg mit vielen weiteren Todesopfern steht bevor.

Wenn dem Westen hierzu nicht mehr einfällt als ein besorgtes Stirnrunzeln, gibt er nachträglich denjenigen Kritikern des Kosovoeinsatzes recht, die den humanitären Charakter als unglaubwürdig bezeichnet hatten. Die Staatengemeinschaft und ihre supranationalen Organisationen haben möglicherweise den Schlüssel in der Hand, um den Kreml und die Vertreter des tschetschenischen Volkes an einen Tisch zu zwingen und eine gewaltlose Perspektive zu eröffnen! (6)

Irak

Der 1. Golfkrieg im Irak lag inzwischen schon einige Jahre zurück. Das ihm folgende Embargo gegen den Irak dauerte jedoch noch immer an. Die wirklich Leidtragenden des Handelsembargos war jedoch nicht - wie beabsichtigt - Saddam Hussein, sondern die irakische Bevölkerung. Das Ziel, die Absetzung Husseins, war ebenfalls nicht erreicht, im Gegenteil: Wie so oft in Zeiten der Entbehrung des Nötigsten stellten sich die Menschen hinter ihren Anführer.

Der Irak war bis in die 80er Jahre ein wohlhabendes Land mit einem gut funktionierenden Gesundheits- und Bildungssystem. Durch die beiden Kriege mit dem Iran und den USA ist der Irak inzwischen ein armes Land. Die Menschen dort kämpfen zu einem großen Teil ums schlichte Überleben. 10 Jahre nach Beendigung des Krieges - 2 Jahre, bevor sich nun endlich die breite Öffentlichkeit für das Thema interessiert - habe ich mich persönlich vor Ort über seine Auswirkungen informiert, um in Deutschland auf die katastrophalen Zustände aufmerksam machen zu können. Hier sind Auszüge meines Berichtes:

Meine Teilnahme am Solidaritätsflug nach Bagdad / Irak vom 1. bis 4. Juni 2001

Zur Teilnahme an dem Flug wurden zahlreiche Personen u. a. aus Politik, Wissenschaft, Medien, Wirtschaft, Medizin eingeladen. Insgesamt beteiligten sich 134 Personen aus verschiedenen Ländern, neben Deutschen und aus dem Irak stammenden Mitreisenden gab es Personen u.a. aus Italien, den USA, Tunesien, der Türkei und Syrien. Es gab neben mir Mitglieder aus allen großen Parteien (SPD, CDU, FDP, PDS). Außerdem war z.B. Herr Prof. Gottstein, Vorsitzender der Deutschen Sektion der Ärzte gegen Atomkrieg, mit an Bord. Es gab auch Mitreisende, die sich durchaus kritisch mit der Regierung und Politik im Irak auseinandersetzen und ebenso wie ich dazu beitragen wollten, den öffentlichen Blick auf die durch das zehnjährige Embargo verursachte humanitäre Katastrophe mit laut UNICEF-Angaben ca. 1,5 Millionen Opfern zu lenken. […]

Die Hoffnung stirbt zuletzt: Krebskranke Kinder sind im Krankenhaus in Bagdad ein häufiger Anblick. Die Krebsrate ist seit dem Golfkrieg erheblich angestiegen. Die Krankenhäuser im Irak waren auf dieses Ausmaß jedoch nicht vorbereitet.

In einem Vortrag wies der irakische Gesundheitsminister Mubarak darauf hin, dass die Ausstattung der Krankenhäuser mit Medikamenten embargobedingt sehr schlecht sei. Zum Teil sind selbst die einfachsten Medikamente nicht in ausreichender Zahl vorhanden. Von den im Rahmen des Programms „Öl für Lebensmittel" beantragten Medikamenten habe die UNO bisher nur 25 % bewilligt. Auch die Behandlung schwer kranker Menschen in Fachkliniken im Ausland scheidet seit dem Beginn des Embargos aus. In der Summe seien, so Mubarak, rund 1,5 Millionen Menschen aufgrund der embargobedingt verschlechterten Lage in den letzten zehn Jahren verstorben.

Obwohl Männer und Frauen nach der Verfassung des Irak gleichgestellt seien und beispielsweise an Universitäten die Zahl weiblicher Studierender höher ist als die der männlichen, haben sich die Perspektiven der Frauen durch die Folgen des Embargos verschlechtert.[...]

Einziges Ergebnis des inzwischen über zehnjährigen Embargos ist eine dramatische Verschlechterung der Versorgungslage der breiten Bevölkerungsschichten. Zu einer Destabilisierung der Regierung Saddam Husseins hat es hingegen nicht geführt.

Aus humanitärer Verantwortung heraus müssen umgehend Schritte zur Aufhebung des Embargos eingeleitet werden. Die Lieferung dringend benötigter ziviler Technik und von Medikamenten ist dabei vorrangig durchzuführen.[...] (7)

Man hat mir vorgeworfen, die Reise in den Irak sei ein Beleg dafür, dass ich ein Befürworter der diktatorischen Regierung Saddam Husseins sei und dass ich ihn durch meinen Besuch unterstützt hätte. Dass es mir um die Bevölkerung ging und ich auf ihr Leid durch das Embargo aufmerksam machen wollte, schien kein ausreichender Grund für einen Besuch zu sein. Will man über die Lage vor Ort berichten, ist man gezwungen, gewisse Zugeständnisse gegenüber der Regierung des Landes zu machen. Inzwischen gab es den zweiten Irakkrieg. Ich könnte der aktuellen Friedensbewegung und der rot-grünen Regierung nun ebenfalls vorwerfen, dass sie durch ihr konsequentes „Nein!" zum Krieg Saddam Hussein unterstützt. Denn natürlich hat er davon profitiert, dass es keine weltweit einmütige Befürwortung des britisch - US-amerikanischen Feldzugs gab. Aber diese indirekte ungewollte „Unterstützung" ist ebenso ein notwendiges Übel in dem Kampf für Frieden und gegen unnötiges Leid der Menschen im Irak wie es Teile meiner damaligen Irakreise waren. Die aktuelle Lage im Irak zeigt, wie die irakische Bevölkerung zu ihren vermeintlichen westlichen Befreiern stehen. Dass sie in ihrem Leid durch das Embargo über zehn Jahre von der Mehrheit der Welt vergessen wurde, hat ihnen deutlich gemacht, wie ernst sie die gegenwärtigen Befreiungsversprechen zu nehmen haben. Entsprechend empfangen sie die angeblich Demokratie und Gerechtigkeit bringenden Truppen nicht mit offenen Armen, sondern mit Demonstrationen gegen die Besatzung. Die Menschen im Irak haben nicht vergessen, was die ehemalige Außenministerin Madeleine Albright auf die Frage eines Journalisten nach den 500.000 gestorbenen Kinder aufgrund des US-Embargos gegen den Irak antwortete: „Alles in allem denken wir, daß es das wert ist." Hätte man schon früher einmal Solidarität mit den Irakern gezeigt oder sich überhaupt nur für ihre Situation interessiert, dann wäre die Reaktion der Bevölkerung vielleicht so ausgefallen, wie man es sich erhofft hatte. Ich habe damals versucht, mit meinem Irak-Besuch dieses Interesse zu wecken. Leider wurde in meiner Reise nur die Gefahr einer Solidarität mit Saddam Hussein wahrgenommen.

Afghanistan

Man warf mir auch vor, ich stünde grundsätzlich den fundamentalistischen Islamisten nahe. Pressetexte, in denen ich der Taleban-Regierung in Afghanistan Barbarei vorwerfe und mich ausdrücklich von dem fanatischen Zerrbild des Islam, welches die Taleban der Welt präsentieren distanziere, belegen das Gegenteil:

„Die Zerstörung unersetzlicher und kulturell bedeutsamer buddhistischer Denkmäler in Afghanistan ist ein barbarischer Akt. Fanatiker wie die Taleban schaden durch ihr Vorgehen gegen Menschen und Kulturgüter dem Ansehen des Islam und erzeugen ein Zerrbild von Muslimen und ihrem Glauben. Der Islam ist eine

Religion des Friedens, der Menschlichkeit und der Achtung anderer Kulturen.

Dies ist nicht nur meine, sondern die Überzeugung der übergroßen Mehrheit der Muslime in aller Welt.

Auch als Moslems haben wir eine Geschichte, die weit über die Existenz dieser jüngsten großen Weltreligion zurückreicht. Was wäre, wenn das Beispiel der afghanischen Machthaber Nachahmer fände? Man stelle sich nur vor, die Regierung der Türkei, Syriens oder Ägyptens begänne mit der Zerstörung von Pyramiden, Tempeln oder religiösen Denkmälern aus vorislamischer Zeit - ein absurder Gedanke! Angesichts der auch in anderen Fragen menschen- und vor allem frauenverachtenden Politik der Taleban-Regierung begrüße ich ausdrücklich, dass das Bundesverwaltungsgericht vor wenigen Tagen den Weg zu einer Anerkennung staatlicher Verfolgung bei Flüchtlingen aus Afghanistan frei gemacht hat[...]." (8)

Nicht ich habe mich nicht frühzeitig von fanatischen fundamentalistischen Moslems distanziert, vielmehr hat es die sogenannte „zivilisierte Welt", als die Amerikaner sich selbst arroganter- und fälschlicherweise bezeichnen, nicht nur versäumt, sich frühzeitig zu distanzieren, sondern sogar das Gegenteil davon getan: Sie selbst haben Osama Bin Laden, der nun fälschlicherweise als Symbolfigur für den ganzen Islam dargestellt wird, aufgebaut, ausgebildet und finanziell unterstützt. Ebenso haben die Amerikaner die Taleban-Regierung in Afghanistan in ihrem Konflikt mit der Sowjetunion für ihre Zwecke eingesetzt und sie, solange sie ihnen nützlich waren, ebenso unterstützt.

Der lange Abschied von den Grünen

In diesem Kapitel möchte ich die schrittweise Entwicklung schildern, die schließlich zu meinem Austritt aus der Partei Bündnis 90/ Die Grünen geführt hat. Hauptstreitpunkt war von Anfang an die sich verändernde Friedenspolitik der Grünen. Offensichtlich stuften die Verantwortlichen der Partei die Menschenleben in verschiedenen Ländern als unterschiedlich wertvoll ein. Oder aber sie richteten ihre Politik nur noch an ihren Machtinteressen und nicht mehr an ihren ursprünglichen Idealen aus. In jedem Fall konnte ich mit der Doppelbödigkeit ihrer Entscheidungen immer weniger konform gehen, so dass ich meinen Austritt am Ende nur noch als Erleichterung nach einer langen Phase des Zweifelns und Zauderns empfunden habe.

Der 11. September und „die Achse des Bösen“

Der 11.September 2001 stellte nicht nur für die bestehende Weltordnung, sondern auch für meinen persönlichen Werdegang eine Zäsur dar. Obwohl direkt im Anschluss an die schrecklichen Terrorangriffe auf das World Trade Center und das Pentagon öffentlich betont wurde, es dürfe nicht darum gehen, nun alle Muslime zu verdammen, wurde unter der Hand genau diese Entwicklung forciert. George W. Bush sprach von einer „Achse des Bösen“, die es schonungslos zu bekämpfen gäbe, und redete dabei zwar nicht explizit, jedoch indirekt von islamischen Ländern. Der Islam, der Kulturkreis, dem ich entstamme, sollte also plötzlich die Quelle allen

Übels dieser Welt sein. Vor dieser sukzessiv übergreifenden Dämonisierung des Islam hatte ich große Angst. In einer Presseerklärung vom 14.09.2001 warnte ich vor einer Stimmungsmache, die die Religionen gegeneinander ausspielt. Stattdessen rief ich angesichts der verständlichen Ohnmacht und Wut über die schrecklichen Terrorangriffe auf die USA zu Besonnenheit und Solidarität aller Menschen auf:

„Gerade unter dem Schock der hassgetriebenen Gewalttaten ist es von hoher Bedeutung, dass die Menschen in den freiheitlichen demokratischen Staaten nicht selbst in menschenverachtende Rituale von Rache und Gewalt verfallen. Wir leben in NRW mit einer Million Muslimen seit Jahrzehnten friedlich zusammen, und das muss und wird auch so bleiben! Deshalb wende ich mich entschieden gegen Versuche, diese Betroffenheit auszuschlachten, um mit Strategien der Abschottung, der nationalen Borniertheit und Fremdenfeindlichkeit autoritäre Politik zu betreiben. Zivile und offene Gesellschaften vertragen keinen Kampf der Kulturen. Sie beruhen auf der Vielfalt der Kulturen und der Religionen. Abschottung ist eine rückwärtsgewandte Illusion.

Ich stehe weiter zu der Vision einer Völkergemeinschaft weltoffener Demokratien. Dazu gehört nicht nur die Bereitschaft, zur Verteidigung einer weltoffenen Demokratie dem Terrorismus zu widerstehen. Es gehört auch dazu, ihm den politischen Boden zu entziehen durch Förderung von Menschenrechten, Demokratie, gegenseitige Anerkennung und internationaler Gerechtigkeit.

Alle Muslime in NRW, die ich kenne, haben auf die schrecklichen Angriffe in den USA mit der gleichen Fassungslosigkeit und Wut reagiert wie die christliche Bevölkerung. Viele haben angesichts der jüngsten Berichte aus Amerika über Gewalt gegen muslimische Einrichtungen Angst um ihre Unversehrtheit. Würden wir in unserer offenen und religiös vielfältigen Gesellschaft Zäune zwischen den Menschen unterschiedlichen Glaubens errichten, hätten die Terroristen ein Hauptziel ihrer unmenschlichen Aktionen bereits erreicht!" (9)

Kurz darauf begannen unter der Führung der USA und Großbritanniens die Angriffe auf Afghanistan, eines der ohnehin schon geschundensten Länder unserer Erde. Schon damals wies ich auf die von den Kriegstreibern ignorierten Folgen für die Zivilbevölkerung hin. Auf dieses schon am Boden liegende Volk wurde nun im Namen der Bekämpfung der „Achse des Bösen" erneut eingetreten. Entsprechend meiner grundsätzlich pazifistischen friedlichen Einstellung appellierte ich in einer weiteren Pressemitteilung an alle politisch Verantwortlichen, sich für den friedlichen Weg einzusetzen. Ich machte darauf aufmerksam, dass die Zeit für eine friedliche Perspektive abläuft und dass Krieg keine Lösung im Kampf gegen den Terror ist:

„Mit den am Sonntagabend begonnenen und bis heute fortgesetzten Luftangriffen auf Ziele in Afghanistan hat der erwartete „Krieg gegen den Terror" der USA und ihrer Verbündeten begonnen. Ich betrachte dieses Vorgehen nach wie vor als Fehler. Terror wird sich mit militärischen Mitteln nicht beseitigen lassen. Im Gegenteil: Mit dem Beginn der Angriffe haben die Terroristen eines ihrer Ziele schon erreicht. Die Welt ist gespalten.

Ich begrüße sehr, dass die Regierungen in den islamischen Ländern jetzt ruhig und besonnen reagieren. Allerdings werden die sich bereits abzeichnenden Demonstrationen und Unruhen in der Bevölkerung mit jedem Tag, den die Angriffe andauern, und mit jedem zivilen Opfer, das zu beklagen ist, wachsen. Und zivile Opfer lassen sich bei keinem Krieg ausschließen, auch wenn die US-Administration immer wieder von „intelligenter Waffentechnik" und „chirurgischen Schnitten" redet.

Die Menschen in den islamischen Ländern sind in diesem Krieg nicht mehr auf die im Ernstfall zensierten Bilder von CNN angewiesen. Der arabische Sender Al-Dschazera verfügt über eine Infrastruktur in allen Ländern des Nahen und Mittleren Ostens und hat bereits Bilder von der Zerstörung ziviler Ziele gesendet. Mit jedem Toten in diesem Krieg wird die Polarisierung zunehmen und der schon aus dem Irak bekannte Solidarisierungseffekt der Bevölkerung eintreten. Ich fürchte, dass es nur eine Frage der Zeit ist, bis Ländern wie Pakistan, Ägypten und Palästina den Regierungen die Kontrolle entgleitet.

Die durch die Angriffe weitergedrehte Spirale der Gewalt wird im schlimmsten Fall genau zu dem führen, was angeblich niemand will: einem unkontrollierbaren „clash of civilisations".

Ich appelliere an die politisch Verantwortlichen überall auf der Welt, den eingeschlagenen Weg zu verlassen und ihre Kraft in die Bekämpfung der Ursachen, nicht der Symptome des Terrorismus zu investieren. Dies schließt natürlich auch ein, den Terrorismus mit allen Mitteln unterhalb der militärischen Schwelle zu bekämpfen. Eine konzertierte Aktion aller friedliebenden Regierungen und Menschen der Welt in diesem Sinne entzöge den Terroristen und Radikalen ihre Argumentationsgrundlage und böte eine friedliche Perspektive für das Zusammenleben aller Völker, Religionen und Kulturen." (10)

Im Rahmen meines friedenspolitischen und menschenrechtlichen Engagements entwickelten sich im Laufe der Jahre zunehmende Differenzen zwischen meinen eigenen Auffassungen und denen meiner Partei Bündnis 90/Die Grünen. Schon meine Reise in den Irak wurde bei den Grünen nicht gern gesehen. Zu groß war die Angst vor einer falschen Signalwirkung zugunsten von Saddam Hussein. Strategische Überlegungen dieser Art hatten bei den Parteifunktionären größeren Stellenwert als die Notwendigkeit, der irakischen Bevölkerung beizustehen.

Doch nicht nur in dieser Hinsicht unterschied ich mich grundsätzlich von der Mehrheit der Parteiführung. Auch die Position der Grünen zu Gunsten einer militärischen Beteiligung in Afghanistan stand meiner eigenen Haltung komplementär entgegen. Die Spannungen aufgrund immer weiter divergierender Grundsatzpositionen ließen sich immer weniger weg argumentieren. In dieser Zeit begann ich, ernsthaft mit dem Gedanken zu spielen, die Partei zu verlassen.

Die 2. Intifada

Der Tropfen, der das Fass schließlich zum Überlaufen brachte, war die grüne Haltung im Zusammenhang mit dem erneuten Aufflammen des Nahostkonfliktes im September 2001. Ich konnte es einfach nicht fassen, wie sehr sich die Friedenspolitik der Grünen seit der Regierungsbeteiligung verändert hatte. Speziell die Doppelbödigkeit der grünen Außenpolitik führte zu unüberbrückbaren Konflikten mit der Partei. Ich stellte fest, dass ich als Kritiker der bereits jahrzehntelang andauernden unrechtmäßigen Besatzungspolitik der wechselnden israelischen Regierungen bei den Grünen inzwischen ein Einzelkämpfer war. Dass Joschka Fischer im Dezember 1969 noch an der PLO-Konferenz in Algier teilgenommen hatte, schien einem anderen Zeitalter anzugehören, so radikal war sein Umschwenken in das israelische Lager. Ich frage mich, ob es einen Zusammenhang zwischen den verschiedenen Auszeichnungen und Preisen, die Joschka Fischer zukamen, und seiner plötzlich veränderten Haltung gibt. Bekanntlich lässt sich ja nicht nur mit Geld, sondern auch mit immateriellen Werten bestechen. Können wir damit rechnen, dass Joschka Fischer nach dem Doktortitel der Universität Haifa, dem Heinz-Galinski-Preis der jüdischen Gemeinde zu Berlin und der im Rahmen der christlich-jüdischen „Woche der Brüderlichkeit" verliehenen Buber-Rosenzweig-Medaille des Koordinierungsrates der Gesellschaften für Christlich-Jüdische Zusammenarbeit demnächst den „Friedenspreis" des Paul Spiegel oder des Ariel Scharon erhält? Im Gegenzug könnte Joschka Fischer sich bei Ariel Scharon bedanken, indem er ihn im Sinne der Bush'schen Bezeichnung „Mann des Friedens" für den Friedensnobelpreis vorschlägt....

Bezüglich seiner pro-israelischen Haltung habe ich unzählige Briefe an Joschka Fischer geschrieben. Ich brauche wohl nicht extra zu erwähnen, dass sie ohne jede Resonanz blieben.

Ariel Scharon hatte als Oppositionsführer des Likudblocks während der von Barak geführten Regierung durch seinen Besuch des Tempelbergs am 22. September 2000 - geschützt durch 3000 Soldaten - den Ausbruch der zweiten Intifada bewusst provoziert. Da ich in der letzten Legislaturperiode erst Ende Oktober - also fast einen Monat später - als Nachrücker in den Landtag eingezogen war, hatte ich das Ausmaß der grünen Stillhaltepolitik zu Beginn der Intifada zunächst nicht in seinem ganzen Ausmaß erfasst. Ich sah im arabischen Fernsehen täglich die oben beschriebenen schrecklichen Bilder aus Palästina, in denen die Menschen unablässig gedemütigt, wie Tiere zusammen gepfercht und getötet wurden. Der dringende Wunsch, hier aktiv zu werden, die Stimme gegen diese menschenverachtende Politik Israels zu erheben, verpuffte bei meinen Parteifreunden im Nichts. Ich konnte einfach nicht verstehen, dass noch vor ein paar Jahren, 1995 beim Massaker in Srebrenica (Bosnien), die Grünen in vorderster Front ein militärisches Eingreifen gefordert hatten. Und nun, im Falle Palästinas, wo täglich neue schreckliche Bilder die Brutalität der Besatzungsmacht dokumentierten - nichts, keine Reaktion bei den Grünen. Immer wieder veröffentlichte ich Pressemitteilungen zu dem Thema, engagierte mich auf Demonstrationen, hielt Reden - weiterhin ohne jede Resonanz. Die einzige Resonanz, die ich dagegen immer häufiger wahrnahm, war eine zunehmende Wut und Unverständnis über meine Parteizugehörigkeit auf Seiten meiner arabischen Freunde. Zu spüren bekam ich sie, indem meine Redewünsche auf friedenspolitischen und pro-palästinensischen Veranstaltungen immer öfter ignoriert wurden. Mit einem Grünen, also einem Unterstützter der israelischen Verbrechen, wollte man nichts mehr zu tun haben.

Durch ihr Schweigen duldeten die Grünen die Menschenrechtsverletzungen in Palästina jedoch nicht nur, nein, sie förderten sie sogar: Statt des von mir geforderten Stopps der Waffenlieferungen beharrte Außenminister Fischer darauf, Israel weiterhin mit der Lieferung von Militärgütern zu unterstützen. Und das, obwohl das Land sich eindeutig in einer Krisenregion befindet, in die nach den Rüstungsexportlichtlinien der Bundesregierung keine Waffen geliefert werden dürften. Diese Richtlinien legen in den Punkten 4 und 5 folgendes fest:

„- Genehmigungen für Exporte nach KWKG (Kriegswaffenkontrollgesetz) und/oder AWG (Außenwirtschaftsgesetz) kommen nicht in

Betracht, wenn die innere Lage des betreffenden Landes dem entgegensteht, z.B. bei bewaffneten internen Auseinandersetzungen und bei hinreichendem Verdacht des Missbrauchs zu innerer Repression oder zu fortdauernden und systematischen Menschenrechtsverletzungen. ***Für die Frage spielt die Menschenrechtssituation im Empfängerland eine wichtige Rolle.***

- Die Lieferung von Kriegswaffen und kriegswaffennahen sonstigen Rüstungsgütern wird nicht genehmigt in Länder,

- ***die in bewaffnete Auseinandersetzungen verwickelt sind*** *oder wo eine solche droht,*
- *in denen ein Ausbruch bewaffneter Auseinandersetzungen droht oder* ***bestehende Spannungen und Konflikte durch den Export ausgelöst, aufrechterhalten oder verschärft würden.*** *"* (11)

Wenn die Menschenrechtssituation eine wichtige Rolle bei der Zulassung von Waffenlieferungen spielt und sogar einen Indikator für die Versagung einer Genehmigung darstellt, warum wurden dennoch Waffen und Ersatzteile an Israel geliefert?

Die Kriegsverbrechen der israelischen Armee

Eure Toten - Die Palästinenser an die Zionisten

Eure Toten
eure toten Eltern und Großeltern
eure toten Brüder und Schwestern
auf die ihr euch immer beruft
eure Toten die euer Trumpf sind
eure Toten für die ihr euch Geld bezahlen lasst
als Wiedergutmachung
sie sind nicht mehr eure Toten

Ihr habt eure Toten verloren
denn eure Toten
das waren die Opfer der Mörder
die Gerechten die Unterdrückten:
Die Machtlosen die Verfolgten
die ermordeten Widerstandskämpfer
und ihre Kinder
das waren eure Toten

Jetzt aber seid ihr Machtanbeter und Mörder geworden
und werft Bomben auf eure Opfer wenn sie sich wehren
Ihr vertreibt die Machtlosen aus ihren niederen Hütten
Ihr kommt rasselnd in rasenden Panzern
Ihr laßt das Sprühgift
aus euren Flugzeugen regnen
nieder auf unsere Felder
und euer Napalm auf unsere Frauen und Kinder

Glaubt ihr denn eure Toten würden euch wiedererkennen
versteckt in eure Panzer und Kampfflugzeuge?
Eure Toten sind übergegangen zu uns
Opfer zu Opfern
Verfolgte zu Verfolgten
denn die Ermordeten sind der Ermordeten Brüder und Schwestern
und nicht die der Mörder
Eure Toten wollen euch nicht mehr kennen

Darum beruft euch lieber nicht mehr auf eure Toten
um die Welt schweigen zu machen jedes Mal wenn ihr tötet
Darum tut lieber nicht mehr
als wären sie das gewesen was ihr seid
als wäret ihr wirklich noch ihre echten Kinder und Enkel
denn ihr habt Verrat begangen an ihrem Leben und Sterben
als ihr eingetreten seid in die Dienste derselben Ordnung
die eure Toten gequält und getötet hat
Eure Toten sind nun zu Gast bei unseren Toten
die versuchen sie zu beruhigen daß ihr vielleicht nur
aus Unwissenheit und aus Dummheit tut was ihr tut
Doch eure Toten sagen ihr seid immer so klug gewesen
die klügsten Kinder der Welt
und sie können euch nicht mehr verstehen
Und unsere Toten wollen sie trösten und sagen
daß nur die Macht der Mächtigen euch so verlockt und verwirrt hat
und daß ihr vielleicht es noch sehen und doch noch umkehren werdet
statt so zu sterben daß eure Toten euch nicht mehr kennen

Erich Fried (12)

Ein Bericht von Amnesty International belegt die Kriegsverbrechen der israelischen Armee in palästinensischen Wohnorten im Frühjahr 2002 wie folgt:

Bei ihren Aktionen in den palästinensischen Städten Dschenin und Nablus im März und April 2002 hat die israelische Armee Kriegsverbrechen begangen. Dafür liegen klare Belege vor, sagte amnesty international (ai) heute in Jerusalem anlässlich der Vorstellung ihres neuen Berichts. Der 76 Seiten starke Bericht dokumentiert schwere Menschenrechtsverletzungen des israelischen Militärs wie ungesetzliche Tötungen; Folter und Misshandlungen von Gefangenen; mutwillige Zerstörung hunderter Häuser, deren Bewohner zum Teil die Gebäude noch nicht verlassen hatten; Behinderung von Krankenwagen und Verweigerung humanitärer Hilfe sowie der Missbrauch palästinensischer Zivilisten als 'menschliche Schutzschilde'.

"ai erkennt das Recht Israels an, sich gegen Gewalt zu schützen und gegen Gewalttäter vorzugehen. Dies muss jedoch im Rahmen internationaler Gesetze geschehen", sagte die Nahostreferentin der deutschen Sektion von amnesty international, Ruth Jüttner. "In Nablus und Dschenin wurden die Gesetze schwerwiegend gebrochen, und deswegen muss die israelische Regierung diese Kriegsverbrechen endlich untersuchen lassen und die Täter zur Rechenschaft ziehen."

Mitarbeiter von amnesty international hatten im Mai 2002 Vertretern der israelischen Armee ihre Bedenken über die militärische Vorgehensweise vorgetragen. Im Anschluss daran übermittelte ai der Armee die meisten der Fälle, die in dem neuen Bericht aufgeführt sind, und bat um einen Kommentar. Bis heute hat ai keine Antwort erhalten.

"Alle Versuche, in Israel und den Besetzten Gebieten internationale Beobachter mit einem klaren Menschenrechtsmandat einzusetzen, sind am Widerstand der israelischen Regierung gescheitert. Die internationale Gemeinschaft muss hier Druck ausüben, denn im Nahen Osten ist kein Frieden möglich, solange die Menschenrechte nicht geachtet werden", sagte Ruth Jüttner.
(Berlin/Jerusalem, 4. November 2002) (13)

Schon im Frühjahr 2002 veröffentlichte Amnesty International einen Bericht, der die Menschenrechtsverletzungen durch das israelische Militär in Palästina beschreibt und beklagt die Sonderstellung, die Israel offenbar in Fragen des internationalen Völkerrechts genießt:

„Trauer als Motor für Veränderung"

Irene Khan bestätigt, dass Israel die Menschenrechte der Palästinenser mehrfach massiv verletzt hat:

„... ich (bin) zutiefst enttäuscht, dass UNO-Initiativen, einschließlich der Untersuchung der Geschehnisse in Jenin, offenbar im Gemenge der politischen Interessenskonflikte untergingen. (Irene Khan, 01.04.2002) (14)

Drastischer und eindringlicher formuliert Gideon Levy, ehemaliger Mitarbeiter von Israels Außenminister Shimon Peres, in seinem offenen Brief „Sag die Wahrheit, Shimon Peres!" die Verbrechen der gegenwärtigen israelischen Regierung. Levy, Journalist und Kolumnist der linksliberalen israelischen Tageszeitung „Haaretz", klagt seinen ehemaligen Arbeitgeber auf das Bitterste an, als israelischer Außenminister die Verbrechen der Regierung unter Ariel Scharon mitzutragen, anstatt die Stimme gegen sie zu erheben. Da er die Auswirkungen der israelischen Besatzung in Palästina anschaulich zusammenfasst, möchte ich ihn in Auszügen einfügen:

Sag die Wahrheit, Shimon Peres!

Ein Weggefährte fordert Israels Außenminister auf, die Regierung von Ariel Scharon zu verlassen

Von Gideon Levy

In den vierundzwanzig Jahren unserer Bekanntschaft (vier davon war ich dein Mitarbeiter) schreibe ich dir heute zum dritten Mal einen offenen Brief. Das erste Mal war 1989, als du Finanzminister unter Yitzhak Shamir warst und die erste Intifada wütete. Seinerzeit schrieb ich, dass du "nichts mehr zu verlieren hast - bis auf die Aussicht, dich in Luft aufzulösen". Das war eine Reaktion auf dein Schweigen zum Verhalten der israelischen Armee während der Intifada und Israels hartnäckiger Weigerung, die PLO als Vertretung der Palästinenser anzuerkennen. Damals glaubte ich, du dächtest anders als Shamir und Yitzhak Rabin und seiest bloß nicht kühn genug, die Stimme zu erheben.

Elf Jahre später, im Jahr 2000, schrieb ich den zweiten offenen Brief. Das war nach Oslo und der Ermordung Rabins und nachdem du abermals eine Wahl verloren hattest, diesmal die Wahlen zum Amt des Staatspräsidenten. Ich schrieb: "Für viele Israeli verkörperst du jetzt die Hoffnung auf etwas anderes." Und heute, da ich dir erneut schreibe, muss ich sagen: Du verkörperst keinerlei Hoffnung mehr.

Die Regierung, der du als Außenminister angehörst, ist nicht mehr bloß eine Notstandsregierung in unserer Geschichte von Notstandsregierungen - diese Regierung ist eine Regierung des Verbrechens. Und Komplize sein ist etwas völlig anderes. Es ist nicht länger möglich, dich freizusprechen, dir Oslo zugute zu halten und zu ahnen, dass dich die Ereignisse quälen, du dich aber einfach scheust, laut und deutlich die Stimme zu erheben, vor allem aber zu handeln.

Du bist ein Komplize

Nein, Shimon, für dein Schweigen und deine Untätigkeit gibt es keine Entschuldigung mehr: Du bist ein Komplize. Die Tatsache, dass dir das im Grunde deines Herzens vielleicht klar ist und du hin und wieder sogar ein paar kraftlose Worte der Kritik äußerst, die Tatsache, dass du nicht der Ministerpräsident bist und dass Amerika Israel freie Hand lässt, die Tatsache, dass es sinnlos wäre auszusteigen - all diese Ausreden ändern überhaupt nichts. Du bist trotzdem Minister in einer Regierung, an deren Händen Blut klebt, einer Regierung, die tötet und einsperrt und demütigt, und bei alldem machst du mit. So wie der Außenminister der Taliban zum Taliban-Regime gehörte, so gehörst du zum Scharon-Regime. Deine Verantwortung ist kaum geringer als die des Ministerpräsidenten.

[...] Nach den Häuserzerstörungen in Rafah hast du dir auf die Lippe gebissen und geschwiegen. Man konnte annehmen, dass auch die Zerstörung des palästinensischen Rundfunksenders nicht nach deinem Geschmack war. Aber du trägst die furchtbare Verantwortung für diese Maßnahmen, die nichts anderes sind als Kriegsverbrechen.

Frag deinen Schwager, Professor Rafi Walden, den Chef der Chirurgie im Sheba Medical Center, der gelegentlich mit den "Ärzten für Menschenrechte" in die besetzten Gebiete fährt. Er wird dir erzählen, welcher Mittäterschaft du dich schuldig machst. Er wird dir von den hochschwangeren Frauen erzählen, die von unserer Armee brutal daran gehindert werden, ins Krankenhaus zu fahren, und deren Babys unmittelbar nach der Entbindung sterben. Er wird dir von den Krebspatienten erzählen, die zur Behandlung nicht einmal nach Jordanien reisen dürfen - aus „Sicherheitsgründen".

Er wird dir von den Krankenhäusern in Bethlehem erzählen, die unsere Armee mit Granaten beschossen hat. Oder von den Dialysepatienten, die dreimal in der Woche stundenlange verzweifelte Odysseen unternehmen müssen, um die lebensrettende Maschine zu erreichen. Er wird dir von den Patienten erzählen, für die es auf Grund der Abriegelungen keine medizinische Versorgung mehr gibt, und von den Krankenwagen, die an den Checkpoints nicht durchgelassen werden, selbst wenn sie schwer Kranke befördern. Er wird dir von den Menschen erzählen, die an diesen Checkpoints starben oder schon zu Hause, weil sie Angst hatten, sich den Checkpoints zu nähern - den Panzern, die bedrohlich auf der Straße stehen, und den Betonblöcken, an denen niemand vorbeikommt, nicht einmal ein Sterbenskranker.

Eingesperrtes Volk

Seit mehr als einem Jahr sperrst du ein ganzes Volk ein - mit einer in der Geschichte der israelischen Besetzung beispiellosen Brutalität. Deine Regierung unterdrückt drei Millionen Menschen, verweigert ihnen auch nur die Andeutung eines normalen Lebens. Kein Marktbesuch mehr, keine Fahrt zur Arbeit, zur Schule, kein Besuch bei kranken Verwandten, nichts. Niemand darf hinaus, niemand kommt herein. Tag und Nacht.

Eine ganze Nation hatte die Hand schon friedlich ausgestreckt, nicht weniger als wir - das weisst du sehr wohl. Das Volk hat genug gelitten - von der Staatsgründung Israels 1948 über die Besetzung 1967 bis zu den Abriegelungen 2002 - und es will genau dasselbe, was die Israeli für sich haben wollen: ein wenig Sicherheit, ein wenig Würde. Jeder Tag bringt diesem Volk aufs Neue Arbeitslosigkeit, Entbehrungen und abgrundtiefe Verzweiflung. Und am Ende der Strasse stehen nun die Panzer.

Früher wurde dir derlei stets verziehen - jetzt ist das nicht mehr möglich. Wer einer Regierung angehört, die jede palästinensische Bemühung um eine Waffenruhe gezielt torpediert, einer Regierung, welche die palästinensische Führung zutiefst demütigt, einer Regierung, die sich nur von dem Gedanken an Vergeltung leiten lässt und die Blindheit und allgemeine Erstarrung nach dem 11. September zynisch nutzt, um sich endlich auszutoben, kann nicht mehr mit Nachsicht rechnen. Gewiss, du bist nicht mit allem einverstanden, was diese Regierung will, aber spielt das eine Rolle? Als Koalitionspartner bist du ein Komplize. [...]

Ist dir klar, dass du verantwortlich bist für das, was dort [in Palästina, Anm.d.A.] passiert? [Du] könntest [...] nach Yamoun fahren und mit Heira Abu Hassan und Amiya Zakin sprechen, die vor drei Wochen ihre Babys verloren, als israelische Soldaten die beiden hochschwangeren Frauen nicht passieren ließen. Hör dir ihre furchtbaren Geschichten an. Was wirst du ihnen antworten? Dass es dir leid tut? Dass es nicht hätte passieren dürfen? Dass dies zum Krieg gegen den Terrorismus gehört? Und was wirst du zum Verhalten unserer Soldaten sagen? Dass sie Israels Sicherheit verteidigen? Dass die Palästinenser schuld sind? Oder Arafat? In Wahrheit bist du, Shimon, für den Tod dieser beiden Babys verantwortlich. Weil du geschwiegen hast. Weil du dieser Regierung angehörst.

Es sind schreckliche Zeiten. Aber es wird noch schlimmer kommen. Die Spirale von Gewalt und Hass hat noch längst nicht ihren Höhepunkt erreicht. Alles Unrecht, das wir den Palästinensern angetan haben, wird eines Tages auf uns zurückfallen. Ein Volk, das jahrelang derart gedemütigt wird, wird in eine fürchterliche Empörung ausbrechen, die noch schlimmer ist als das, was wir heute erleben. Aber unsere Soldaten gehen derweil in den Rundfunksender, bringen Sprengladungen an und jagen das Gebäude in die Luft - ohne auch nur eine einzige Frage nach dem Warum zu stellen.

Diese Soldaten bringen Unheil, nicht nur für die Opfer, sondern auch für ihre Auftraggeber. Soldaten, die Dutzende armseliger Häuser von Flüchtlingsfamilien zerstören, ohne einen Moment zu zögern, sind keine guten Soldaten, nicht einmal für ihr eigenes Land. Piloten, die Ziele in dicht bevölkerten Städten bombardieren, Panzerbesatzungen, die die Geschützrohre auf hochschwangere Frauen richten, sind ein schlechtes Zeichen. Sie alle lassen jenen Mangel an Disziplin erkennen, der aus völliger Orientierungslosigkeit herrührt. Ja, wir sind auf dem Holzweg. Du hast dich mit einem Ministerpräsidenten zusammengetan, der Israels größter Kriegstreiber ist, und niemand weiß, was deine Absichten sind. Und angesichts einer unkritischen Öffentlichkeit, die mit erschreckender Uniformität spricht, hast du es leicht. Seit Ehud Barak das Friedenslager zerschlug, kannst du tun, was du willst. Die Armee untersucht keine Kriegsverbrechen mehr, und die Justiz billigt jede Ungerechtigkeit, die im Namen der Sicherheit verübt wird. Die ganze Welt ist eifrig dabei, den Terror zu bekämpfen, die Presse hält sich die Hände vors Gesicht, und die Öffentlichkeit will nichts hören, nichts sehen und nichts wissen.

Sie will nur Vergeltung. Und im Schutze dieser Dunkelheit und mit der Billigung eines Politikers deiner Statur ist aus der Besetzung eine Maschinerie von Verbrechen und Unrecht geworden. [...]

Stell dir vor, du wärst aufgestanden und hättest mit lauter Stimme deinen Rücktritt verkündet und der Weltöffentlichkeit erklärt, wie es in dir (vielleicht) aussieht. Der Nobelpreisträger klagt die Verbrechen der Regierung Scharon an. Stell dir vor, du wärst nach Ramallah gegangen zu Arafat, der dort unter Hausarrest steht, und ihr wärt gemeinsam auf die Strasse gegangen, vor die israelischen Panzer hingetreten und hättet deren Abzug und eine Waffenruhe gefordert. Gewiss, das hätte die Situation nicht schlagartig verändert, aber im politisch-moralischen Fundament dieser gegenwärtig immunen Regierung hätten sich erste konkrete Risse aufgetan. Stell dir vor, du hättest gesagt: Ja, die Häuserzerstörungen sind ein Kriegsverbrechen. Ja, ein Staat, der Listen mit den Namen der zu liquidierenden Personen führt, ist kein Rechtsstaat. Ja, die Errichtung von Checkpoints, an denen Menschen sterben, ist ein

Terrorakt. Nein, die Palästinenser sind nicht als Einzige für diese Blutorgie verantwortlich. Ja, wir haben einen Ministerpräsidenten, der immer nur besetzen, rächen, töten, vertreiben will, sonst nichts. Sind das deine Gedanken? Wenn ja, dann sprich sie um Himmels willen aus. Wenn nicht, dann ist dein Platz tatsächlich in dieser Regierung, und wir, die wir an dich geglaubt hatten, haben uns furchtbar geirrt. Die Zeit ist knapp, Shimon. Für dich, für uns alle. Wir stehen am Abgrund. Wenn du wartest, bis Benjamin Ben-Eliezer, Ephraim Sneh und so weiter abermals mit einem wahltaktischen Rückzug aus dem Kabinett drohen, könnte es sein, dass sie dich ein für alle Mal in die Wüste schicken. Und selbst, wenn du deine Stimme jetzt erhebst, ist es vielleicht schon zu spät.

Beziehe Stellung! [...] Sag die Wahrheit, Shimon!
(23. Januar 2002) (15)

Diejenigen, die Israel trotz der oben beschriebenen Kriegsverbrechen verteidigen, greifen immer wieder auf das Argument zurück, Israel sei die einzige Demokratie im Nahen Osten, und die gelte es zu schützen. De facto ist Israel jedoch ein

Staat, in dem Nichtjuden nicht gleichberechtigt sind. [Ein] Staat, der im westlichen Sinne nicht mehr von der Herrschaft des Rechts und der Demokratie geprägt ist, sondern allenfalls von der demokratischen Diktatur der Mehrheit gegen Minderheiten. [...] Demokratie verkommt selbst in den Augen vieler pro-westlicher Araber täglich mehr zum bloßen Instrument der Herrschaft des Westens über den Orient. Der Terror der arabischen Selbstmordattentäter und der Terror der israelischen Armee fördern diese Verschiebung der Bilder und Meinungen. Opfer sollten wir nie in Zahlen gegeneinander aufrechnen. Aber man sollte doch wissen, dass auf einen getöteten Israeli sechs Tote auf Seiten der Palästinenser kommen. [...] wie lange, so fragt auch die israelische Opposition seit vielen Jahren, muss Israel wie viele Gesetze außer Kraft setzen, bis es kein Rechtsstaat mehr ist? Muss Israel der Herrschaft des Rechts, die doch unauflöslich zur westlichen Demokratie gehört, nicht in ganz besonderem Maße Geltung verschaffen? Todeslisten für vermeintliche

Terroristen statt Gefangennahme und Gerichtsverfahren – wie ist das damit vereinbar? (16)

So äußert sich Jürgen Möllemann in seinem Buch „Klartext“ zu den vermeintlich demokratischen Verhältnissen in Israel. Er erwähnt auch die israelische Opposition, die in Deutschland recht selten öffentliches Gehör findet. Die Berlinerin und Deutsch-Amerikanerin Audrey Berlowitz ist Mitglied bei einer der 17 oppositionellen jüdischen Friedensorganisationen, die sich im März 2003 in Brüssel versammelten, um auf die Verletzung der Menschenrechte durch die israelische Armee hinzuweisen. Neben der Forderung nach europäischen Sanktionen gegenüber Israel beklagt sie die Ignoranz der europäischen Medien hinsichtlich der israelischen Opposition:

'Wir ertragen es nicht mehr, uns von konservativen jüdischen Gemeinden das Wort diktieren zu lassen.' Jetzt auf der Konferenz in Brüssel veröffentlichten die gut 100 Teilnehmer einen offenen Brief an die Außenminister der EU und forderten sie auf, das Sonderabkommen mit Israel auszusetzen. Nach diesem Assoziationsvertrag von 2000 darf Israel wie ein EU-Staat zollfrei Waren in die Europäische Union einführen. Explizit weist Artikel 2 auf die Einhaltung der Menschenrechte und internationale Rechte hin. Nach Überzeugung vieler europäischer Juden werden genau 'diese Rechte täglich in den besetzten Palästinensischen Gebieten gebrochen', durch Tötungen, willkürliche Festnahme und Zerstörung von Wohnhäusern sowie durch Abriegelung von Dörfern und Städten. EJJP-Chef Richard Kuper fordert dagegen mit vielen gleichgesinnten jüdischen Europäern eine 'einzig den Menschenrechten verpflichtete Moral, die auch bei Israel keine Ausnahme machen darf'. Dass die Realität davon weit entfernt ist, beklagt auch Adi Dagan, Sprecherin der israelischen Menschenrechtsgruppe 'Machsom-Watch' (Checkpointbeobachter). Sie berichtet von täglicher willkürlicher Gewalt gegen palästinensische Zivilisten, die auf dem Weg zur Arbeit, Schule oder Universität an den Check points stundenlang warten müssen, gedemütigt und geschlagen werden. Und immer wieder wird selbst Ambulanzen mit schwer Verletzten der Weg versperrt. Nach Überzeugung von Abi Dagan braucht die israelische Friedensbewegung

Unterstützung aus Europa, um diese Realität der internationalen Öffentlichkeit klar zu machen. Peretz Kidron, Sprecher der israelischen Gruppe Yesh Gvul ('Es reicht') pflichtet ihr bei. Er ist Wehrdienstverweigerer und verweigert wie mittlerweile über Tausend 'Refusniks' den Einsatz in den besetzten Gebieten. Die Besatzung und die Verletzungen fundamentaler Menschenrechte einer ganzen Zivilbevölkerung bezeichnet er als 'Verbrechen'. (17)

Auch in Deutschland sind diese Tatsachen kaum bekannt. Berichte wie die oben zitierten werden hierzulande jedoch nur sehr selten in den großen Foren publiziert. Obwohl sie für die Einschätzung des Nahostkonflikts sehr wesentliche Informationen enthalten, werden sie von den Medien nicht oder nur marginal kommuniziert. Offensichtlich ist er für die deutschen Medien zu israelkritisch. Hier zeigt sich,

„wie verkorkst das deutsch-jüdische Verhältnis noch immer ist. Denn aus der Geschichte ziehen die Deutschen die falschen Lehren. Bitter nötig ist ihr Einspruch gegen jedes Unrecht. [...] Kritik an der Politik der verschiedenen israelischen Regierungen [gleicht] für Deutsche immer einer Gratwanderung. Man sollte sich genau überlegen, in welcher Form Kritik geäußert wird. Natürlich darf sie nicht in der üblichen deutschen Besserwisserei und mit erhobenem Zeigefinger erfolgen; das steht Deutschen in puncto Israel nicht gut zu Gesicht. Der Umkehrschluss darf jedoch nicht Kritiklosigkeit heißen. Dass die israelische Besatzungspolitik und ihre Auswirkungen für die Palästinenser kritisiert werden muss, scheint innerhalb der politischen Klasse jedoch noch nicht Allgemeingut zu sein. Es gibt nur wenige in Deutschland, die sich das „Privileg“ einer Israelkritik leisten....“ (18)

So die Sicht des Nahost-Experten Ludwig Watzal .

(aus „Normalität und Verantwortung“ in der Berliner Republik (2002) 4, S. 66-71)

Vielleicht fällt es mir als in Syrien geborenem Deutschen leichter, mir dieses „Privileg“ zu leisten. Ich bin in Syrien aufgewachsen. Meine Wurzeln liegen in der Region des Konfliktes. Ich sehe dort andere

Bilder und höre andere Nachrichten als die Menschen hier in Europa. Ich bin mit einer anderen Geschichte aufgewachsen, nämlich mit der arabischen und nicht mit der deutschen. Daher betrachte ich den Nahostkonflikt aus einem anderen Blickwinkel als meine deutschen Mitbürger. Der Amnesty International-Beitrag „Eine schwierige Geschichte - Deutsche und die Menschenrechtsarbeit in Israel" weist ebenfalls auf diesen perspektivischen Unterschied hin:

„So sehr die Allgemeine Erklärung der Menschenrechte eine internationale Antwort auch auf die „Akte der Barbarei" des NS-Staates ist, so unterschiedlich sind die biografischen Zugänge und die Antworten auf die Frage von Schuld, Sühne und Verantwortung in Deutschland und außerhalb Deutschlands. Und damit auch die Begründungen für eine aktive Menschenrechtsarbeit in unterschiedlichen kulturellen Kontexten, die sich im gemeinsamen Zielpunkt universell gültiger Menschenrechte treffen". (19)

Eine folgenschwere Pressemitteilung

Aufgrund dieses anderen biographischen Zuganges verwendete ich in einer Pressemitteilung Ausdrücke, die man im Hinblick auf eben diese deutsche historische Verknüpfung mit dem Nahostkonflikt in Deutschland als unerträglich empfindet. Dies war mir zunächst nicht in seiner ganzen Tragweite bewusst. Für mich stand das unermessliche Leid der Palästinenser und die allumfassende Ungerechtigkeit in der Region im Vordergrund. Als ich die grausamen Bilder und Berichte der arabischen Medien über das Massaker der israelischen Armee in Jenin sah, war das Maß des Erträglichen bei mir einfach voll. Ich war über die weltweite, u.a. deutsche Haltung und Handlungsweise bezüglich des Konfliktes empört, ganz besonders über die deutsche Unterstützung der israelischen Gewaltpolitik. Deshalb wählte ich bewusst starke Worte. Ich wollte einen Appell formulieren, wollte die deutsche Bevölkerung wachrütteln, ihr die Augen öffnen für die Gräueltaten, die in Palästina geschahen und immer noch geschehen. Inzwischen weiß ich, dass man meine Wortwahl auch als Verharmlosung der NS-Zeit missverstehen kann. Da das nun ganz gewiss nicht meine Absicht war, habe ich sie später zurückgezogen. Hier meine Pressemitteilung vom 15.03.2002 im Original:

Israelische Armee wendet Nazi-Methoden an!

Antrag: Stopp von Waffenlieferungen an Israel

Mit großem Entsetzen nimmt der bündnisgrüne Landtagsabgeordnete Jamal Karsli die jüngsten Entwicklungen im Nahost Konflikt zur Kenntnis:

„Was mich wirklich erschreckt, ist, dass die israelische Armee Methoden anwendet, die gerade ein jüdischer Staat mit der eigenen leidvollen Erfahrung vieler seiner Bürger niemals zulassen dürfte. Ohne Rücksicht auf die Langzeitfolgen werden ganze Landstriche dem Erdboden gleichgemacht, hunderttausende Bäume entwurzelt und Trinkwasser vergiftet. Journalisten berichten von der Konzentration Tausender gefangener Palästinenser in großen Lagern, wo diesen Nummern in die Hand tätowiert werden. Nur weniges erfahren wir, denn journalistische Freiheiten werden von der Regierung massiv beschnitten, Journalisten eingeschüchtert und sogar getötet.

Durch die brutalen Aktionen der israelischen Armee wird die Spirale von Gewalt und Gegengewalt ständig angeheizt. Weil die Palästinenser gegen die Macht des hochmodernen israelischen Kriegsapparats militärisch chancenlos sind, reagieren sie mit Anschlägen auf die israelische Bevölkerung. Die Zahl der Opfer steigt auf beiden Seiten täglich!"

Solange die israelische Armee auf Befehl des Ministerpräsidenten Scharon in den palästinensischen Gebieten eine Politik der verbrannten Erde betreibe, sieht Karsli keine Chancen für neue Friedens-initiativen. Die Bevölkerung Israels hat er längst nicht mehr hinter sich, seine Regierung droht zu zerbrechen. Trotzdem hält der Hardliner an der Regierungsspitze an seinem Konfrontationskurs weiter fest.

Der Landtagsabgeordnete zeigt erneut sein Unverständnis darüber, dass gerade diejenigen in Deutschland, die berechtigterweise das Gedenken an den NaziTerror aufrechterhalten wollen, aus falsch ver-

standener Solidarität nicht gegen die verbrecherische Politik Israels auf die Straße gehen. Gerade von Deutschen sollte aufgrund der eigenen Geschichte eine besondere Sensibilität erwartet werden, wenn ein unschuldiges Volk den NaziMethoden einer rücksichtslosen Militärmacht schutzlos ausgeliefert ist.

Karsli: „Ich habe zusammen mit anderen einen Antrag für den Bundesparteitag der Grünen am kommenden Wochenende gestellt, in dem ein Stopp von deutschen Waffenlieferungen an Israel gefordert wird. Dies halte ich für das mindeste, was die Bundesrepublik Deutschland im Moment tun muss!" (20)

Diese Pressemitteilung war der Ausgangspunkt der bis heute andauernden Antisemitismusdebatte in Deutschland.

Einen Tag nach der Veröffentlichung fand der Bundesparteitag der Grünen in Berlin statt, an dem ich aus privaten Gründen nicht teilnehmen konnte. Abends erhielt ich einen Anruf der Fraktionsvorsitzenden des NRW-Landesverbandes Sylvia Löhrmann. Sie teilte mir mit, dass die Wortwahl „Nazi-Methoden" in meinem Pressetext am Rande des Bundesparteitags diskutiert worden war und bat mich für den kommenden Tag zu einem Gespräch mit dem Fraktions- und dem Landesvorstand. Dort einigten wir uns darauf, dass ich zukünftig auf Vergleiche mit der NS-Zeit verzichte. Das war alles. Erst anderthalb Monate später, zufällig nachdem ich gerade zur FDP übergetreten war, entdeckten die Grünen plötzlich meine versteckte unerträgliche antisemitische Grundhaltung, die sie 18 Jahre lang nicht bemerkt hatten .....

Trotz der vermeintlichen Einigung über meine Pressemitteilung hielten meine inneren Konflikte mit der Partei an. Ich hatte den Eindruck, man lies mich gewähren, solange ich keinen Wirbel verursachte, solange meine Kritik leise genug war, um nicht gehört zu werden. Innerlich stellte ich in dieser Zeit eine zunehmende Entfremdung von der Partei fest.

Als Joschka Fischer dann den Beschluss des EU-Parlaments, der Wirtschaftssanktionen gegen Israel vorsah, sabotierte, platzte mir der Kragen. Das konnte ich nicht akzeptieren und schon gar nicht als

Mitglied tragen. Dass nun gerade die Linken in Deutschland - die Grünen, die ehemals pazifistische Partei - die Ultra-Rechten in Israel bei einem Besatzungskrieg unterstützten, der die Existenzgrundlagen eines ganzen Volkes zerstört, die eine illegale Siedlungspolitik und Staatsterror betreiben und deren Gesetzgebung auf Apartheid basiert! Das ging über mein Fassungsvermögen! Die Differenzen wurden damit so unerträglich, dass ich nicht länger Mitglied der Grünen bleiben konnte.

Erste Kontakt mit Jürgen Möllemann

Den ehemaligen nordrhein-westfälischen Fraktionsvorsitzenden der FDP, Jürgen W. Möllemann, kannte ich von verschiedenen Veranstaltungen, an denen wir beide als Referenten teilgenommen hatten. Seine Position zum Nahostkonflikt entsprach genau der Haltung, die ich bei den Grünen so schmerzlich vermisste. Schon am 18.10.2001 hatte ich ihm in einem offenen Brief erstmals meine Solidarität mit seiner Nahostpolitik mitgeteilt:

„Ihre Äußerungen zum Vorgehen Israels gegenüber Palästinensern

Sehr geehrter Herr Kollege,

Ihre Äußerungen zur Politik Israels gegenüber der palästinensischen Bevölkerung (Stichwort „Staatsterrorismus“) und die dadurch ausgelösten Reaktionen habe ich mit Interesse verfolgt.

Als arabischstämmiger Muslim aus Syrien habe ich mich Zeit meines Lebens intensiv mit dem Israel-Palästinakonflikt beschäftigt. Aus meiner Sicht der Dinge kann ich Ihnen bei der Bewertung der israelischen Regierungspolitik nur zustimmen. Ich weiß, dass in Deutschland aufgrund der schrecklichen Geschichte Kritik am israelischen Regierungshandeln weitgehend mit einem Tabu belegt ist. Von daher erkenne ich Ihre Courage zu so deutlichen Worten ausdrücklich an, zumal Sie sich damit weder in der eigenen Partei noch in der gesamten Politik der Bundesrepublik Deutschland kaum Freunde machen werden.

Die von Ihnen als „pawlowscher Reflex" charakterisierte Reaktion auf ihren Vorwurf des Staatsterrorismus vermag ich nicht zu verstehen. Gerade vor dem Hintergrund der Tragödie von Holocaust und Faschismus würde ich erwarten, dass als Lehre hieraus Wachsamkeit gegenüber Unterdrückung, Rassismus und staatlicher Gewalt überall auf der Welt Richtschnur politischen Handelns ist. Diese Sensibilität auch im Nahostkonflikt zu zeigen, scheint jedoch über alle Partei-grenzen hinweg zur Zeit leider noch nicht möglich zu sein.

Im Nahen Osten ist genug Platz für den Staat Israel und den Staat Palästina! Solange diese Erkenntnis nicht auch von den Regierungen des Westens gegenüber Israel deutlich vertreten und notfalls auch durch Sanktionen herbeigeführt wird, habe ich wenig Hoffnung auf Frieden.

Die seit Jahrzehnten andauernde Situation wird von den Menschen nicht nur in Palästina, sondern auch in den anderen arabischen Staaten als himmelschreiende Ungerechtigkeit empfunden: Israel ist der fünftgrößte Rüstungshändler der Welt, besitzt chemische, biologische und atomare Waffen, ohne in den Atomwaffensperrvertrag einbezogen zu sein. Die Regierungen verstoßen seit Jahren gegen verschiedene UNO-Resolutionen, ohne Konsequenzen fürchten zu müssen. Es gibt gegen unliebsame Palästinenser gerichtete Todeslisten, und Steine werfende Kinder werden mit amerikanischen Waffen umgebracht. Niemand in Deutschland regt sich darüber auf. Wo ist der Unterschied zu den - mit Recht scharf verurteilten - Einsätzen von deutschen Waffen gegen die Kurden durch die türkische Regierung?

[...] Aufgabe westlicher Regierungen ist dabei, Israel zu einer wirklichen Friedensbereitschaft und aktiven Verhandlungsrolle zu bewegen. Im Rahmen eines solchen Prozesses kann nicht nur der Israel-/Palästina-Konflikt gelöst werden, sondern auch in anderen wichtigen Fragen Fortschritt erzielt werden, seien es der Kurdistankonflikt, die Entwicklung im Irak oder auch die zentrale Frage des Zugangs zum Wasser.[...]

Ich würde mich freuen, wenn wir und andere bald Erfolg hätten, einen solchen Politikwechsel in unseren Parteien und dem deutschen Regierungshandeln zu erreichen!" (21)

Herr Möllemann antwortete mir am 30.10.2001 mit folgendem Brief:

„Sehr geehrter Herr Kollege,

herzlichen Dank für Ihre offene Zustimmung zu meiner Bewertung der Nahost-Lage, die in der Tat von einem Großteil der Menschen in Deutschland, die in der Öffentlichkeit Gehör finden, nicht geteilt wird. Ich habe aber aus der Vielzahl positiver Rückmeldungen aus allen Teilen der Gesellschaft ersehen können, dass Sie und ich mit unserer Einschätzung weitaus mehr Unterstützung finden, als der Widerhall in den Medien dies Glauben macht. Ich bin mir sicher, dass sich diese Unterstützung nach den Ereignissen der vergangenen zwei Wochen weiter erhöht.

Ich habe mich über Ihren Brief sehr gefreut und teile Ihre Hoffnung, einen Politikwechsel im deutschen Regierungshandeln gegenüber der Lage in Nahost zu erreichen. Ich werde nicht nachlassen, darauf hinzuweisen, dass die Verstöße der israelischen Regierung gegen fundamentale Prinzipien des Rechtsstaates und der Menschenrechte in Deutschland tabuisiert werden. Dieses Tabu wird sich nicht halten, wenn mehr Politiker wie Sie den Mut finden, sich gegen einen eventuellen Aufschrei zu stellen und auch noch Parteigrenzen überschreiten."

Austritt bei den Grünen

Als der Wunsch, von den Grünen zur FDP zu wechseln, sich bei mir durch die neuerliche Vertiefung des Konfliktes festigte, rief ich Jürgen Möllemann an und berichtete ihm von meinen Überlegungen. Ich erzählte ihm, dass ich mir die FDP als neue politische Heimat vorstellen könnte. Denn nicht nur Jürgen Möllemanns persönliches Engagement im Nahostkonflikt, sondern auch alle anderen mir wichtigen Politikfelder wie Integration, Flüchtlingspolitik und islamische Angelegenheiten sah ich von der FDP gut vertreten. Jürgen Möllemann hatte zunächst Bedenken. Er wollte nicht den Eindruck erwecken, er werbe Kollegen anderer Parteien für die FDP ab. Nachdem ich ihn daran erinnerte, dass der Entschluss in mir allein gereift war und ich mich innerlich bereits von den Grünen verabschiedet habe, stimmte er meinem Vorschlag zu. Er bat mich jedoch, mit der öffentlichen Verkündung meines Übertritts bis nach den Wahlen in Sachsen-Anhalt zu warten, damit nicht der Eindruck eines wahltaktischen Manövers erweckt werde.

Also verfasste ich eine Austrittserklärung für die Partei Bündnis 90 / die Grünen, die ich auf der nächsten Fraktionssitzung verlesen wollte. Als ich sie vorab meinem persönlichen Mitarbeiter zu lesen gab, fingen seine Hände an zu zittern. Entsetzt fragte er mich: „Bist du dir ganz sicher?“ Ich war sicher. Obwohl es mir sehr schwer fiel, entschied ich mich, die Erklärung persönlich zu verlesen, damit meine Kollegen nicht durch die Presse von meiner Entscheidung erfuhren. Ich begründete meinen Austritt am 23.04.02 folgendermaßen:

Austrittserklärung des Landtagsabgeordneten Jamal Karsli aus der Partei Bündnis 90/DIE GRÜNEN

Liebe Freundinnen und Freunde,

ich möchte Euch meine endgültige Entscheidung mitteilen, dass ich aus der Partei Bündnis 90/DIE GÜNEN austreten werde. Mein Landtagsmandat werde ich aber nicht zurückgeben. Diese Entscheidung ist mir nicht leicht gefallen, und sie ist nach langer Überlegung zu Stande gekommen.

Der Grund meines Austritts ist die Nahostpolitik der Bündnis 90/DIE GRÜNEN. Sie entspricht nicht mehr meiner Vorstellung, deshalb kann ich sie auch nicht mehr nach außen glaubwürdig vertreten:

Berichte über Menschenrechtsverletzungen in Israel häufen sich. Junge Palästinenser werden ohne Grund mit verbundenen Augen in Lagern eingesperrt und mit Nummern auf den Armen versehen. Diese Vorgehensweise ruft unter den Überlebenden des Nazi-Terrors schlimme Erinnerungen wach und löst Proteste in der Welt und auch in Israel aus.

In Dschenin und Nablus werden die Opfer israelischer Massaker in Massengräbern verscharrt. Ich erinnere mich noch gut an die schrecklichen Massaker in Bosnien und im Kosovo in den 90er

Jahren. Für mich gibt es keinen Unterschied zu dem, was Israels Militär heute als die einzig gebliebene Besatzungsmacht der Welt in den palästinensischen Gebieten treibt! Ich frage mich, ob das Menschenleben in Bosnien oder im Kosovo wertvoller ist als in Palästina, oder gelten die Argumente nicht mehr, die Joschka Fischer für die deutsche Beteiligung an dem militärischen Einsatz in den Balkanländern gebracht hat?

Das europäische Parlament hat mehrheitlich Wirtschaftssanktionen gegen Israel eingefordert. Und was passiert? Nichts! Vor allem die Bundesregierung hat den Vorstoß der Europaparlamentarier zum Scheitern gebracht. So sieht die deutsche bzw. die grüne Nahostpolitik aus!

Ich habe gehofft, dass unsere historische Verantwortung gegenüber Israel nicht uns gleichzeitig zu einer doppelten Moral in der Außenpolitik führt!

Die Haltung von Herrn Jürgen Möllemann im Nahostkonflikt stimmt mit meiner Einstellung völlig überein. Deshalb habe ich mich entschieden, der FDP beizutreten. Damit trage ich zum einen der Meinung der überwältigenden Mehrheit der Bevölkerung in Deutschland Rechnung, zum anderen werde ich dem Willen der Wählerinnen und Wähler gerecht, die mir ihre Stimme und ihr Vertrauen über die Liste gegeben haben, damit ich ihre Interessen im Landtag vertrete. Nicht zuletzt möchte ich auch die Position von Herrn Möllemann in der FDP in dieser Frage stärken.

Liebe Freundinnen und Freunde, liebe Kolleginnen und Kollegen,

für die gemeinsame langjährige politische Arbeit möchte ich mich bedanken und hoffe auf Euer Verständnis für meine Entscheidung und auf eine weitere kollegiale Zusammenarbeit im Sinne unseres Landes.

Die Erklärung vor der Partei war sicherlich eine der schwersten Stunden meiner Laufbahn. Vor lauter Aufregung konnte ich sie nicht verlesen und habe ihren Inhalt statt dessen sinngemäß wiedergegeben. Wollte ich meinem Gewissen folgen, so war dieser Schritt jedoch nicht zu vermeiden. Denn die Grünen schienen ihr Gewissen irgendwo unterwegs auf der Karriereleiter mit dem Ziel „Regierungsbeteiligung" verloren zu haben ...

Der Fall Karsli

Die Spaß-Partei

Karikatur: Haitzinger

Neue Westfälische, 22.5.2002

Mein Übertritt von den Grünen zur FDP war geprägt von einer Heuchelei, wie ich sie bis dato nicht für möglich gehalten hatte. Aufgrund einer israel-kritischen Pressemeldung - mit der Behauptung, die israelische Armee wende Nazi-Methoden an - wurde in kürzester Zeit eine Kampagne gegen mich aus dem Boden gestampft, wie ich sie bisher nur aus Hollywoodfilmen kannte. Schon bald fühlte ich mich wie der Hauptdarsteller in einem eben solchen Hollywoodstreifen, so unwirklich kam mir das Geschehen vor. Niemals hätte ich mir erträumen lassen, selber einmal der Titelheld eines ebenso diffamierenden wie tatsachenverdrehenden Politskandals zu sein: Des „Falls Karsli“.

Doch was für ein Fall ist dieser „Fall Karsli“? Ist er attributiv zu verstehen, also als Genitiv, als der Fall des Karsli? Oder ist er kausal zu verstehen, also als Ablativ-Fall, als der Fall durch oder mit Hilfe von Karsli? Mit anderen Worten: Ist es mein Fall? Geht es tatsächlich um mich? Oder ist es ein Fall, der nur durch mich und meine Äußerungen ausgelöst wurde, tatsächlich aber ein Fall unserer ganzen Gesellschaft ist?

Zur Beantwortung dieser Frage möchte ich die Ereignisse chronologisch aufrollen. Was war geschehen?

Ich war bei den Grünen aufgrund der aufgeführten Differenzen ausgetreten. Im Laufe der vergangenen Monate hatte sich der Kontakt mit Jürgen Möllemann durch unser gemeinsames Engagement im Nahostkonflikt intensiviert. Nicht zuletzt unsere Auffassung, dass man die Dinge beim Namen nennen müsse, anstatt - nach deutscher Tradition in Sachen Israel - um den heißen Brei herum zu reden, hatte uns einander näher gebracht. Besonders gut gefiel mir, dass auch er in seinen Presseerklärungen bewusst klare Worte wählte - „Klartext redete", um die Möllemann'sche Sprache zu verwenden.

Soweit die Vorgeschichte. Nun zum „Fall Karsli". Er entwickelte sich zunächst auf zwei verschiedenen, parallel verlaufenden Ebenen:

- Die sich zuspitzende Auseinandersetzung zwischen Jürgen Möllemann und Michel Friedman bzw. dem Zentralrat der Juden und der FDP.
- Mein Parteiwechsel zur FDP.

Entsprechend diesen zwei Ebenen gab es zwei wesentliche Motive für eine Hetzkampagne gegen mich. Im Folgenden werde ich beide Ebenen und ihre jeweiligen Motive eingehend analysieren.

Möllemann / Friedman

Die Auseinandersetzung Möllemann/Friedman begann, als Jürgen Möllemann der Berliner Tageszeitung TAZ am 04.04.2002 ein Interview zur Lage im Nahen Osten gab. Er erklärte:

„Was würde man denn selbst tun, wenn Deutschland besetzt würde? Ich würde mich auch wehren, und zwar mit Gewalt. Ich bin Fallschirmjägeroffizier der Reserve. Es wäre dann meine Aufgabe, mich zu wehren. Und ich würde das nicht nur im eigenen Land tun, sondern auch im Land des Aggressors." (22)

Er nannte die Politik Scharons verbrecherisch und erklärte, dass sie selbst den Terrorismus fördere, den sie zu bekämpfen vorgibt.

Außerdem sprach er mir mit seiner scharfen Kritik an Joschka Fischers Haltung aus dem Herzen: Dieser habe sich inzwischen mit seinem „lahmen Gelaber“ und seiner „liebedienerischen Politik“ die Position des israelischen Regierungssprechers zu eigen gemacht, hielt Möllemann ihm vor. (Diesen Eindruck bestätigte übrigens auch Karl Lamers: Wenn man Fischer zuhöre, „meint man manchmal, man hört Israelis sprechen“, so der CDU-Außenpolitiker.) Wie sehr habe ich es begrüßt, dass es endlich einen deutschen Politiker gab, der den Mut hatte, auch diese unbequemen Dinge anzusprechen und das deutsche Schweigen über die katastrophalen Vorgänge in Palästina zu brechen.

Der stellvertretende Vorsitzende des Zentralrats der Juden Michel Friedman sah das gänzlich anders und reagierte erzürnt. Indem er Jürgen Möllemann auf seine bekannte arrogantprovozierende Art vorhielt, er kenne sich wohl in Lokalpolitik aus, „international kann ich aber nur sagen: Zieh' Leine!“ eröffnete er den Schlagabtausch mit Möllemann. Denn dieser lies sich das natürlich nicht gefallen und konterte zu Recht: Der Zentralrat der Juden erkläre jeden Kritiker des israelischen Regierungschefs Ariel Scharon zum Antisemiten. Damit war die Schlacht eröffnet, die im April 2002 für erste Schlagzeilen sorgte. Dies war der Ausgangspunkt der Antisemitismusdebatte, die als „Fall Karsli“ die Medien beherrschte.

Wahltaktischer Schlagabtausch

Ich hatte mit Jürgen Möllemann meinen Übertritt besprochen. Am 24.04.2002, nach der Wahl in Sachsen-Anhalt, traten wir gemeinsam vor die Presse und verkündeten meinen Beitritt zur FDP. Die FDP-Fraktion im NRW-Landtag nahm mich zweimal einstimmig und einmal mit einer Enthaltung als neues Mitglied auf. Um Missverständnissen vorzubeugen, nahm ich bei dieser Gelegenheit meine zugegebenermaßen irreführende Wortwahl über die „Nazimethoden“ der israelischen Armee ausdrücklich zurück und entschuldigte mich für den Ausrutscher.

Ungeachtet der unmissverständlichen Klärung meiner Haltung war mein Übertritt vielen Menschen ganz offensichtlich ein Dorn im Auge. Mit Sicherheit steckten hinter dem Aufschrei derer, die nun zuhauf moralisches Entsetzen über meine Pressemeldung vom 15.03.2002 äußerten, rein machtorientierte sowie wahltaktische Interessen. Sechs Wochen nach der Veröffentlichung des Textes entdeckte plötzlich ganz Deutschland seine „unerträgliche antisemitische" Ausrichtung. Da frage ich mich doch: „Warum hat es so lange gedauert, bis das festgestellt wurde? Warum hat vorher niemand etwas von meiner angeblichen antisemitischen Haltung bemerkt, obwohl ich die berüchtigte Pressemeldung direkt nach dem Verfassen bundesweit per Fax und Email an die Presse geschickt hatte? Und warum ertönte der Aufschrei zeitgleich mit meinem Parteiwechsel?" Der Landtagsabgeordnete der FDP im NRW-Landtag Joachim Schultz-Tornau verfasste zu der Hetzkampagne gegen mich folgende Stellungnahme:

Gestern gut und heute böse?

Wer die schrille Diskussion der letzten Wochen um den Landtagsabgeordneten Jamal Karsli verfolgt, muss langsam annehmen, bei Karsli handele es sich um eine Art Wiedergeburt von Dr. Jekyll und Mr. Hide:

Jamal Karsli war bis vor wenigen Wochen - exakt bis zu dem Tag, an dem er seinen Austritt aus der Grünen Fraktion erklärte - ein über die Fraktionsgrenzen hinweg geachteter Abgeordneter. Vor allem die Kollegen aus SPD, CDU und FDP im Ausschuss für Migrationsfragen und im Petitionsausschuss wussten um den hochengagierten Einsatz von Jamal Karsli für die Menschenrechte von Minderheiten und Migranten - beileibe nicht nur für arabische Migranten. Die Kollegen erkannten dies auch respektvoll an.

Bei den Grünen fällt auf, dass die hässlichsten Töne gegen Karsli aus Berlin kommen, wenn etwa Joschka Fischer behauptet, mit der Aufnahme von Karsli drohe die FDP antisemitisch zu werden und sei dabei, im braunen Sumpf zu versinken. Die Grünen in Düsseldorf treten zwar auch nach, tun dies aber deutlich vorsichtiger: Sie müss-

ten ja auch schamrot werden, wenn sie sich selbst bezichtigen müssten, über zehn Jahre lang eine braune Sumpfblüte gepflegt und sogar zum Sprecher für die Migranten gemacht zu haben - und dies in der ganzen Zeit ohne ein einziges Wort öffentlicher Kritik.

Ich stelle mich vor Jamal Karsli, weil ich ihn aus ganz persönlicher Anschauung für eine anständige Persönlichkeit halte, die weder das Etikett "Antisemit" verdient, und erst recht nicht in die Ecke brauner Wirrköpfe gestellt werden darf. Es ist kein Zufall, dass die Urteile über Karsli um so schneidender und unbarmherziger ausfallen, je weiter entfernt die Verurteiler sind und je weniger sie von ihm wissen.

Um jedem Missverständnis vorzubeugen: Ich rechtfertige nicht verbale Entgleisungen wie das Wort von den Nazimethoden der Israelis im Kampf gegen die Araber oder das Wort von der Macht der zionistischen Lobby. Fast allein auf diese beiden Entgleisungen stützen sich ja im übrigen die moralischen Verdammungsurteile über Karsli. Ich bitte aber zu bedenken: Jamal Karsli ist zwar deutscher Staatsbürger, aber er ist mit allen Fasern seines Herzens nach wie vor tief im arabischen Raum verwoben und deshalb schlecht gerüstet für ein ausgewogenes Urteil ausgerechnet im Nahost-Konflikt. Seine Äußerungen sind zu verstehen als Ausdruck tiefer emotionaler Aufwühlung. Wer sich noch nie in seinem Leben von Emotionen hat forttragen lassen und dabei Dinge gesagt hat, die er bei abklingender Erregung bedauert, der werfe weiterhin Steine auf Jamal Karsli. Herr Karsli hat sich im übrigen mehrfach für seine Äußerungen entschuldigt und sich inzwischen auch voll hinter den Nahost-Beschluss der FDP gestellt.
(Düsseldorf, den 26. Mai 2002) (23)

Bei Verleumdungen, Hetzkampagnen und Rufmord erweist es sich zumeist als sinnvoll, die Frage zu stellen: Wer zieht einen Nutzen daraus? Zufälligerweise zogen die vermeintlichen Vertreter der political correctness nämlich eigene Vorteile aus meiner öffentlich vorgenommenen Stigmatisierung: Die Grünen ärgerten sich über das mit mir verloren gegangene Mandat im Düsseldorfer Landtag. Dadurch hatte sich die ohnehin sehr knappe rot-grüne Regierungsmehrheit weiter zugunsten der schwarz-gelben Opposition reduziert. Ihre Wut darüber ließen sie mich spüren, indem sie mir ordentlich hinterher traten. Ihre Version meines Parteiwechsels lautete nun, dass sie meinen Austritt selbst initiiert hätten, da ich aufgrund antisemitischer Tendenzen und wegen meiner angeblichen Freundschaft mit Saddam Hussein für sie nicht mehr tragbar gewesen sei.

Hier ist ihre Presseerklärung:

GRÜNE: Kein Verständnis für Karslis Verhalten

Zur Mitteilung des Abgeordneten Jamal Karsli MdL, aus unserer Partei auszutreten und die Grüne Landtagsfraktion zu verlassen, erklären Sylvia Löhrmann MdL, Fraktionsvorsitzende sowie Britta Haßelmann und Frithjof Schmidt, Parteivorsitzende:

„Es hat in Partei und Fraktion mehrfach deutliche Kritik an der Haltung von Jamal Karsli zum Nahost-Konflikt gegeben. So reiste Herr Karsli gegen den Willen der Fraktion zu Gesprächen zur Unterstützung des Hussein-Regimes in den Irak. Kürzlich erklärte er, Israel wende im Konflikt mit den Palästinensern „Nazimethoden“ an. Fraktionsvorstand und Parteivorstand haben sich in einem persönlichen Gespräch bei allem Verständnis für berechtigte Kritik am Vorgehen Israels deutlich von diesem unsäglichen Vergleich distanziert. Herr Karsli wurde aufgefordert, solche Vergleiche künftig zu unterlassen.

Für den von Herr Karsli heute angekündigten Schritt, in die FDP einzutreten, haben wir keinerlei Verständnis. Wir Grünen sehen in Herrn Möllemann und seinen einseitigen Äußerungen - die Verständnis für Selbstmordattentäter und damit terroristisches Vorgehen einschließen - keine Perspektive für einen dauerhaften Friedensprozess im Nahen Osten.

Wir fordern Jamal Karsli auf, sein Mandat zurückzugeben.“
(23.04.2002)“ (24)

Damit konnten sie der FDP gleich mit eins auswischen: Ihre Schlussfolgerung, dass die FDP offensichtlich kein Problem mit so einem „Antisemiten“ wie mir hatte, führte zwangsläufig zu dem Vorwurf, die FDP sei Sammelbecken für antisemitische Strömungen und versuche so, rechtsgerichtete Wähler für sich zu gewinnen. Die dahinter steckende Strategie lautete, die FDP zugunsten einer Steigerung der eigenen Wählerschaft als „Nazi-Partei“ zu brandmarken. Die rot-grüne Regierung versuchte mit ihrem aufgebauschten Antisemitismus-vorwurf Wähler von der FDP zurück zu gewinnen, die - wahrscheinlich aus ähnlichen Gründen wie ich selbst - in den letzten Monaten zu ihr übergelaufen waren. Sie sah im „Fall Karsli“ die Chance, eine ideologische Debatte vom Zaun zu brechen, die sich normalerweise nicht verlieren lässt: gegen Rechtspopulismus und -Extremismus. Mit diesem Vorwurf glaubte man sich der Zustimmung der Wählerschaft gewiss zu sein und sich so ihrer Stimmen zu versichern.

Bei genauerer Betrachtung ist der Vorwurf, mit meiner Aufnahme in die FDP sollten rechtsgesinnte Wähler gewonnen werden, allerdings nur schwer nachzuvollziehen: Rechtsgerichtete Menschen sollen von einem Ausländer, der zuvor Mitglied bei den Grünen war und sich bisher für eher linke Themen wie Migration, Flüchtlinge und Friedenspolitik eingesetzt hat, geködert werden? Seit wann suchen sich die Rechtsradikalen Galionsfiguren mit einer Vita wie der meinigen? Auch hinsichtlich der bisherigen sozialen Verdienste der FDP

Aktueller Wasserstand

SZ-Zeichnung: Gabor Benedek

Süddeutsche Zeitung. 21.5.02

Gefundenes Fressen

Stadtspiegel Recklinghausen 23.05.02

scheint der Vorwurf aus der Luft geholt: Ihr Eintreten für ein Zuwanderungsgesetz, ihr Engagement gegen Ausländerfeindlichkeit und viele jüdische Mitglieder in den eigenen Reihen sprechen klar gegen solche Anschuldigungen.

Der so als geradezu grotesk entlarvte Vorwurf untermauert den Verdacht, dass hier in Wirklichkeit versucht wurde, eine ideologische Auseinandersetzung anzuzetteln. Das Motto lautete offensichtlich: Schafft man es, Karsli durch die mediale Berichterstattung als rechtsgerichtet abzustempeln, dann hat man die öffentliche Meinung garantiert gegen ihn, dann traut sich niemand mehr, zu ihm zu stehen, weil jeder dann Gefahr läuft, selber als Sympathisant rechtsextremistischer oder antisemitischer Strömungen angesehen zu werden. Mit dieser Strategie hoffte man, zu anderen Parteien übergelaufene Wähler zurück zu gewinnen und die FDP zu schwächen.

Beim wahltaktischen Schlagabtausch über vermeintliche antisemitische Tendenzen in der FDP mischten auch die anderen Parteien kräftig mit. Jeder sah hier eine Chance, den beängstigenden Höhenflug der FDP durch perfide Diffamierung zu stoppen, um abtrünnige Wähler für die jeweils eigene Partei zurück zu gewinnen.

Gleichzeitig war ich vielen Leuten wohl auch der willkommene Anlass, um Jürgen Möllemann, der vielen einfach zu erfolgreich war, eins auszuwischen. Da kam ich mit meinen gewagten Äußerungen wie gerufen, um ihn, der sich mit mir solidarisierte, klein zu kriegen. Die Presse berichtete schon bald entsprechend: Der „Fall Karsli" ist eigentlich der „Fall Möllemann". Eine wesentliche Rolle spielte hier auch der parteiinterne Machtkampf.

Die Art, in der diese eigentlichen Interessen hinter dem „Fall Karsli" nach außen so dargestellt wurden, als ginge es tatsächlich nur um mich und meine „unerträglichen Äußerungen", war an Heuchelei durch nichts zu übertrumpfen. Glücklicherweise ist die Bevölkerung wacher, als die meisten Politiker und Funktionäre offensichtlich glauben. Tausende von Briefen, Emails und Faxe an mich und Jürgen Möllemann haben das bestätigt. Der folgende Leserbrief im Handelsblatt fasst die typischen Reaktionen aus der Bevölkerung paradigmatisch zusammen:

„Man muss nicht mit den Herren Möllemann oder Karsli sympathisieren, um zu erkennen: Was hier abläuft, ist Heuchelei pur. Als Indiz: Herr Friedman hatte in der „Frankfurter Rundschau" einen Andersdenkenden als Nazi beschimpft. Dessen Beleidigungsklage wurde aber abgewiesen. Herr Friedman darf einen Bürger unseres Staates ungestraft und ungerügt als Nazi beschimpfen. Doch wehe, Herr Friedman wird kritisiert. Er ist ein politisches Naturschutzgebiet. Die Politik und die ganze Medienmacht stellen sich schützend vor ihn, und jede Kritik an seiner Person ist Beweis für verabscheuungswürdigen Antisemitismus. Sollte Herr Möllemann Herrn Friedman, wie in der Presse zitiert, wirklich vorgeworfen haben, dieser sei mit seiner intoleranten und gehässigen Art mitverantwortlich für den Zulauf auf Seiten der Antisemiten, dann hat Herr

Möllemann nur ausgesprochen, was jeder bestätigen kann, der sich mit den Bürgern auf der Straße unterhält. Haben die Herrn Genscher, Westerwelle, Rexrodt, Lambsdorff und andere bei Gelb, Grün und Rot ein gestörtes Verhältnis zur Meinungsfreiheit in einer Demokratie? Solange Herr Friedman sich nicht zu den Vorgängen in Palästina äußert und zum Verhalten Israels - und zwar mit dem gleichen Engagement, das er gegen Gewalt in Deutschland aufbringt -, so lange muss Herr Möllemanns Aussage als zulässige Kritik doch möglich sein. Auch unter dem Gesichtspunkt des politischen Naturschutzes." (Ludwig Krisch, Ludwigsburg, im Handelsblatt vom 23.05.0102) (25)

Ein folgenschweres Interview

Doch weiter im chronologischen Verlauf. Schon mein Übertritt löste ein beispielloses Medienaufkommen aus. Noch vor der offiziellen Bekanntmachung meines Fraktionswechsels auf der von Jürgen Möllemann und mir gemeinsam einberufenen Pressekonferenz stand mein Telefon keine Sekunde still. Danach berichteten sämtliche Medien täglich über den „Fall Karsli". Hielt ich mich im Landtag auf, wurde ich von Journalisten regelrecht belagert. Neben vielen anderen Medienvertretern bat mich auch eine Wochenzeitung namens „Junge Freiheit" um ein Interview. Auf meine Nachfrage, welche Ausrichtung das Blatt denn habe, erhielt ich als Antwort, es sei an die CDU angelehnt. Hätte ich gewusst, dass es sich um ein extrem rechts gerichtetes Blatt handelt, das vom NRW-Verfassungsschutz beobachtet wurde, hätte ich zumindest Bedenken gehabt, ein Interview zuzusagen. Mit Sicherheit wäre ich auch wachsamer gewesen, was die Fragestellung und die Stoßrichtung des Gesprächs betrifft. Dem allgemeinen Vorwurf: „Dieser Zeitung darf man grundsätzlich und niemals ein Interview geben!" und der allgemeinen Schlussfolgerung: „Wer diesem Blatt ein Interview gibt, setzt damit ein Zeichen für seine rechtsradikale Gesinnung", möchte ich eine kurze Liste meiner Vorgänger als weitere Gesprächspartner dieses Blattes entgegen halten. Dies waren unter anderem

- die Vorstandsmitglieder des Zentralrats der Juden **Charlotte Knobloch** und **Michel Friedman**
- der Generalsekretär der CDU **Laurenz Meyer**,
- der Bundesparteivorsitzende der FDP **Guido Westerwelle**,
- der Bundestagsabgeordnete **Christoph Zöpel** (SPD),
- der ehemalige israelische Außenminister **Shlomo Bin Ami**,
- der brandenburgische Innenminister **Jörg Schönbohm** (CDU)
- **Peter Altmaier**, CDU-Bundestagsabgeordneter
- **Prof. Dr. Hans Herbert von Arnim**, Hochschullehrer für öffentliches Recht, 1993-95 Rektor der Deutschen Hochschule für Verwaltungswissenschaften in Speyer
- **Dr. Wolfgang Böhmer**, CDU-Spitzenkandidat in Sachsen-Anhalt
- Der SPD-Bundesforschungsminister a.D. **Dr. Andreas von Bülow**
- **Prof. Dr. Friedhelm Farthmann**, Ex-Minister für Arbeit, Gesundheit und Soziales in NRW und Ex-Fraktionsvorsitzender der Landtagsfraktion NRW
- **Dr. Helmut Haussmann**, 1988-91 Bundeswirtschaftsminister
- Der israelische Schriftsteller **Ephraim Kishon**
- Der innenpolitische Sprecher der CDU/CSU-Bundestagsfraktion **Erwin Marschewski**
- Der Ministerpräsident des Saarlandes und landesvorsitzender der saarländischen CDU **Peter Müller**
- Die Vorsitzende der Jüdischen Gemeinde in Bremen **Elvira Noa**
- Der Landeschef der FDP in Berlin und Bundeswirtschaftsminister a.D. Dr. **Günther Rexrodt**
- Der Vizepräsident des Deutschen Bundestages und Mitglied im Fraktionsvorstand der FDP Dr. **Hermann Otto Solms**

- **Prof. Dr. Martin van Crefeld**, Militärhistoriker an der hebräischen Universität von Jerusalem und einen Monat nach meinem Interview
- der Träger des alternativen Friedensnobelpreises **Uri Avnery**

Ich denke, das Ausmaß an Heuchelei und Doppelmoral, das die Kampagne prägte, wird an diesem Punkt sehr deutlich. Die gleichen Äußerungen und Handlungen, die bei mir auf das Schärfste kritisiert und in einem öffentlichen Aufschrei als absolut inakzeptabel dargestellt wurden, interessierten aus dem Mund oder der Hand anderer Vertreter der Öffentlichkeit niemanden. Ich habe damals auf der Autorisierung des Artikels bestanden und stehe nach wie vor zu meinen Aussagen. Hier zunächst das Interview im Original:

„Fischer hat die Ideale der Grünen verraten"

Herr Karsli, mit Blick auf Ihren Übertritt von den Grünen zur FDP äußerte der Vorsitzende des Zentralrates der Juden in Deutschland, Paul Spiegel, die Befürchtung, die FDP werde zum „Sammelbecken für populistische antiisraelische Stimmungen". Herr Spiegel denkt dabei nicht nur an die bekannten Aussagen Jürgen Möllemanns, sondern auch an Ihren Vorwurf, Israel bediene sich bei seiner derzeitigen Operation im Westjordanland „Nazimethoden".

Karsli: *Ich bin weder antiisraelisch, noch antijüdisch, noch antisemitisch. Wenn Sie wollen, ich bin auch ein Semit. Ich bin vielmehr „anti-Scharon" bzw. besser gesagt, gegen dessen Politik. Und ich bin nicht der einzige, der dagegen ist, auch in Israel gibt es viele Menschen, die gegen Scharons Politik demonstrieren. Scharon bringt keinen Frieden, auch seinem eigenen Volk nicht, statt dessen veranstaltet er Massaker. Ich bedauere, das Wort "Nazimethoden" verwandt zu haben. Das war ein emotionaler Ausrutscher unter dem Eindruck der Fernsehbilder aus Palästina, die ich über die arabischen Sender sehe, die aber nicht von der deutschen Bevölkerung gesehen werden. Wenn Herr Spiegel das als „populistisch antiisraelisch" deutet, ist das sein persönliches Problem. Aber tatsächlich ist* *es doch so, dass man in Deutschland beim Thema Israel den Menschen mit der Erinnerung an die Epoche des Nationalsozialismus schlicht und ergreifend Angst einzujagen versucht, damit sie den Mund nicht aufmachen und sich nicht zur Sache äußern.*

Sie sehen eine moralische Lähmung der Deutschen durch das Verbrechen des Holocaust?

Karsli: *Ganz genau. Ich erlebe das zum Beispiel, wenn ich mich mit Kollegen über das Thema unterhalte. Die erste Reaktion ist immer ein sich Umschauen, ob jemand da ist und mithören könnte. Ist niemand in der Nähe, äußern sie sich endlich einmal offen und fangen an zu schimpfen. Glauben Sie mir, die Mehrheit der Bevölkerung ist nicht mehr bereit, Bilder wie die aus Dschenin länger hinzunehmen. Den Leuten ist klar, daß das, was sich die israelische Armee da erlaubt, einmalig in der Welt ist. Es ist bekannt, daß Israel seit Jahrzehnten gegen viele Uno-Resolutionen verstößt. Israel raubt palästinensischen Boden und baut Siedlungen darauf. Israel betreibt Staatsterrorismus: Es hat bereits eine Todesliste angefertigt mit Personen, die zu liquidieren sind. Ich setze mich dafür ein, daß auch Israel neben einem lebensfähigen palästinensischen Staat in Frieden und Sicherheit leben soll, aber es soll dabei bitte nicht tagtäglich die Würde des palästinensischen Volkes durch Israel verletzt werden.*

Israel beruft sich auf den legitimen Kampf gegen den Terror. Wenn Deutschland den Kampf gegen den Terror in Afghanistan mit Truppen unterstützt, kann es dieses Recht den Israelis wohl kaum verweigern.

Karsli: *Wenn es in Palästina um den Kampf gegen den Terror ginge, dann müßte eigentlich auch Scharon ganz schnell auf eine solche Liste gesetzt werden. Oder ganz schnell vor den neugegründeten Internationalen Strafgerichtshof gestellt werden. Und ebenso viele andere israelische Spitzenpolitiker. Das Ergebnis wäre, einer setzt den anderen auf seine Abschussliste, und man bringt sich gegenseitig um. Außerdem ist die Frage, ob „Terror" nicht einmal fest definiert werden sollte. Wenn jemand gegen eine Besatzungsmacht kämpft, ist das denn Terror? Ich glaube, Terror richtet sich gegen Zivilisten.*

Wenn aber eine Besatzungsmacht sich gegen Zivilisten wendet, dann muß man mit allen Mitteln gegen diese Besatzungsmacht vorgehen, dann ist das der Kampf gegen den Terror. Auch die Palästinenser haben ein Recht auf Selbstverteidigung. Wäre es nicht Israel, würde die internationale Gemeinschaft den Bruch so vieler Uno-Resolutionen nicht hinnehmen. Erinnern Sie sich, wie man im Falle Jugoslawiens eingeschritten ist, oder was man mit dem Irak gemacht hat - eben weil man die Uno-Resolution nicht vollzog.

Sie haben selbst erst kürzlich den Irak bereist. Warum?

Karsli: *Ich habe an einem Solidaritätsflug mit 133 Mitgliedern vieler Hilfsorganisationen, Parteien und Privatpersonen teilgenommen. Ich wollte mir selbst einen Eindruck von der Situation vor Ort verschaffen. Mittlerweile sind durch das Embargo bereits 1,6 Millionen Menschen umgekommen. Viele von ihnen sind an Krebs gestorben. Verursacht durch viele tausende Tonnen von Uranangereicherten Bomben, die 1991 auf den Irak geworfen worden sind. Davon sind am meisten die Kinder betroffen. Zur Zeit sterben an den Folgen des Embargos monatlich weitere fünf- bis sechstausend Menschen. Das sind doppelt soviel Tote, als am 11. September in den USA durch den Terror umgekommen sind. Eine unerhörte Zahl, die hier im Westen einfach ignoriert wird.*

Wie sollte sich die Bundesrepublik Ihrer Meinung nach gegenüber Israel verhalten?

Karsli: *Deutschland sollte endlich einmal ein wahres und mutiges Wort äußern und zum Beispiel das Massaker von Dschenin verurteilen. Und es sollte darauf hinwirken, daß das Gleiche von Seiten der Europäischen Union geschieht. Wirtschaftssanktionen gegen Israel sollten nicht ausgeschlossen sein bzw. nicht verhindert werden. Die Politik, die Joschka Fischer betreibt, finde ich dagegen einseitig und heuchlerisch.*

Das heißt, die Deutschen sind beim Thema Israel feige, und die deutsche Politik lädt erneut Schuld auf sich - diesmal gegenüber den Palästinensern?

Karsli: *In der Tat, „Feigheit" ist das richtige Wort. Manche verhalten sich sogar nach dem Motto: „Ich weiß nichts, und ich habe auch Angst, etwas zu wissen." Denn wenn sie etwas wüßten, müßten sie ein faires Wort dazu sagen, und das könnte politische Gefahr für sie bedeuten. Man muß allerdings zugestehen, daß der Einfluß der zionistischen Lobby auch sehr groß ist: Sie hat den größten Teil der Medienmacht in der Welt inne und kann jede auch noch so bedeutende Persönlichkeit „klein" kriegen. Denken Sie nur an Präsident Clinton und die Monika-Lewinsky-Affäre. Vor dieser Macht haben die Menschen in Deutschland verständlicherweise Angst.*

Warum wollten Sie in die FDP eintreten, Sie hätten auch zur SPD wechseln können?

Karsli: *Der Grund war die eindeutige und couragierte Haltung Jürgen Möllemanns, der nicht nur vielen Menschen hierzulande, sondern auch in der arabischen Welt aus dem Herzen spricht. Viele Menschen, die aus der Türkei, oder aus arabischen Ländern stammen, haben nun wiederum mir für meinen Schritt per Fax oder Telefon gedankt.*

Gehen Sie mit dem Erbe des Holocaust vielleicht unbefangener um, weil sie ein nicht in Deutschland geborener Deutscher sind?

Karsli: *Das ist möglich. Aber ich kann die geborenen Deutschen deshalb schon verstehen. Allerdings frage ich, wie lange kann man das noch mit sich herumschleppen? Ich bin der Meinung, ein Verbrechen kann ein anderes Verbrechen nicht rechtfertigen. Wenn ich so sensibel dem deutschen Naziterror gegenüberstehe, dann muß ich gegenüber den Machenschaften von Scharon genauso sensibel sein. Deshalb betrachte ich die jetzige deutsche Außenpolitik und Gesellschaftsmoral als Doppelmoral. Moral ist unteilbar, und man muß sich gegen jedes Unrecht zur Wehr setzen.*

Warum sind Sie bei den Grünen ausgetreten, hat man Sie unter Druck gesetzt?

Karsli: *Nein, erst jetzt versucht man das nachträglich so darzustellen, um die Empörung über mich aufzufangen. Tatsächlich aber war der Austritt meine eigene Entscheidung.*

Früher waren die Grünen sehr antiimperialistisch gesonnen und stets die ersten, die Israel kritisiert haben. Wie erklären Sie sich diesen Wandel?

Karsli: *Die Grünen haben sich tatsächlich sehr verwandelt. Joschka Fischer selbst hat sogar an Konferenzen der PLO teilgenommen, doch er scheint nicht nur das zu ignorieren, sondern auch die Tatsache, daß die Mehrheit der Deutschen ganz anders denkt, als es der Außenpolitik der Bundesrepublik Deutschland entspricht.*

Haben die Grünen also ihre Ideale verraten?

Karsli: *Ich habe gemerkt, daß ich zwei Scheren im Kopf habe, eine auf Landes- und eine auf Bundesebene, das konnte ich nicht länger hinnehmen. Also habe ich klar Stellung bezogen. Wie meine ehemaligen Parteikollegen das angesichts der Bilder aus Palästina weiter unterlassen können, ist mir schleierhaft. Früher gab es bei den Grünen gegen jedes Verbrechen gleich eine Demonstration, heute aber bleibt man zu Hause. Das kann ich mit der deutschen Geschichte nicht länger entschuldigen, denn das steht gegen mein Gewissen. Insofern glaube ich in der Tat, daß Joschka Fischer die Ideale der Grünen verraten hat.*

(03.05.2002) (26)

Scharons Handlanger

Wie gesagt, ich stehe zu meinen Aussagen. Gerade meine so scharf kritisierte Äußerung, dass es eine zionistische Lobby gibt, die die Medien kontrolliert, lässt sich an dem „Fall Karsli" sehr deutlich nachweisen. Denn genau diese zionistische Lobby steckte hinter der Medienkampagne, in der alles verdreht und einseitig dargestellt wurde, was immer ich auch sagte oder tat. Der „Fall Karsli" war ein Exempel, das an mir statuiert wurde. Es diente als eindrucksvolle Machtdemonstration des Zentralrats der Juden und sollte ein für alle Mal klar stellen, was man in Deutschland öffentlich äußern darf und was nicht.

Kaum jemand weiß, dass der Zentralrat der Juden nur einen Bruchteil der Juden in Deutschland repräsentiert. Die Mehrheit der Juden im In- und Ausland steht dem Zentralrat dagegen wie ich äußerst kritisch gegenüber. In Deutschland hingegen genießt er eine einmalige Sonderstellung. Offensichtlich verfügt er über eine unausgesprochene Immunität, die mit einer uneingeschränkten Maßregelungsoption gekoppelt ist. Aufgrund dieser Sonderstellung und der überproportionalen Macht und den Einflussmöglichkeiten, über die der Zentralrat der Juden in Deutschland verfügt, ist er ein äußerst wirksames Propagandainstrument der israelischen Politik. Ich behaupte, dass der Zentralrat der Juden in Deutschland die Funktion hat, das rechts gerichtete israelische Regime und somit ihr zionistisches Ziel zu unterstützen. Zu diesem Zweck wird so manches innenpolitische Thema in Deutschland missbraucht. Kritik an der israelischen Regierung, und sei sie noch so differenziert geäußert, wird von den Vertretern des Zentralrats der Juden, also vornehmlich durch die Herren Paul Spiegel und Michel Friedman mittels der in Deutschland überaus gefürchteten Antisemitismuskeule grundsätzlich im Keime erstickt. Das belegen auch Äußerungen aus den Reihen der CDU, Friedmans eigener Partei. So dokumentiert der Focus (22/2002) folgende Aussage prominenter Politiker:

„Der hessische Ministerpräsident Roland Koch sieht den TV-Talker in der beständigen Gefahr, mehr zusätzliche Konflikte zu schüren, als er welche eindämmt. Gerade in der Union freuen sich viele, die sich nie Kritik an ihrem Parteifreund zugetraut hatten, dass Möllemann den Tabubruch gewagt hat. Immer wenn der Brachial-Moderator in seiner Sendung mit dem beziehungsreichen Namen „Vorsicht! Friedman" einen Unionspolitiker vorgeführt hatte, empörten sich schwarze Bundestagsabgeordnete zuhauf - aber im Stillen: Das ist ja menschenverachtend, lautete stets der dutzendfache Tenor, aber man darf ja leider nichts sagen. Sonst sagt der gleich, ich hätte etwas gegen Juden. Und selbst ein SPD-Landesvorsitzender bekennt: Natürlich hat Möllemann Recht. Der Friedman lebt doch davon, dass er andere mit dem Antisemitismus-Vorwurf angreift.
(22/2002) (27)

Aufgrund seiner zentralen Rolle im „Fall Karsli" werde ich auf den Zentralrat der Juden im weiteren Verlauf der Chronologie immer wieder zu sprechen kommen. Ich werde ihm im zweiten Teil des Buches außerdem ein gesondertes Kapitel widmen, um zusätzliche Hintergrundinformationen über diese Organisation und seine beiden prominenten Vertreter, die Herren Spiegel und Friedman, zu liefern, die wahrscheinlich nicht zum allgemeinen Wissen in der Bevölkerung gehören. Zunächst möchte ich in der Schilderung des „Falls Karsli" fortfahren.

„Jürgen!!! Herr Friedman!!! Ich flehe euch an..." Karikatur: Haitzinger

WZ 05.06.02

Aufnahme bei den Liberalen

Vom 10. bis 12. Mai fand der FDP-Bundesparteitag in Mannheim statt. Bevor ich dort ankam, teilte mir ein FDP-Mitglied telefonisch mit, dass eine große Schar Journalisten vor dem Veranstaltungsort wartete. In Anbetracht der derzeitigen Medienhysterie rund um den „Fall Karsli" war mir sofort klar, dass der Parteitag kaum in seiner geplanten Form würde stattfinden können, wenn ich daran teilnähme. Um den Parteitag nicht zu stören, entschied ich mich, die 400 km, die ich gerade hinter mich gelegt hatte, unverrichteter Dinge wieder zurückzufahren. Da der FDP im Zuge des „Falls Karsli" untergeschoben werden sollte, sie schüre antisemitische Tendenzen und fische im Trüben, befasste sich die Partei auf ihrer Mannheimer Zusammenkunft eingehend mit dem Thema Antisemitismus. In einer Resolution wendete sie sich eindeutig gegen Antisemitismus und Antizionismus:

»Schluss mit der Gewalt!

Für eine europäische Friedensinitiative im Nahen Osten«

[...] Beide Seiten wissen, es muss zu einem friedlichen Nebeneinander kommen. Weder wird es dem palästinensischen Terror gelingen, das Existenzrecht Israels in Frage zu stellen, noch wird die palästinensische Gewaltbereitschaft durch unverhältnismäßige militärische Gegenmaßnahmen gebremst werden können. Es ist ein tragischer Irrtum, wenn Arafat wähnt, durch Gewalt mehr zu bekommen und Scharon meint, durch Gewalt weniger geben zu müssen.

Für die FDP ist das uneingeschränkte Existenzrecht Israels unantastbar. [...] Bei uns findet niemand eine politische Heimat für antiisraelische Politik.

Kein Widerstandsrecht der Welt legitimiert dazu, Selbstmörder zu rekrutieren und Unschuldige mit in den Tod zu reißen.

Die FDP appelliert daher an Yassir Arafat und die palästinensische Führung: Stoppen Sie den Terror! Terroristen und Drahtzieher gehören unverzüglich vor Gericht und dann eingesperrt.

Wir Liberale appellieren gleichermaßen an den israelischen Ministerpräsidenten Scharon und an seine Regierung, alles in ihrer Macht Stehende zu tun, den Weg für eine friedliche Lösung des Konfliktes freizumachen. Die Siedlungspolitik und die massiven militärischen Aktionen Israels in den autonomen Gebieten drehen die Spirale der Gewalt nur weiter. Es besteht kein Zweifel: die vielen unschuldigen Opfer und die Zerstörung der zivilen palästinensischen Infrastruktur vertiefen die Gräben zwischen den Völkern und stoßen gerade bei den Freunden Israels zunehmend auf Unverständnis. Israel muss die einschlägigen UNO-Resolutionen umsetzen, wenn es die Unterstützung seiner legitimen Anliegen durch die internationale Staatengemeinschaft erwartet.

Israel hat das Recht auf eine gesicherte Existenz. Die Palästinenser haben auch das Recht, in einem eigenen lebensfähigen und demokratischen Staatsverband zu leben. Deshalb müssen nicht nur die Terroranschläge aufhören. Israel muss seine Panzer zurückholen und den Siedlungsbau stoppen und zurücknehmen.

In Anbetracht der erneut festgefahrenen Situation ist eine umfassende konzertierte Aktion aller maßgeblichen Akteure der internationalen Staatengemeinschaft gefordert. Massiver internationaler Druck, vor allem auch amerikanischer Druck, ist unverzichtbar, um den Friedenswillen der Konfliktparteien zu erhöhen. Das Madrider Treffen zwischen der UNO, Russland, der Europäischen Union und den USA war ein guter Ansatz. Voraussetzung für eine internationale Absicherung eines Friedens in Nahost ist zu aller erst der Ausstieg aus der Gewalt, dazu gehört auch die Herstellung einer menschenwürdigen Situation in den palästinensischen Flüchtlingslagern. Dabei stehen nicht nur die arabischen Nachbarn der Konfliktparteien, sondern auch die gesamte Arabische Liga in besonderer Verantwortung.

[...] Militärische Maßnahmen ersetzen nicht politische Lösungen. Eine Entsendung deutscher Soldaten in den Nahen Osten kommt für die FDP nicht in Frage.

Der Nahe Osten braucht dringend einen von der internationalen Staatengemeinschaft unterstützten Prozess der regionalen Vertrauensbildung, auf dessen Grundlage eine Sicherheitsarchitektur ent-

worfen werden kann, die das friedliche Zusammenleben von Arabern und Israelis in der Region sicherstellt. Als Land, dessen Geschichte in besonderer Weise vom KSZE-Prozess geprägt wurde, sollte Deutschland sowohl im Rahmen der Europäischen Union als auch im Rahmen der Vereinten Nationen hierfür eine Initiative ergreifen.[...] (28)

Erneut kam die Position der liberalen Partei meiner eigenen Haltung im Nahostkonflikt recht nahe. Auch die dem Beschluss hinzugefügte Feststellung von Jürgen Möllemann, dass weder Rassenhass noch Antisemitismus oder Diskriminierung jedweder Art in der FDP einen Platz hat, man aber davon unbeschieden ein Recht habe, auch die israelische Regierung zu kritisieren, begrüßte ich sehr.

Nach der Aufnahme in die Landtagsfraktion der FDP sollte der für mich zuständige Kreisverband Recklinghausen über meine Aufnahme in die Partei abstimmen. Nach einer ausführlichen Diskussion zwischen den Mitgliedern und mir über alle strittigen Punkte wurde am 15.05.2002 mit einer klaren 2/3-Mehrheit für meine zukünftige Mitgliedschaft bei den Liberalen entschieden. Noch einmal distanzierte ich mich bei dieser Gelegenheit in folgendem Brief an Jürgen Möllemann eindeutig von angeblichen antisemitischen Tendenzen:

„Sehr geehrter Herr Möllemann,

mit großer Freude habe ich die Nachricht aufgenommen, dass der FDP-Kreisverband Recklinghausen mehrheitlich positiv über meinen Antrag auf Mitgliedschaft in der FDP entschieden hat. Anlässlich dieser Entscheidung ist es mir ein besonderes Anliegen, Ihnen und allen Mitgliedern der FDP nochmals zu versichern: Ich bedaure, dass einige meiner Äußerungen zum Nahost-Konflikt (z.B. der Begriff der „zionistischen Lobby") in der deutschen Öffentlichkeit den Eindruck ermöglicht haben, ich übernähme die Ausdrucksweise von Antisemiten.

Demgegenüber bekräftige ich: Ich bin kein Antisemit - vielmehr bin ich für ein friedliches Miteinander von Israelis und Arabern im Nahen Osten. Ich weiß, dass meine Äußerungen zu vielfältiger Kritik und zu Irritationen weit über den Kreis der FDP-Mitglieder hinaus geführt haben. Mir ist auch bewusst, dass diese Kritik und Skepsis bei einigen FDP-Mitgliedern weiterhin überwiegt.

Kritik an Scharon bleibt

Es ist nun mein Wunsch und meine Aufgabe, alle davon zu überzeugen, dass ich weder eine antiisraelische, noch antijüdische, noch antisemitische Haltung vertrete. Allerdings war, bin und bleibe ich ein Kritiker der Politik der israelischen Regierung unter der Führung von Ariel Scharon. Und dies deshalb, weil sie den Weg zum Frieden im Nahen Osten, den wir alle wünschen, versperrt. Das ist gerade in diesen Tagen durch den Beschluss der Regierungspartei in Israel deutlich geworden, keinen Staat Palästina zu akzeptieren.[...]

Muslime gewinnen

Sehr geehrter Herr Möllemann, nach meiner Aufnahme in die FDP hoffe ich nun auf eine gute Zusammenarbeit mit allen Mitgliedern der FDP. Ich hoffe, dass ich die Skeptiker und Kritiker davon überzeugen kann, dass das mir nun entgegengebrachte Vertrauen gerechtfertigt ist. Mein Ziel ist es auch, viele der in Deutschland lebenden Muslime für die FDP und damit - auf der Grundlage des Nahost-Beschlusses der FDP-Bundespartei - für eine ausgewogene und friedensstiftende Nahost-Politik zu gewinnen."

Auch diese eindeutige Differenzierung zwischen Antisemitismus und Kritik an der Politik von Ariel Scharon wurde bei der öffentlichen Bewertung meiner Haltung weiterhin schlichtweg ignoriert. Lediglich Wolfgang Kubicki sagte, ihm mache der moralische Rigorismus Angst, mit dem die Debatte um mich geführt wurde. Er empfand die Reaktionen als überzogen und erinnerte noch einmal daran, dass ich mich von missverständlichen Äußerungen distanziert habe und ich mir als FDP-Mitglied nichts zu Schulden habe kommen lassen. Ein Parteiausschluss komme für ihn daher nicht in Frage. Worte wie diese hätte ich als normale Reaktion von der überwiegenden Mehrheit der Politiker erwartet, stattdessen bildeten sie die absolute Ausnahme. Im Gegenteil: Die Anzahl der Funktionäre, die sich empört gegen meine Mitgliedschaft aussprachen, stieg ebenso an wie der Druck, den sie ausübten.

Michel Friedman, der neben seinem Amt als stellvertretender Vorsitzender des Zentralrates der Juden und dem Amt des Präsidenten des "European Jewish Congress" (Europäisch-Jüdischer Kongress) praktischerweise auch als Mitglied im Fernsehrat des ZDF vertreten ist und eine eigene Talkshow beim Hessischen Fernsehen sowie bei der ARD hat, drohte in einem Interview mit dem ZDF, meine Aufnahme sei ein katastrophales politisches Signal. Er beklagte weiterhin, dass Deutsche jüdischen Glaubens generell häufig mit den Vorkommnissen in Israel identifiziert werden.

„Wir sind nicht die israelischen Botschafter, wir sind deutsche Staatsbürger, wir sind Juden, und wenn man täglich feststellt, dass man haftbar gemacht wird für alles Gute wie Schlechte, was in Israel stattfindet, dann zeigt sich damit aber auch ganz deutlich, dass wir anscheinend nach wie vor nicht als Deutsche gesehen werden, sondern darauf reduziert werden, als Menschen jüdischen Glaubens eigentlich nach Israel zu gehören."

Michel Friedman verteidigt sich hier gegen Vorwürfe, die niemand gemacht hat. Niemand hat „die Juden an sich" und schon gar nicht „die Juden in Deutschland" angegriffen oder auch überhaupt nur erwähnt!! Michel Friedman fühlte sich jedoch offenbar persönlich angesprochen, als ich die israelische Besatzungspolitik kritisierte. Offenbar identifiziert er sich mit den Handlungen Ariel Scharons. Nun, dazu kann ich nur sagen: Das ist sein Problem, nicht meins. Eine andere Erklärung für Michel Friedmans unangemessene Beschwerde wäre, dass mir bewusst Aussagen, die ich nie geäußert hatte, unterstellt wurden, da man meine Kritik an der israelischen Armee - und niemand anderen als Ariel Scharons, seine Regierungspolitik und seine Armee habe ich kritisiert - kaum verbieten konnte.

Die Tatsache, dass auch die unmissverständliche Klärung meiner Position, wie ich sie in meinem Brief anlässlich meiner Aufnahme in die Partei zum Ausdruck gebracht hatte, einfach ignoriert wurde, untermauerte meinen Eindruck, dass es hier überhaupt nicht um meine Person oder um meine Äußerungen ging. Tatsächlich ging es in dieser hitzig geführten Debatte über den „Fall Karsli" um die Unterdrückung von Meinungen, die nicht gewünscht waren und - wie oben dargelegt - um Wahlkampf.

Eine Wunderwaffe in Deutschland

Nach eingehender Analyse ergibt sich folgendes Bild: Diejenigen, die Jürgen Möllemann, mir und der gesamten FDP vorwarfen, die latent vorhandenen antisemitischen Stimmungen in der Bevölkerung in eine unlautere Wahlkampfstrategie einzubinden, waren tatsächlich selbst diejenigen, die die Antisemitismuskeule zu wahltaktischen und meinungsbildenden Zwecken missbrauchten. Durch diesen leichtfertigen Missbrauch entsteht jedoch das Gegenteil der ursprünglichen Absicht: Die Folge ist nämlich eine Verwässerung und Banalisierung des Begriffs „Antisemitismus". Durch seinen inflationären Gebrauch verliert er seine ursprüngliche Schärfe, und das ist sicherlich nicht im Sinne der besonderen Verantwortung der Deutschen gegenüber den Juden!

Immer wieder war von latent vorhandenen antisemitischen Tendenzen in Deutschland die Rede. Auch Franz Müntefering beklagte, Möllemann ziele mit seinem Vorgehen „auf Gefühle, die es leider in Deutschland gibt". Zu dieser vermeintlichen Tendenz möchte ich den Artikel „Das Gespenst des Antisemitismus" von Joachim Helfer aus der Netzeitung vom 17.05.2002 einfügen:

Nicht nur der israelische Schriftsteller Yoram Kaniuk beklagt einen neuerlich verstärkt auftretenden Antisemitismus. Doch aus soziologischer Sicht erscheint die These von der Wiederbelebung dieser alten europäischen Geisteskrankheit nicht haltbar.

Ein Gespenst geht um in Europa: Der Antisemitismus, diese europäische Geisteskrankheit, die nach Auschwitz führte und von der die Welt - nach Auschwitz - hoffen und glauben durfte, dass sie, wo nicht geheilt, so doch zumindest endgültig als solche begriffen und aus dem öffentlichen Leben verbannt sei, wird im Gegenteil wieder salon-, parolen- und debattenfähig.

So empfinden und äußern es dieser Tage zumindest viele Israelis - und zwar nicht nur Intellektuelle wie der Schriftsteller Yoram Kaniuk, zu deren Handwerk auch die polemische Zuspitzung gehört, sondern auch der als zurückhaltend bekannte Chefdiplomat Shimon Peres. So empfinden und äußern es vor allem auch jüdische Bürger Deutschlands, Frankreichs und anderer EU-Staaten, die das Phänomen aus eigener Anschauung kennen.

Brennende Synagogen

Was erleben sie? Sie erleben erstens, dass Synagogen brennen und Juden auf offener Straße angepöbelt und angegriffen werden. Zumindest lesen sie davon in der Zeitung, meist unter Überschriften wie ‚Zunahme antisemitischer Übergriffe.' Sie lesen auch von Demonstrationen, auf denen Parolen wie «Tod den Juden» gerufen werden. Sie erfahren zweitens davon, dass Gruppen des sich für links haltenden Spektrums politischer Eiferer zum Boykott israelischer Waren, ja selbst von Klezmer-Konzerten, aufrufen.

Sie sehen drittens, dass die EU-Staaten Israel in Zeiten, da es fast täglich von palästinensischem Terror erschüttert wird, durchaus nicht mit jener bedingungslosen Solidarität beistehen, wie sie den Amerikanern nach dem 11. 9. zuteil wurde. Sie hören schließlich, dass sogar Vertreter des politischen Establishments wie der FDP-Vize Möllemann Verständnis für die palästinensischen Attentate aufbringen.

Was ist Antisemitismus?

Yoram Kaniuk zieht, sicher stellvertretend für nicht wenige Israelis und Juden in aller Welt, in einem Interview mit der Zeitung ‚Die Welt' vom 14. Mai aus all dem diesen Schluss: «Die Europäer suchen ein Alibi, sich von alter Schuld zu entlasten und gleichzeitig alten Antisemitismus wieder zu beleben. (...) Das ist kein Verfolgungswahn mehr. Wir sind zurück in der Wirklichkeit Europas.» Dieser Schluss ist vor dem Hintergrund der Leidensgeschichte der Juden und angesichts der gegenwärtigen Lage Israels verständlich; die Frage bleibt dennoch, ob er richtig ist.

Das aber erweist sich nicht an einzelnen Äußerungen und Vorfällen innerhalb pluralistischer Gesellschaften, sondern nur in der Analyse europäischer Politik einerseits und der soziologischen Untersuchung europäischer Einstellungen andererseits. Dazu muss man zunächst die Begriffe klären: Wenn Antisemitismus eine europäische Geistes-

krankheit ist, nachweislich im kulturellen Kontext des christlichen Abendlands entstanden - gehört es dann in die Kategorie ,Antisemitischer Übergriff', wenn arabisch-muslimische Jugendliche, Kinder palästinensischer Asylbewerber etwa, einen Rabbiner angreifen? Die Empörung darüber, dass derlei überhaupt geschieht, auf den Straßen der einstigen Hauptstadt des dritten Reichs zumal, ist keine Antwort.

Demographische Widerlegung

Ein Wiederaufflackern des europäischen Antisemitismus, und das ist ja die These, ließe sich mit derartigen Vorfällen nur dann belegen, wenn die Staatsgewalt sie weniger entschlossen zu verhindern oder doch wenigstens aufzuklären und zu bestrafen versuchte, als andere ähnlich schwere Verbrechen. Das genaue Gegenteil ist der Fall, von Berlin bis Marseille.

Das tatsächliche Ausmaß antisemitischer Vorbehalte in der Bevölkerung wurde zumindest in Westdeutschland seit dem Krieg immer wieder soziologisch erfasst. Dabei zeigte sich gerade nicht, wie Kaniuk aus der verständlichen, aber verzerrenden Perspektive eines potentiellen Opfers unterstellt, dass der Antisemitismus nach Auschwitz «verscheut, aber nicht verscheucht» war, und nun, nach einer «Gnadenfrist», eben wieder durchbreche.

Vielmehr äußerte auch in der fast unmittelbaren Gegenwart von Auschwitz noch eine Mehrheit der Befragten antisemitische Haltungen und Einstellungen, während es in den folgenden Jahrzehnten, mit wachsender historischer Entfernung zu Auschwitz, kontinuierlich weniger wurden - in groben Zahlen von über zwei Dritteln auf unter ein Viertel der Bevölkerung.

Burschenschaftskäppies und Palästinensertücher

Auch wenn dieser Prozess durch die Vereinigung mit der - im Guten wie Bösen - traditionsverhafteteren ostdeutschen Bevölkerung etwas zurückgeworfen wurde, umgekehrt wurde er nie. Die These vom Wiedererstarken des alten europäischen Antisemitismus ist soziologisch unhaltbar. Das bedeutet natürlich nicht, dass es in Deutschland keinen Antisemitismus gebe: es gibt ihn, und zwar nicht nur unter retroschicken Burschenschaftskäppies, sondern auch unter nostalgischen Palästinensertüchern.

Wer hierzulande vor Antisemitismus warnt und Äußerungen zum Nahostkonflikt auf antisemitische Untertöne hin abklopft, hat vor dem Hintergrund unserer Geschichte immer recht. Nur muss diese schwerwiegende Anschuldigung von Fall zu Fall entweder sachlich begründet, oder aber fallengelassen werden. Keineswegs darf die ad hoc Diagnose zur unwiderlegbaren Denunziation jedweder Kritik an der israelischen Politik verkommen - nicht einmal einer so unsensiblen und einseitigen wie der des FDP-Lautsprechers Möllemann.

Wem nützt es?

Als Kalkül auf Stimmen von rechts außen ist sie nämlich gerade nicht gut erklärbar: die Zahl der latent antisemitischen Nationalliberalen alten Schlags, die bisher nicht ohnehin schon FDP gewählt haben, dürfte kaum dreistellig sein, und die neue akademische Rechte ist ausdrücklich antiliberal. Wer an unserer gesellschaftlichen Wirklichkeit vorbei Verschwörungstheorien in die Welt setzt, wird sich fragen lassen müssen: ‚Wem nützt es?'

Die berechtigten Anliegen Israels hatten und haben in Europa einen zuverlässigen Anwalt – für den unberechtigten Anspruch auf Groß-Israel ist es nicht zu gewinnen, auch nicht mit der Drohung, unter Antisemitismusverdacht zu geraten. (17.05.2002) (29)

Analysiert man die Auseinandersetzung der FDP mit dem Zentralrat der Juden im Hinblick auf die Frage nach dem Nutzen, so entblößt sich ein ähnliches Motiv: die Unterdrückung jeglicher Kritik am israelischen Vorgehen in Palästina. Sie belegt außerdem die einer Wunderwaffe gleichkommende Wirksamkeit der Antisemitismuskeule und die damit zu erschließenden Machtpositionen in unserem Land.

Ich möchte dies noch einmal in Erinnerung rufen: Da mischt sich eine kleine Organisation nachhaltig in die deutsche Parteipolitik ein. Sie versucht sogar, die Personalentscheidungen innerhalb einzelner Parteien zu diktieren (Paul Spiegel und Michel Friedman forderten von der FDP, sich von mir zu trennen und auch Jürgen Möllemann seines Amtes zu entledigen). Der einzige Grund dafür, dass diese Tatsache nicht schlichtweg grotesk ist, ist der, dass sie erschreckend und gefährlich ist!

Verfolgen wir noch einmal das Vorgehen des Zentralrats der Juden: Nach meiner Aufnahme in die FDP wurde seitens des Zentralrates zunächst gedroht: Wenn die FDP sich nicht wieder von mir distanziere, werde das (nicht weiter spezifizierte) Konsequenzen haben. Dann versammelte Paul Spiegel die Spitzen unserer Gesellschaft im Berliner Nobelhotel Adlon und hielt eine von der Presse als „Brandrede" bezeichnete Ansprache, in der er die FDP mit drastischen Worten attackierte. Die Medien berichteten über den Aufruhr, den er mit seiner Attacke bei den FDP-Funktionären auslöste: FDP-Fraktionschef Wolfgang Gerhardt lief mit hochrotem Kopf sichtlich erschüttert von Tisch zu Tisch, besprach sich mit Kollegen, diskutierte mit Gästen. Der Alt-Liberale Burkhard Hirsch hielt spontan eine flammende Verteidigungsrede. Erst nach einem Gespräch zwischen dem Zentralrat und der FDP-Spitze am nächsten Morgen war eine vermeintliche Entspannung angesagt: Paul Spiegel attestierte (!) der FDP nach einem Frühstück mit Guido Westerwelle, dass sie nichts mit einer nazistischen Partei zu tun habe .... Hat die FDP es also tatsächlich nötig, sich von Paul Spiegel attestieren zu lassen, dass sie keine Nazi-Partei ist? Auch Bundespräsident Rau sprach nach einem Treffen mit Spiegel plötzlich „von der besonderen Verantwortung der Deutschen".

Trotz vorübergehender Entspannung in der Führungsriege der FDP löste Paul Spiegels Ansprache eine neue, gegen mich gerichtete Entrüstungswelle aus: Frau Hamm-Brücher drohte am nächsten Tag mit ihrem Parteiaustritt, wenn sich die FDP nicht von mir trenne. Andere prominente Parteimitglieder zogen in einer gnadenlosen Kritik gegen mich nach. Auf das spätere Angebot von Jürgen Möllemann, ein klärendes Gespräch zu führen, schrieb Paul Spiegel in einem offenen Brief, Bedingungen für ein klärendes Gespräch zwischen Zentralrat und FDP-Spitze seien eine Trennung von mir und die „Distanzierung Möllemanns von antisemitischen Äußerungen". Da drängt sich doch die Frage auf: Welche Macht hat dieser Mann, dass er solche Forderungen öffentlich stellen kann? Und welche Wirksamkeit hat die Antisemitismuskeule, dass sie eine solche Aufruhr unter den führenden deutschen Politikern herbeizuführen vermag?!

Ich habe Michel Friedman vorgeworfen, innenpolitische Themen in Deutschland zu nutzen, um die Politik in Israel zu unterstützen. Daneben spielte sicherlich sowohl bei Michel Friedman als auch bei Paul Spiegel wahltaktisches Kalkül eine ganz wesentliche Rolle, als die Kampagne gegen mich betrieben wurde. Diese Einschätzung bestätigt auch Dirk Niebel (FDP-Bundestagsabgeordneter und Vize-Präsident der Deutsch-Israelischen Gesellschaft).

„Herr Friedman sieht als langjähriger CDU-Funktionär das Erstarken der FDP nicht gern, und Herr Spiegel ist SPD-Mitglied.... “

Die Liberalen hatten eine Größe erreicht, die den anderen Parteien wehtat. Da wurde eben auch „über Bande gespielt“, d.h. es wurden Tatsachen verdreht, Verleumdungen gemacht, es wurde Rufmord betrieben.

Die Antisemitismuskeule wurde immer wirksamer, je näher der von Guido Westerwelle geplante Israelbesuch am 27. Mai 2002 rückte. Dieser Termin gab der entstandenen Debatte eine zusätzliche Brisanz. In Parteikreisen hieß es, bis zu diesem Termin müsse die Sache vom Tisch sein, sonst könne Westerwelle unmöglich fahren. Der Bundesvorsitzende reagierte zunächst auf den Druck, indem er eine FDP-Sondersitzung für den 03.06.2002 festsetzte. Er hatte bisher eine unterstützende Position bezogen, stellte sich hinter Jürgen Möllemann und mich und betonte, man werde sich auf der Sondersitzung mit offenem Ausgang mit dem „Fall Karsli“ befassen.

Es war klar, dass Jürgen Möllemann von jeder Kritik unberührt bleiben musste. So kurz vor der Wahl durfte er keinesfalls auch nur annähernd demontiert werden. Das lag im Interesse aller FDP-Mitglieder, die das ehrgeizige „Projekt 18“ nicht gefährden wollten.

In diesem Sinne betonte auch die stellvertretende Landesvorsitzende der NRW-FDP Ulrike Flach:

„Kein Ex-Grüner dieser Welt ist es wert, dass wir wegen ihm unsere Geschlossenheit aufgeben.“

Gebremster Höhenflug

GA 23.05.02

Inzwischen konnte man jedoch beobachten, wie nach der Wahl, als das Kind bereits in den Brunnen gefallen war, die FDP also mit 7,4 % der Wählerstimmen der große Verlierer der Bundestagswahl 2002 war, mit Jürgen Möllemann verfahren wurde. In gewisser Weise hatte ich seine Geschichte ein halbes Jahr zuvor vorweg genommen. Ich diente damals als Bauernopfer, weil man gezwungen war, ihn zu halten. Guido Westerwelle musste ein langwieriges Parteiausschlussverfahren vermeiden, das im Wahlkampf den großen Ambitionen geschadet hätte. Dies war ein wesentlicher Grund, warum er Jürgen Möllemann eine gesichtswahrende Lösung anbieten musste. Betrachtet man die Geschichte um mich und Jürgen Möllemann in ihrer Gesamtheit, so kann man eindrucksvoll erkennen, wie im „ach so" demokratischen Deutschland mit Menschen umgegangen wird, die nicht ins Konzept passen, weil sie Machtinteressen behindern und unbequeme Themen aufbringen.

Der Kompromiss

Aber zurück zum chronologischen Ablauf: Etwa 10 Tage nach dem Mannheimer Parteitag der FDP entschied ich mich, unterzutauchen. Ich verweigerte der Presse jede weitere Aussage, da ich inzwischen wusste: Hier hatte keiner ein Interesse, fair vorzugehen. Der Druck von außen wurde so groß, dass Jürgen Möllemann schließlich einen Kompromiss vorschlag. Er war davon überzeugt, dass ein Grossteil des Wirbels, der um mich gemacht wurde, damit zusammenhing, dass man mich nicht persönlich kannte. Denn diejenigen, mit denen ich diskutiert hatte, die mich persönlich erlebt hatten, standen hinter mir. So stimmten im Kreisverband Recklinghausen eine 2/3 Mehrheit und in der FDP-Landtagsfraktion zweimal alle Mitglieder für meine Aufnahme. Die überwiegende Mehrheit der Öffentlichkeit und der Politiker musste sich jedoch auf das Bild, dass die Medien von mir skizzierten, verlassen: Sie sahen mich demzufolge als den fanatischen rechtsradikalen Antisemiten, als der ich dort porträtiert wurde. Jürgen Möllemann schlug also vor, diesen Menschen mehr Zeit zu lassen, mich persönlich kennen und meine Arbeit schätzen zu lernen. Er hoffte, dass wir die dafür nötige Zeit gewinnen würden, wenn wir anböten, dass ich meinen Antrag auf Mitgliedschaft in der FDP zurück ziehe und mich zunächst auf meine Mitarbeit in der FDP-Fraktion des NRW-Landtags beschränke. Ich war dafür, die FDP zu verlassen, damit alle ihre Ruhe haben und die Hetzjagd ein Ende hat. Während wir den Plan in seinem Büro besprachen, kam die Sekretärin von Jürgen Möllemann herein und sagte, dass Guido Westerwelle am Telefon mit ihm sprechen wolle. Jürgen Möllemann ging hinüber, um das Gespräch anzunehmen. Als er zurückkam, richtete er mir Grüße von Guido Westerwelle aus. Er hatte ihm unser Vorhaben dargelegt und seine spontane Zustimmung gefunden. Demnach glaubte Guido Westerwelle ebenfalls, dass es das Beste sei, einen Kompromiss anzubieten, damit sich die Wogen erst einmal glätten konnten. Er lies mich wissen, dass er mich später gerne einmal zu einem persönlichen Treffen einladen wolle. Wie entsetzt war ich, als er später behauptete, er persönlich habe für meinen „Rauswurf" gesorgt. In Wirklichkeit war es eine Idee von Jürgen Möllemann, mit dem zusammen ich folgenden Brief verfasste:

Sehr geehrter Herr Möllemann,

mit tiefer Enttäuschung und großem Zorn erfüllt mich, was ich in diesen Tagen in den deutschen Medien an bewussten Entstellungen meiner Kritik an der Regierung Scharon aus dem Munde meiner ehemaligen grünen Parteifreunde und von allen anderen Parteien-leider auch von der FDP – hören musste.

Wie sollen junge Menschen in einem Lande zu Gerechtigkeit und Toleranz erzogen werden, wenn in Wahrheit jedem jede Kritik an einer israelischen Regierung bei Strafe des Verlustes seiner öffentlichen Ehre und Würde verboten ist?

Es wird gesagt, Kritik an Ariel Scharon sei erlaubt, aber in der richtigen Wortwahl. Welches ist die richtige Wortwahl? Damit ist offenkundig wohl gemeint, sich so schüchtern und zaghaft zu äußern, dass darüber kein deutsches Medium berichtet; sich so kritikvermeidend zu äußern, dass man letztlich stimmlos und ohne Gehör bleibt.

Ich habe mich für Formulierungen öffentlich entschuldigt, die nicht in Ordnung waren und die es entgegen meiner Intention leider leicht machten, mich als Antisemiten hinzustellen. Allerdings ist mir längst klar geworden, dass es gar nicht mehr um mich geht oder darum, was ich gesagt habe. Ich bin wohl nur der willkommene Anlass, ein Exempel zu statuieren. Die politisch korrekte Klasse demonstriert wiederholt ihre Macht darüber, was man in Deutschland wie öffentlich zu formulieren und wozu man zu schweigen hat.

Ich habe noch mehr gelernt: Es geht nicht nur darum, was man sagen darf, sondern wer es sagen darf. Wer Mitglied der politisch korrekten Klasse ist, nimmt für sich in Anspruch, mit den Begriffen und Wendungen des Nationalsozialismus jederzeit und bei jedem Anlass um sich werfen zu dürfen.

Wenn die „Richtigen" den „Falschen" Faschismus, Nazi-Methoden, „Stürmer-Manieren", Goebbels-Parolen, Antisemitismus usw. zu-

schreien, ist das politisch korrekt. Nur wenn die „Falschen" den Mund öffnen, wird Alles auf die politisch korrekte Goldwaage gelegt.

Bei den Grünen war ich wohl im Urteil der politisch korrekten Klasse bei den „Richtigen", auch wenn ich in Ihren Augen das „Falsche" sagte.

Solange ich Mitglied der Grünen war, hat mir dort niemand gesagt, meine Meinung zu dem, was die Regierung Scharon den Palästinensern antut, sei ungerechtfertigt. Auch die Art, wie ich mich ausdrückte, ist nicht oder nur sehr milde kritisiert worden.

Die Reich- und Tragweite des Tabus „Juden und Israel" in Deutschland habe ich erst jetzt im wahren Umfang kennen lernen müssen. Während all der Jahre, in denen ich mit Menschen in meiner Nachbarschaft und in Deutschland persönlich gesprochen habe, ist mir nie wie jetzt begegnet, dass jeder zum Antisemiten gestempelt wird, der nicht alles gut findet, was israelische Regierungen in Palästina tun.

Ich nehme mit Erstaunen und Befremden zur Kenntnis, wie man aus mir, der ich 18 Jahre lang aktive Politik gegen Rassismus, Ausländerfeindlichkeit und Rechtsradikalismus gemacht und mich immer für Integration, Gleichberechtigung und Menschenrechte eingesetzt habe, quasi einen antisemitisch, antijüdisch und antiisraelisch denkenden und handelnden Menschen macht. Begriffe wie Zionismus und Antisemitismus sowie die Kritik an der Regierung Scharon werden in der deutschen Medienlandschaft meiner Meinung nach nicht genügend differenziert und daher oft verwechselt, weil in Deutsch-land das Thema nach wie vor tabuisiert und nicht hinreichend diskutiert wird.

Ich frage Joschka Fischer öffentlich: „Warum ist das Töten von Muslimen auf dem Balkan ein Verstoß gegen die Menschenrechte, in Palästina aber eine gerechtfertigte Vergeltungsmaßnahme und eine präventive Maßnahme der Selbstverteidigung?"

Natürlich stehe ich völlig auf Seiten der Palästinenser. Damit bin ich aber wohl einer der wenigen, die öffentlich nicht einseitig auf Seiten Israels stehen. Dies aber verlangt die politisch korrekte Klasse - was das Volk denkt, kümmert sie nicht. Was den Nahost-Konflikt betrifft, so wiederhole ich meinen Standpunkt, der sich überhaupt nicht vom Parteitagsbeschluss der FDP in Mannheim unterscheidet: Ich bin für die Durchsetzung der UNO-Resolution, die neben dem Existenzrecht Israels in sicheren Grenzen auch einen lebensfähigen palästinensischen Staat vorsieht. Ich verurteile die Menschenrechts- und Völkerrechtsverletzungen in der Region.

Ich wollte in der FDP mitarbeiten, weil ich Ihrer Meinung in vielen Fragen mehr zustimme als der der Grünen. Ihre Kolleginnen und Kollegen, die mich aus meiner Arbeit aus den Ausschüssen kennen, wissen dies. Ihr persönlicher Einsatz für den eigenen Staat der Palästinenser neben dem eigenen Staat Israel war nur ein letzter Anstoß, mich für eine Mitarbeit in Ihrer Fraktion und Ihrer Partei zu bewerben.

Was seitdem geschieht, benutzen aber alle möglichen Kräfte gegen die FDP und vor allem gegen Sie, weil Sie diesen Kräften viel zu erfolgreich sind. Dafür möchte ich nicht weiter als willkommener Anlass Ihrer politischen Gegner herhalten. Denen komme ich sehr zupass, in großer Selbstgerechtigkeit und voller Scheinheiligkeit über Sie und Ihre Mitstreiter herzufallen. Wenn es um wirkliche Friedenslösungen im Nahen Osten geht, rühren diese Leute keinen Finger, sondern machen nur Show. Wo bleibt denn die empörte öffentliche Kritik an den Beschlüssen der Likud-Partei, einen palästinensischen Staat abzulehnen sowie die illegale Siedlungspolitik auf palästinensischem Boden weiter zu forcieren?

Hiermit ziehe ich meinen Antrag zur Aufnahme in die FDP zurück. Ich weiß, dass Sie auch weiterhin für eine wirklich gerechte Lösung im Nahen Osten, für einen gleichberechtigten Staat Palästina in Nachbarschaft mit dem Staat Israel in sicheren und anerkannten Grenzen, und damit für die Verständigung zwischen Christen, Juden und Muslimen eintreten werden. Deshalb werde ich auch weiterhin alle meine arabischen und muslimischen Freunde bitten, Sie, lieber Herr Möllemann, und Ihre Politik zu unterstützen. Meine Mitarbeit in Ihrer Fraktion werde ich, wie mit Ihnen besprochen, als parteiloser Abgeordneter engagiert fortsetzen.

Mein Brief wurde mit Jürgen Möllemann abgestimmt und von ihm am 22. Mai verlesen. Mit dieser regelrechten Opferung hofften wir, einen für alle Beteiligten befriedigenden Kompromiss gefunden zu haben.

Jürgen Möllemann verkündete eine öffentliche Stellungnahme zu meiner Entscheidung. Darin machte er seine Missbilligung der Hetzjagd auf mich noch einmal deutlich. In Auszügen beinhaltete seine Stellungnahme Folgendes:

Der Verzicht auf seine politische Mitwirkung in der FDP ehrt Jamal Karsli. Die politische Klasse in Deutschland ehrt die öffentliche Hetzjagd nicht, die den Landtagskollegen zu seinem Schritt geführt hat. Was ich dazu hören, sehen und lesen musste, hat mich tief enttäuscht. Aber nicht entmutigt. Mehr möchte ich in diesem Stadium zu seiner Entscheidung nicht sagen.

Jamal Karsli zieht seinen Aufnahmeantrag zurück, damit er nicht mehr von anderen gegen die FDP und mich instrumentalisiert werden kann. Er wird indes seine Arbeit als parteiloses Mitglied unserer Fraktion fortsetzen. Über die Entscheidung des Kollegen Karsli habe ich gestern Nachmittag Herrn Dr. Westerwelle informiert. Der Fraktionsvorstand und der geschäftsführende Landesvorstand unterstützen im Übrigen die mit mir abgestimmte Absicht des Kollegen Karsli, die Mitarbeit in der Fraktion engagiert fortzusetzen. Zu gegebener Zeit werde ich den Platz finden, mich mit den sehr grundlegenden Fragen öffentlich zu befassen, die Jamal Karsli in seiner Erklärung aufgeworfen hat.

Noch immer hat die politische Klasse in Deutschland aus den Ereignissen in anderen Ländern nicht gelernt, was geschieht, wenn sie die Kluft zwischen sich und den Menschen in ihrem Volk immer größer werden lässt. Obwohl das jeden Demokraten tief beunruhigen müsste.

Das gilt insbesondere auch für den Umgang mit der Politik der Regierung Scharon. Diese stößt in aller Welt auf immer deutlichere Ablehnung. Zu Recht, denn sie tritt dem internationalen Recht ins Gesicht. Der Sicherheitsrat der Vereinten Nationen hat dies in aller

Deutlichkeit wiederholt angeprangert. Während alle Welt für Israels anerkannte Existenz in gesicherten Grenzen, aber eben auch für einen gleichberechtigten Staat Palästina eintritt, verhöhnt die Partei Ariel Scharons, der Likud, die Staatsgemeinschaft mit dem Beschluss, es werde keinen Staat Palästina geben. Während alle Welt das Ende der israelischen Siedlungspolitik auf palästinensischem Boden fordert, erklärt Scharon ungerührt, alle Siedlungen bleiben bestehen und neue würden gebaut. So gerät durch die unverantwortliche Politik der Regierung Scharons der Nahe Osten immer näher an den Rand eines großen Krieges, eines gefährlichen Flächenbrandes. Dazu sagen jene, die mich wegen Jamal Karsli oder ihn selbst kritisieren, einfach nichts.

Zwei Organisationen spielen dabei eine erstaunliche Rolle: Bündnis 90/Die Grünen, die ... ihre früheren friedenspolitischen Grundsätze verraten: Joseph Fischer und Ariel Scharon de facto Arm in Arm in einem aggressiven, demütigenden Umgang mit Palästinensern und Arabern ... Ausgerechnet diese grünen Umfaller kommen mir mit ihren lächerlichen und dreisten Attacken. Dass sie den Kollegen Karsli, der ihnen lange Jahre als Mitstreiter willkommen war, jetzt nachträglich wie einen Aussätzigen behandeln, rundet dieses Bild ab.

Zahlreiche konventionelle Briefe, E-Mails, Telegramme und Faxe - es sind mittlerweile 11000 - zeigen mir ebenso wie die vielen persönlichen Begegnungen mit Menschen aus dem Volk in ganz Deutschland, wie eindeutig die Ablehnung dieser grünen Scheinheiligkeit ist.

Genau so wenig werden die Äußerungen des Zentralrats der Juden gegen mich akzeptiert. Insbesondere sein stellvertretender Vorsitzender, Herr Friedman, hat mich seit geraumer Zeit - offen und unversteckt - des Antisemitismus bezichtigt. Das weise ich als beleidigende Unverschämtheit zurück. Ich wiederhole meinen leider gefestigten Eindruck, dass die Politik von Herrn Scharon und der unerträgliche, aggressiv-arrogante Umgang von Herrn Friedman mit jedem Scharon-Kritiker leider geeignet sind, antiisraelische und antisemitische Ressentiments zu wecken.

Deshalb werde ich ungeachtet des Wirkens beider als ein freier Demokrat in einem freien Land weiter mit Leidenschaft, Ausdauer und Konsequenz für meine liberale Überzeugung im allgemeinen und für einen gerechten Frieden im Nahen Osten im besonderen kämpfen. Das Konzept hierfür hat der FDP-Bundesparteitag in Mannheim beschlossen. Ich rufe jene in Deutschland lebenden Christen, Juden, Muslime und Religionslosen auf, die für einen gerechten Frieden im gleichberechtigten Nebeneinander der Staaten Israel und Palästina sind, der FDP beizutreten und mich in meinem Engagement zu unterstützen. Jetzt erst recht!

Letzteres schien sich auch der Zentralrat der Juden zu denken, denn mit dieser Lösung hat er sich nicht zufrieden stellen lassen. Nun wurden andere Geschütze aufgefahren: Eine unverkennbar antisemitische Partei wie die FDP sei nicht geeignet, wie geplant, den künftigen Außenminister der nächsten Regierungslegislaturperiode zu stellen. Vor allem gegenüber den USA sei das ein denkbar schlechtes Empfehlungsschreiben. Es sei denn, die FDP mache unmissverständlich klar, dass sie keinen Platz für antisemitische Tendenzen in ihren Reihen habe.

Der Druck steigt

Auch Bundeskanzler Schröder schaltete sich nun ein und stellte die Koalitionsfähigkeit der FDP in Frage. Hier wurden offensichtlich die letzten Mittel rekrutiert. Guido Westerwelle, der sich zuvor deutlich hinter Möllemann und mich gestellt hatte, wechselte unvermittelt die Seiten. Kurz zuvor hatte er Friedman noch aufgefordert, so wie Möllemann müsse auch er seine Worte abwägen und seine Diffamierungen stoppen. Friedman habe kein höheres moralisches Recht, der FDP Antisemitismus vorzuwerfen. Man könne dem anders Denkenden nicht mit der Nazi-Keule beikommen, darin liege die eigentliche Tabuverletzung! Außerdem warf auch er Friedman vor, es gehe ihm nicht mehr um die Inhalte, sondern eher um Parteipolitik. Dieser wolle als prominentes CDU-Mitglied nur der FDP schaden. Er solle sich bei Möllemann entschuldigen. Man müsse Israel kritisieren dürfen, ohne in die rechtsradikale Ecke gestellt zu werden. Auch er sehe die Lehre aus der deutschen Geschichte eher darin, das Wort zu ergreifen, wenn Menschenrechte verletzt würden. Er betonte noch einmal, dass es ein Unterschied sei, ob man die israelische Regierung oder das Volk kritisiert.

Karsli ist von Bord

NRZ-Zeichnung: Schoenfeld

NRZ 23.05.02

Und plötzlich, unvermittelt und wie aus heiterem Himmel, schloss er sich gemeinsam mit Hans-Dietrich Genscher nun der Forderung an, dass ich aus der Fraktion ausgeschlossen werden müsse.

Ob sein plötzliches Umschwenken, seine nun zu vernehmende Forderung, die Partei müsse sich komplett von mir trennen, mit seiner bevorstehenden Israel-Reise zusammenhing? Als ich mich mit Jürgen Möllemann darüber unterhielt und wir uns beide über die eigentlich unerklärliche Sinneswandlung der Herren Westerwelle und Genscher wunderten, fiel uns beiden die ähnlich mysteriöse Wand-lung des Joschka Fischer ein. Nach seinem Frankfurter Prozess im Januar 2001 äußerte sich der eingefleischte und - als solcher weithin bekannte - langjährige Palästinenserfreund plötzlich nur noch wie ein Regierungssprecher der Likud-Partei Ariel Scharons. Ob sich hier der Mossad eingeschaltet hatte? Der Gedanke, dass hier hinter den Kulissen gewisse, offenbar sehr wirksame Hebel zum Einsatz gekommen sein mussten, die für ein auffallend israelfreundliches Verhalten einflussreicher deutscher Politiker sorgten, lag zumindest sehr nahe. Zu Guido Westerwelles Verhalten nach seiner Rückkehr aus Israel möchte ich ein Zitat aus dem Buch „Klartext“ von Jürgen Möllemann einfügen:

Das Gesicht abwechselnd bleich und vor Aufregung gerötet, jammerte er mir unzählige Male und in selbstmitleidigem Tonfall vor: „Herr Möllemann, Sie machen sich ja keine Vorstellung, was die mir da abverlangt haben. Sie glauben ja gar nicht, was die mir zugemutet haben.' [...] Ein Mann ohne Namen hatte ihm beim langen Warten auf die Audienz bei Ariel Scharon in unmissverständlichen Worten knallhart gesagt, dass die israelische Regierung meinen politischen Kopf verlange. ‚Wer war das?', fragte Dr. Westerwelle später dann einen seiner kundigen Begleiter. ‚Der Mossad!' erhielt er zur Antwort. [...]

Was hat der Mossad, der israelische Geheimdienst, gegen Dr. Westerwelle in der Hand, das ihn mit Angst und Schrecken erfüllt? Man muß nicht selbst Chef eines Geheimdienstes gewesen sein, um zu wissen, wie gnadenlos diese Dienste auch das Wissen um die privatesten Dinge einsetzen, wenn es geboten scheint. Jedes Mal, wenn er angsterfüllt, entrüstet und weinerlich zugleich davon sprach, fragte ich Dr. Westerwelle natürlich: ‚Womit, um Gottes willen, drohen die Leute ihnen denn?' Er hat bis heute nicht geantwortet.“ (30)

Das Ultimatum

Auf der vereinbarten Sondersitzung des Landesvorstands der NRW-FDP am 03.06.2002, der das weitere Verhältnis der Partei zu mir klären sollte, wurde schweres Geschütz aufgefahren. Guido Westerwelle kam mit den beiden Ehrenvorsitzenden Hanz-Dietrich Genscher und Otto Graf Lambsdorff persönlich, um meinen Ausschluss aus der Fraktion zu betreiben. Nach einer stundenlangen Sitzung ergab die Abstimmung jedoch ein eindeutiges Ergebnis zu meinen Gunsten:

Bei 40 Mitgliedern stimmte der Landesvorstand bis auf eine Gegenstimme und drei Enthaltungen für meinen Verbleib in der Landtagsfraktion. Das war eine klare Niederlage der Bundesparteispitze insgesamt und speziell im Machtkampf zwischen den Herren Westerwelle und Möllemann. Wutschnaubend und gedemütigt verließen die drei Herren den Saal durch den Hinterausgang...

Das konnte Guido Westerwelle nicht auf sich sitzen lassen. Der Pressespiegel fiel am nächsten Tag vernichtend für ihn aus. Wollte er sich als Bundesvorsitzender der FDP behaupten, so musste er nun handeln. Und das tat er. Nur zwei Tage nach seinem schmachvollen Besuch in Düsseldorf stellte er Jürgen Möllemann ein Ultimatum: Entweder er sorge dafür, dass ich bis zum 10.06.2002 auch die Fraktion der NRW-FDP verlasse, oder er könne mit ihm als stellvertretendem Vorsitzenden des Bundesverbandes nicht mehr vertrauensvoll zusammen arbeiten. Dies war eine eindeutige Machtdemonstration.

Handelsblatt 22.05.02

Ein Bauernopfer auf dem Weg zur Macht

Ich erfuhr von dem Ultimatum während eines Gespräches mit einem Mitarbeiter des Wirtschaftsministeriums über verbesserte Möglichkeiten der kulturellen und wirtschaftlichen Zusammenarbeit zwischen NRW und den arabischen Ländern. Ein Mitarbeiter der FDP-Fraktion brachte mir eine kurze DPA-Meldung. Dort hieß es, Guido Westerwelle habe bekannt gegeben, dass seine Geduld nach neuen Äußerungen von mir nun am Ende sei. Sowohl ich selber als auch meine Kollegen fragten sich, von welcher Äußerung Guido Westerwelle sprach. Wir gingen gemeinsam die Pressemeldungen der letzten Tage durch und konnten beim besten Willen nichts Entsprechendes finden.

Das Ultimatum Westerwelles hatte einen beispiellosen Presserummel heraufbeschworen. Im Landtag wimmelte es von Journalisten, die mich fragten, was ich gesagt hätte. Ich konnte ihnen keine Antwort geben. Ich versteckte mich schließlich vor ihnen im Büro eines Kollegen aus dem Fraktionsvorstand. Von dort gingen wir gemeinsam zu einer extra einberaumten Fraktionssondersitzung. Jürgen Möllemann erzählte, dass er mit Guido Westerwelle telefoniert habe und dieser ihm auf die Frage, mit welcher Äußerung von mir er sein Ultimatum begründe, geantwortet habe: „Es geht nicht um Herrn Karsli." Damit war eindeutig klar, dass ich hier nur als Bauernopfer fungierte. Man schoss auf mich, aber zielte auf Jürgen Möllemann. Als das Ultimatum von Guido Westerwelle an Jürgen Möllemann die Partei nun zu spalten drohte, wurde mir klar, dass ich mein ursprüngliches Ziel der Stärkung der FDP am Besten erreichen konnte, indem ich mich nun freiwillig von jeglicher weiteren Zusammenarbeit verabschiedete. Die Mächtigen in Deutschland hatten ihre Muskeln gezeigt. Dagegen konnte ich nichts ausrichten. Mir persönlich war der Druck zu groß geworden. Ich wollte nicht länger gegenhalten. So bot ich der FDP-Fraktion an, auch meine Mitarbeit in der Fraktion niederzulegen und mich künftig als partei- und fraktionsloser Abgeordneter für meine politischen Ziele einzusetzen. Die Kollegen in der Fraktion äußerten sich jedoch entschieden gegen meinen Rücktritt. Sie erklärten mir, dass es jetzt nicht um mich ginge, sondern um sie. Sie hatten drei Mal in ordentlichen Abstimmungen für meine Mitarbeit in ihren Reihen gestimmt. Diese Entscheidung sollte von dem Bundesvorstand ernst genommen werden. Guido Westerwelles Ultimatum ignorierte hingegen dieses Votum und degradierte die Düsseldorfer Fraktion so zu Marionetten an den Fäden der Bundespartei. Wir einigten uns schließlich darauf, vor einer Entscheidung die schriftliche Antwort von Guido Westerwelle auf einen Brief von Jürgen Möllemann abzuwarten, in dem er ihn um Aufklärung bat.

Wenige Stunden nach der Sondersitzung teilten mir zwei Kollegen aus der Fraktion mit, dass Guido Westerwelle von meinem Angebot, die Fraktion zu verlassen, erfahren habe und sie mein Angebot nun doch gern in Anspruch nehmen würden. Guido Westerwelle könnte ansonsten behaupten, die NRW-Fraktion würde einen Machtkampf mit ihm heraufbeschwören, indem sie mein Rücktrittsangebot zurückwies. Außerdem hatte ihm jemand einen Brief zugespielt, den ich von dem israelischen Friedensaktivisten, Journalisten und Buchautor Shraga Elam erhalten und mit der Bemerkung, dass er sehr lesenswert sei, an meine Kollegen aus der Fraktion weitergeleitet hatte. Dieser Brief belegt auf vielfältige Weise, dass mein Vergleich zwischen dem Vorgehen der israelischen Armee in den palästinensischen Flüchtlingslagern und den Nazis in Deutschland durchaus richtig war und dass viele jüdische Friedensaktivisten mit dieser Auffassung konform gehen. In einem späteren Kapitel werde ich weiter auf diesen Brief eingehen und ihn vollständig wiedergeben. Diesen Brief würde Guido Westerwelle nun zum Vorwand nehmen, um sich auf den Beschluss zu berufen, der auf der Landesvorstandssitzung am 03.06.2002 verabschiedet wurde. Der Beschluss legte fest, dass ich Mitglied der Landtagsfraktion bleibe, solange ich mich nicht noch einmal in der bekannt gewordenen Weise, also - in ihrer Diktion - antisemitisch, äußere. Es ist absurd, dass Guido Westerwelle diesen Umstand als gegeben sah, weil ich den Brief von Shraga Elam weiterleitete. Erstens ist es absolut gängig, seine Fraktionskollegen über die aktuellen Ereignisse auf dem Laufenden zu halten und zu diesem

Zweck unter anderem auch eingegangene Emails weiterzuleiten. Zweitens ist die Behauptung absurd, der Brief zeige antisemitische Tendenzen. Wenn dies so wäre, dann wären alle Friedensaktivisten in Israel Antisemiten. Auf diesen Punkt werde ich später noch weiter eingehen.

Guido Westerwelle wollte mit zwei Argumenten meinen Ausschluss aus der Fraktion betreiben: Den Brief von Shraga Elam und mein Rücktrittsangebot. Daher beschloss ich gemeinsam mit den beiden Fraktionskollegen, dass mein freiwilliger Verzicht auf die weitere Zusammenarbeit doch die beste Lösung sei, um den Streit in der FDP beizulegen. Gemeinsam setzten wir folgendes Schreiben auf:

Sehr geehrter, lieber Herr Möllemann,

im Anschluss an die Fraktionssitzung heute Nachmittag möchte ich Ihnen eine Entscheidung mitteilen, die mir sehr schwer gefallen ist.

Ich bitte Sie um Verständnis, wenn ich auf meine Mitgliedschaft in der FDP-Landtagsfraktion verzichte. Das heutige Schreiben von Herrn Westerwelle hat mir gezeigt, dass ich nur um den Preis einer für die liberale Sache überaus schädlichen Konfrontation zwischen Ihnen und Herrn Westerwelle in der Fraktion verbleiben kann. Gerade weil mir der Erfolg der liberalen Partei am Herzen liegt, will ich dies aber unter allen Umständen vermeiden.

Ich bin dankbar dafür, lieber Herr Möllemann, wie engagiert Sie an meiner Seite gestanden haben und ich biete Ihnen auch für die Zukunft an, mit Ihnen gemeinsam für liberale Werte, für Toleranz, für die Menschenrechte, gerade auch von Minderheiten zu streiten.

In freundschaftlicher Verbundenheit
Ihr Jamal Karsli

Jürgen Möllemann fuhr nach der Fraktionssondersitzung zu einer Veranstaltung in Münster. Später am Abend rief ich ihn an und teilte ihm mit, dass ich ihm einen Brief vorlesen wolle. Erstaunt fragte er: „Haben Sie einen Brief erhalten?" Ich erwiderte, dass ich keinen Brief erhalten, sondern einen verfasst habe. Nachdem ich ihm den obigen Brief vorgelesen hatte, bat Jürgen Möllemann mich inständig, diesen Schritt nicht zu übereilt zu machen. Wir einigten uns darauf, uns am nächsten Morgen zu treffen und noch einmal über die weitere Vorgehensweise zu beraten.

Wir trafen uns gegen 9.00 Uhr vor Beginn der Plenarsitzung. Ich bekräftigte meinen Entschluss, dass es mir persönlich das Liebste sei, die Fraktion zu verlassen. Der stetig zunehmende Druck war mir einfach zu groß geworden. Ich wollte außerdem weder für eine Spaltung der Partei verantwortlich sein, noch als Königsmörder dastehen. Obwohl es mir aus diesen Gründen nicht schwer fiel, mich von der Fraktion zu verabschieden, wies ich Jürgen Möllemann darauf hin, dass ich ihn auch nicht im Stich lassen wollte. Ich wollte nicht den Eindruck erwecken, dass ich kneife, wenn es brenzlig wird. Mir war meine Schutzschildfunktion gegenüber Jürgen Möllemann bewusst, und ich wollte ihn nicht quasi ungeschützt zurücklassen. Deshalb räumte ich ein, dass ich meinen Entschluss nur mit seiner Zustimmung durchsetzen wolle. Da er merkte, dass es mir mit dem Rücktritt ernst war, stimmte er schließlich zu.

Auf der folgenden Fraktionssondersitzung am Rande des Plenums verlas er meinen Brief an ihn. Danach meldete ich mich zu Wort. Ich erinnerte noch einmal an meine ursprünglichen Motive, der FDP beizutreten: Ich wollte Jürgen Möllemanns Kurs stärken und ihn in seiner Friedenspolitik im Nahen Osten unterstützen. Ich war von den Gesetzesanträgen der Partei und von ihrer Haltung zu islamischen Fragen positiv überrascht. Ich wollte mithelfen, die Partei in dieser wichtigen Arbeit weiter nach vorn zu bringen. Dafür war ich bereit, alles zu tun: Ich bin untergetaucht, als dies nötig war. Ich bin mehrere 100 Kilometer unverrichteter Dinge nach Mannheim und zurück gefahren, um den FDP-Parteitag dort nicht zu stören. Ich habe wochenlang zu vielen Dingen um mich herum geschwiegen, um keinen Aufruhr zu verursachen, obwohl ich innerlich kochte und das dringende Bedürfnis verspürte, mich zu äußern. Doch nun konnte und wollte ich nicht mehr. Ich verabschiedete mich daher von der weiteren Fraktionsmitarbeit und machte deutlich, dass ich auf eine zukünftig kollegiale Zusammenarbeit unter Landtagsabgeordneten hoffe. Meine Ansprache erntete großen Applaus. Die Kollegen verabschiedeten sich zum Teil sehr herzlich von mir und dankten mir für mein

Angebot zu Gunsten der Partei. Im folgenden Plenum verlas Jürgen Möllemann meinen Brief an ihn noch einmal.

Dies war das offizielle Ende des „Falls Karsli". Die Antisemitismusdebatte, die durch meinen Fall entfacht wurde, ist zu einer Frage der Meinungsfreiheit in Deutschland geworden. Zu Recht spricht man seither auch von einer Maulkorbdemokratie. Nach der Wahlniederlage der FDP im September 2002 wurde die Hetzkampagne gegen Jürgen Möllemann so massiv, das sie in seinem tragischen Tod endete . Die unerträgliche Heuchelei fast der gesamten Politikerkaste ist von der Bevölkerung jedoch zum großen Teil durchschaut worden. Der verbreitete Vorwurf „Möllemann und Karsli wissen nur zu gut, dass israelisch-kritische Bemerkungen an vielen Stammtischen Zustimmung finden", bedeutet nicht, wie unterstellt, dass diese Stammtische allesamt versteckt antisemitisch sind, sondern dass viele Menschen zu Recht die Kritik an Israels Vorgehen im Nahostkonflikt teilen und die öffentliche Tabuisierung des Themas beklagen. Der Göttinger Parteienforscher Franz Walter bestätigt dies: „Da ging es nicht um den rechten Rand." Vielmehr habe es insgesamt in der Bevölkerung, auch bei Linksliberalen und bei Meinungsmachern, eine Menge Kritik gegen die israelische Politik gegeben. Man kann Möllemann vielleicht vorwerfen, die Antisemitismusdebatte auch aus wahltaktischen Gründen aufgeworfen zu haben. Hinter diesem Vorwurf steht aber die Tatsache, dass es viele Menschen in der Bevölkerung gibt, die unsere Position und die Kritik an Israel teilen!

Ausblick

Der „Fall Karsli" rief eine extrem starke Anteilnahme in der Bevölkerung hervor. Seit er die Schlagzeilen der Medien beherrschte, haben mich unzählige Briefe erreicht. Allein per Email zählte ich täglich etwa 300 Kommentare, Unterstützungsschreiben, zum Teil erstaunlich fundierte mehrseitige Analysen der Debatte, aber auch vereinzelte Beschimpfungen und Verunglimpfungen, die sich durch rechtsradikale, rassistische Schlagworte auf niedrigstem Niveau auszeichneten. Ich war überwältigt, wie überaus positiv die Resonanz und Solidarität insgesamt mit mir war. Das Feedback zeigte deutlich, wie sehr sich die Sichtweise des Mannes auf der Strasse von der der Funktionäre unserer Gesellschaft, vor allem in der Politik, unterschied. Und sie bewies, wie sehr das Thema die Menschen berührte und bewegte. Offensichtlich war hier ein Nerv, ein „wunder Punkt" unserer Gesellschaft getroffen worden.

Bezüglich der anfangs gestellten Frage, was für ein Fall der „Fall Karsli" denn nun sei, komme ich zu folgendem Ergebnis:

Es gibt eine riesige Kluft zwischen der Bevölkerung und ihren Funktionären. Ich habe oft erlebt, wie Funktionäre im persönlichen Gespräch erst nach rechts und links schauen, um sich zu vergewissern, ob die Luft rein ist, bevor sie offen mit mir geredet haben. Die öffentliche Stellungnahme zu brisanten Themen gleicht in Deutschland der Begehung eines Minenfeldes: Ein falsches Wort, und man ist in gesellschaftlicher Hinsicht tot, sprich, man verliert seine Stellung und seine Achtung in dieser Gesellschaft.

Diese allseits bekannte Tatsache, die nun erneut an meinem Beispiel statuiert worden ist, führt dazu, dass die Menschen Angst davor haben, sich mit bestimmten Dingen - sogenannten heißen Eisen - auseinander zu setzen. Denn das Wissen über bestimmte Zusammenhänge zwingt jeden Menschen mit einem intakten Gewissen (oder einem Rest davon), sich irgendwann einmal fair zu verhalten und die Stimme zu erheben. Damit läuft man in Deutschland - zumindest beim Thema Israel - Gefahr, dass einem das passiert, was mir passiert ist: Man wird Opfer einer Medienkampagne, die einen diffamiert und mundtot macht. Dieses Mal ging es um den „Fall Karsli", gefolgt vom „Fall Möllemann". Kommt danach der „Fall Westerwelle", oder wie wird der nächste Fall in Deutschland heißen? Ist dies die Strategie unserer Gesellschaft: Denjenigen mundtot zu machen, der sich nicht an die ungeschriebenen Gesetze hält? Damit beantwortet sich auch die Frage, die ich eingangs stellte: Was für ein Fall ist dieser „Fall Karsli"? Ist es mein persönlicher Fall, oder betrifft er unsere ganze Gesellschaft? Ich denke, diese Frage kann sich nun jeder selbst beantworten.

Analyse

Der Zentralrat der Juden in Deutschland

Nicht alle Juden freilich fühlen sich von Spiegel und Friedman repräsentiert. Es gibt zahlreiche Juden, die der humanistischen Tradition von Freud, Rosa Luxemburg, Einstein und Woody Allen, von Arthur Schnitzler, Joseph und Philip Roth, Erich Fried, George Tabori oder Uri Avnery mehr abgewinnen als den martialischen Bekundungen von Likud- und CDU-Politikern. (Thomas Rotschild) (31)

Wie ich im vorangegangenen Kapitel ausführlich dargelegt habe, wurde die Kampagne gegen mich durch gezielte Äußerungen des Zentralrats der Juden, genauer durch seine beiden Vorsitzenden Paul Spiegel und Michel Friedman, ausgelöst und in Gang gehalten. Dies waren hauptsächlich öffentlich formulierte Forderungen, Drohungen und Diffamierungen. Ich betrachte die beiden Herren daher als Hauptverantwortliche für die Hetzkampagne gegen mich, die meinen politischen Tod zum Ziel hatte. Diese Hetzjagd betrifft jedoch nicht nur mich persönlich, sie dient darüber hinaus als warnendes Beispiel für all diejenigen, die der menschenverachtenden israelischen Politik in den besetzten Gebieten ebenfalls kritisch gegenüberstehen. Ihnen allen wurde mit dem „Fall Karsli“ unmissverständlich klar gemacht, was sie erwartet, wenn sie ihre Stimme gegen die Menschenrechtsverletzung durch das israelische Militär und die israelische Politik in Palästina erheben.

Ich betrachte die Herren Spiegel und Friedman daher als äußerst gefährliche Gegner meiner friedenspolitischen Arbeit, besonders im Hinblick auf meinen Einsatz für einen gerechten Frieden im Nahen Osten. Denn in ihrer kritiklosen Unterstützung des israelischen Regimes nehmen diese beiden Herren die grausamen Ereignisse in Palästina, das regelrechte Abschlachten Unschuldiger, billigend in Kauf.

Die Klage

Ich habe die Herren Paul Spiegel und Michel Friedman deshalb wegen Verleumdung und Ehrverletzung angeklagt. Meine Aufnahme in die FDP-Fraktion des nordrhein-westfälischen Landtags sei ein katastrophales politisches Signal, hatte Michel Friedman im ZDF gesagt. Und wörtlich: „Er hat die jüdische, zionistische Lobby und ihren Welteinfluss kritisiert, und da sind wir wirklich mitten im Dritten Reich." Dieser Ungeheuerlichkeit folgte die mit einer Drohung verbundene Forderung: Wenn aber solche Leute in der FDP ihren Platz fänden, müsse sich die FDP damit auseinander setzen, dass sie damit identifiziert werde. Parteichef Guido Westerwelle müsse die Notbremse ziehen. Er drohte weiter: „Man kann der Führung keinen Antisemitismus vorwerfen, aber wer Antisemitismus in seiner Partei duldet, der wird verantwortlich dafür gemacht."

Mit diesen Äußerungen hat Michel Friedman mich nicht nur eindeutig und unmissverständlich des Antisemitismus beschuldigt, sondern diesen Antisemitismusvorwurf auch noch mit dem „Dritten Reich" in Verbindung gebracht. Der Vorwurf ist ungeheuerlich, bedenkt man, dass die erste Assoziation der meisten Menschen mit dem „Dritten Reich" die Ermordung von 6 Millionen Juden ist. Dieser Vorwurf ist daher einer der Schlimmsten, den man machen kann und kommt faktisch einem Rufmord gleich. Ich behaupte, dass Michel Friedman dies bewusst inszeniert hat, um mich dauerhaft zu diskreditieren und politisch auszuschalten sowie mögliche weitere kritische Stimmen gegen die israelische Besatzungspolitik von vornherein im Keim zu ersticken.

Michel Friedman macht bei seiner Aussage „da sind wir wirklich mitten im Dritten Reich" zum Einen genau das, was er mir vorwirft und was er sich in meinem Fall auf das Schärfste verbittet: Einen Vergleich mit den Nazi-Verbrechen, der zu einer Verharmlosung des unermesslichen Leids der Juden in Nazi-Deutschland führt. Zum anderen habe ich konkrete Belege für den tatsächlichen Einfluss der zionistischen Lobby, wie ich im zweiten Teil des Buches ausführen werde. In den USA wird hieraus auch gar kein Hehl gemacht.

Jedermann weiß um die Macht der zionistischen Lobby, ja jedermann soll darum wissen. Im Gegensatz zu der Äußerung von Michel Friedman war meine Aus-sage nicht aus der Luft geholt und wurde nicht zu rein rhetorischen Zwecken eingesetzt, wie dies bei Michel Friedmans Vorwurf der Fall ist.

Paul Spiegel äußerte sich in einem Interview mit dem Deutschlandfunk ähnlich ungeheuerlich zum „Fall Karsli:

FDP-Austritt Karslis ist eine Mogelpackung

Elke Durak im Gespräch mit Paul Spiegel, Vorsitzender des Zentralrats der Juden in Deutschland

Durak: *Und Sie fordern, dass die FDP darauf drängt, Herrn Karsli, der ja parteilos ist, aus der FDP-Fraktion herauszubringen?*

Spiegel: *Ich glaube, die FDP müsste von selbst darauf achten, dass sie niemanden in ihren Reihen hat, auch nicht in den Fraktionen im Landtag, der durch antisemitische Äußerungen aufgefallen ist. Ich finde, das ist ein wichtiges Selbstreinigungsmotiv, was die FDP haben müsste. (23.05.2002) (32)*

Ich habe die Herren Friedman und Spiegel aufgrund ihrer zentralen Rolle in dieser Kampagne und ihrer Ablenkungsmanöver von den israelischen Gräueltaten und Kriegsverbrechen verklagt. Auch in Bezug auf die nicht mehr gegebene Meinungsfreiheit in Deutschland betrachte ich oben genannte Herren als maßgebliche Schlüsselfiguren.

Der israelische Friedensaktivist Shraga Elam, dessen Großeltern von den Nazis umgebracht wurden, unterstützte mich in der Anklage wie folgt:

Die Mitglieder des Zentralrats der Juden in Deutschland sollen verklagt werden, und zwar nicht nur wegen Ehrverletzung, sondern auch wegen Komplizenschaft mit den israelischen Kriegsverbrechern, grober Verletzung der jüdischen Interessen und wegen ihrer rassistischen Haltung. [...]

Die starke Tabuisierung um den NS-Judeozid ist das schlechteste Mittel, um eine Wiederholung solcher Vorkommnisse zu verhindern. Diese Tabuisierung ist per se rassistisch, da sie die Deutschen - quasi genetisch - als die ewigen Täter diffamiert und die Juden als die ewigen Opfer idealisiert.[...]

Durch ihre nicht gerechtfertigte und verantwortungslose Machtdemonstration leisten die jüdischen Prominenten in Deutschland einen unübersehbaren Vorschub für sehr gefährliche politische Tendenzen. Infolge der massiven Zensur in den deutschen Medien sind die Rechtsradikalen leider ein Auffangbecken für das berechtigte Unbehagen geworden und bringen damit nicht nur die jüdischen Menschen, sondern die gesamte Gesellschaft in Gefahr.

Anstatt einer offenen Diskussion, welche die konkreten und belegten Vorwürfe Karslis sachlich prüfen soll, gibt es eine antidemokratische Hexenjagd, welche an die ganz schlimmen Zeiten erinnert und viele anständige Menschen in eine Ecke drängt, in welche sie ganz bestimmt nicht gehören wollen. [...] (33)

Die Klage wurde inzwischen vom Düsseldorfer Landgericht abgewiesen, aber ich bin in die Revision gegangen. Das Landgericht hat bestätigt, dass die Äußerungen der Herren Spiegel und Friedman „einen scharfen Angriff gegen die Persönlichkeit" darstellen und sie geeignet sind, mich vor Dritten herabzusetzen. Herr Spiegel und Herr Friedman haben zwar, nach Ansicht des Gerichts, „nur" ihre Meinung geäußert, doch selbst diese Meinungsäußerung sei nur gerechtfertigt, weil sie angeblich nicht so verstanden werden kann, dass ich - etwa durch den Bezug zum „Dritten Reich" - in eine „rechtsextreme Ecke" gedrängt werden kann.

Die Urteilsbegründung gibt mir also größtenteils recht. Das Landgericht hat lediglich versäumt, weiter gehende Schlüsse daraus zu ziehen.

Jüdische Kritiker

Uri Avnery bestätigte in Interviews meine Einschätzung. Der Autor zahlreicher Bücher machte sich auch als Essayist und Kolumnist einen Namen. Von 1965 bis 1981 war er außerdem Abgeordneter des israelischen Parlaments und ist Träger des alternativen Friedensnobelpreises. Uri Avnery - inzwischen Kolumnist bei der angesehenen Tageszeitung Ma'ariv - lebt heute in Tel Aviv und ist auch dem hiesigen Publikum durch seine Beiträge in deutschen Zeitungen bekannt. Er äußert sich ähnlich kritisch gegenüber dem Zentralrat der Juden in Deutschland und bekräftigt meinen Vorwurf hinsichtlich seiner Propagandafunktion, so z.B. in diesem Interview im Deutschlandfunk:

DLF: *Dem Zentralrat der Juden in Deutschland werfen Sie "totale Einseitigkeit" vor.*

Avnery: *Ja, der Zentralrat ist leider eine Filiale der israelischen Botschaft in Berlin. Allerdings war auch das nicht immer so. Zu Zeiten Ignatz Bubis' wurde noch Kritik an der israelischen Politik geübt. Doch der jetzige Zentralrat scheint ebenfalls nur ein Propagandainstrument der Regierung Scharons zu sein. Soweit ich weiß, haben diese Leute keinerlei Beziehung zu liberalen Strömungen in Israel, geschweige denn zur israelischen Friedensbewegung.*

DLF: *Das heißt, Sie halten das Wirken des Zentralrates für geradezu unheilvoll, weil er den Deutschen unter Ausklammerung der gesamten gesellschaftlichen Breite ein falsches Bild von Israel vermittelt?*

Avnery: *Das ist leider richtig. Ich werde zum Beispiel immer wieder von liberalen jüdischen Kreisen nach Deutschland eingeladen, nie jedoch vom Zentralrat.*

DLF: *Bestehen eigentlich Kontakte zwischen der Israelischen Friedensbewegung, zwischen Ihnen und dem Zentralrat der Juden in Deutschland? Redet man über die unterschiedlichen Auffassungen, die man da ja offenbar hat?*

Avnery: *Seit dem Tod von Ignatz Bubis bestehen überhaupt keine Beziehungen mit dieser Organisation. Diese Organisation ist heute einseitig und total auf Seiten der rechtsradikalen Regierung in Israel, und darum haben wir mit ihr nichts zu tun, und sie haben mit uns nichts zu tun. Ich kenne überhaupt keine Beziehungen, auch nicht von anderen Friedensbewegungen in Israel. (27.05.2002)* (34)

Der offene Brief des jüdischen deutschen Staatsbürgers Abraham Melzer an die ARD anlässlich des Interviews von Michel Friedman mit Ariel Scharon formuliert exemplarisch die starke Ablehnung vieler Juden sowohl des Zentralrats der Juden als auch der jetzigen israelischen Regierung. Außerdem stellt er eine berechtigte Frage, die auch ich mir gestellt habe: Warum wird diese unheilvolle Koalition von den deutschen Medien derart unkritisch unterstützt?

Friedman talkt in Sharons Wohnung in Jerusalem

von Abraham Melzer

Sehr geehrte Damen und Herren,

diese o.g. Meldung hat mich zwar nicht überrascht, aber dennoch schockiert.

Gibt es denn in Deutschland keine passenderen Journalisten, um Scharon zu interviewen, als ausgerechnet Michel Friedman, der Vizepräsident des Zentralrates der Juden in Deutschland, über den Uri Avnery, immerhin ein seit über 50 Jahren bekannter und weltweit geachteter Friedensaktivist, sich erst kürzlich geäußert hat? Avnery stellte fest, dass der Zentralrat einseitig und total auf Seiten der rechtsradikalen Regierung in Israel ist.

Warum übergehen Sie Ihren Israelkorrespondenten, der sich über ein solches Gespräch sicherlich auch gefreut hätte und sicherlich dann auch andere Fragen gestellt hätte, als von Friedman zu erwarten ist ?

Wären Sie, die ARD oder jeder andere Sender in Europa, auch bereit gewesen, den Parteivorsitzenden der Kommunistischen Partei, wo auch immer, nach Moskau zu schicken, zu einem talk mit Stalin oder Chruschtschow ? Damals nannte man es noch Gespräch.

Wollen Sie wirklich ein für Ihre Zuschauer interessantes Gespräch senden, oder sind Sie nur an dem populistischen event interessiert, der Ihnen sicherlich Quote verspricht?

Es mag von Zynismus zeugen, nicht aber von Selbstbewusstsein. Sie setzen mit einer solchen Sendung eindeutig auf das was zieht und verzichten auf das was zählt. Professionelle Journalisten zählen bei Ihnen anscheinend nicht mehr, denn Sie setzen auf einen Moderator, der im Spiegel von Henryk M. Broder als der jüdische Dandy tituliert wurde. Man sagt auch, er sei gehässig. Wetten, dass er das bei Sharon nicht sein wird.

Wenn es Ihnen nicht mehr auf Professionalität ankommt, sondern nur noch auf ein Medien-Ereignis, dann können Sie in Zukunft auch Muentefering zu einem offenen Streitgespräch mit Bundeskanzler Schroeder einladen oder Claudia Roth zu einem kritischen Talk mit Dr. h.c. Joseph Fischer.

Was soll denn nach Ihrer Meinung bei einem Talk zwischen Friedman und Sharon mehr rauskommen, als kostenlose Propaganda für die fatale Politik eines Generals, der Probleme nur mit Gewalt lösen kann und, wenn es nicht funktioniert, halt noch mehr Gewalt anwendet. Und wenn es dann immer noch nicht funktioniert, dann werden ganze Orte ausradiert. Muss man denn jetzt rufen: Vorsicht Sharon, Friedman kommt!

Was für eine Meinung müssen Sie von Ihren Zuschauern haben? Glauben Sie etwa, sie würden das nicht durchschauen?

Friedman will mit Sharon über Antisemitismus in Deutschland reden. Ausgerechnet mit dem Bock, den man zum Gärtner gemacht hat. Dabei weiß Friedman anscheinend nicht, dass so sehr Sharon Araber hasst und verachtet, er Diaspora-Juden a la Friedman noch mehr hasst und verachtet. In einem Interview am 17.12.1982 mit einer israelischen Zeitung sagte Sharon, damals General und verantwortlich für den Libanon-Feldzug: „Ich will Ihnen sagen, was die wichtigste Sache, die süßeste Frucht des Krieges ist: Es ist, dass sie jetzt nicht nur Israel hassen. Dank uns hassen sie jetzt auch alle Feinschmecker-Juden (!) in Paris, London, New York und Frankfurt, in allen ihren Löchern. Und sie hassen auch all diese netten Juden, die sagen, sie sind anders als wir, nicht diese israelischen Gangster, sondern andere Juden, sauber und ordentlich...bald werden ihre Häuser beschmiert sein mit dem Slogan: Juden geht nach Palästina! Und wissen Sie was ? Sie werden kommen nach Palästina, weil sie keine andere Wahl haben. All dies ist ein Bonus, den wir aus dem Krieg ziehen."

Wird Friedman ihn fragen, wie er das gemeint hat? Nein, natürlich nicht.

Und haben Sie, meine Damen und Herren von der ARD, nicht gewusst, wie umstritten Sharons Wohnung in der Altstadt von Jerusalem ist? Muss ausgerechnet die ARD für Sharons Propaganda die Sendezeit zur Verfügung stellen? Sollten Sie sich nicht schon jetzt bei den moslemischen Buergern dieses Landes entschuldigen, die Sharon mit seiner Besetzung einer Wohnung in der Nähe des Felsendomes provoziert und verletzt hat?

Ich protestiere gegen diese Provokation, Geschmacklosigkeit und Beleidigung des gesunden Menschenverstandes aller Zuschauer.

Und damit sie nicht gleich Ihre Antisemitenschublade öffnen und meinen Brief dort bewahren, darf ich mich offen outen, als Jude, Israeli und deutscher Staatsbürger, der nicht Opfer der totalitären Gehirnwäsche ist, die der Zentralrat und Israel durchführen, um ein offenes Gespräch über Israels Kriegsverbrechen und Israels 35–jährigen Terror in den besetzten Gebieten zu unterdrücken.

Der Talk am Mittwoch wird das glasklar demonstrieren. Wetten das..

Bleibt noch offen, wie Deutschlands Journalisten diesen Affront kommentieren werden. Aber auch da habe ich wenig Hoffnung, bei einer derartigen Gleichschaltung der Presse von der rechten WELT bis zur linken NEUES DEUTSCHLAND. (35)

Evelyn Hecht-Galinski, Tochter des ehemaligen Zentralratsvorsitzenden Heinz Galinski, unterstützt Melzers Standpunkt gegenüber den gegenwärtigen Vorsitzenden des Zentralrat der Juden in ihrem Leserbrief an die Süddeutsche Zeitung:

Kalkuliert medienwirksam austeilen

„Scharfe Kritik an Blüms Äußerungen zu Israel" und „Vom Leben in Deutschland"

Paul Spiegel wirft Norbert Blüm „Rassismus pur" vor. Was ist Rassismus pur? Sind es nicht die ständigen Maßregelungen des jetzigen Zentralrats der Juden in Deutschland unter Spiegel, Friedman und Knobloch? Charlotte Knobloch hatte doch selbst einer rechtsradikalen, vom nordrhein-westfälischen Verfassungsschutz beobachteten Zeitung, der Jungen Freiheit, ein Interview gegeben. Dieser Zentralrat hat es von Anfang an verstanden, medienwirksam auszuteilen.

Liegt das nun an Paul Spiegels Künstleragentur oder am Talkmaster und selbst ernannten Journalisten Michel Friedman?

Friedman hat sich durch sein Zentralratsamt und seine Position Talkshows „erkämpft“, die er als Anwalt ohne dieses Amt sicherlich nicht bekommen hätte. Außerdem sitzt er ja noch im ZDF-Verwaltungsrat und in der CDU, all diese Posten sind nicht miteinander vereinbar. So hat mein Vater, der 1992 gestorbene Zentralratsvorsitzende, Heinz Galinski, es genau aus diesen Gründen immer abgelehnt, Parteimitglied zu werden. Auch für Ignatz Bubis wäre es heute sicher schwierig geworden mit der FDP.

Durch die „Machtfülle“, wie sie nach meiner Meinung nur in Deutschland möglich ist, gelingt es dem Zentralrat nun, jegliche Kritik an der israelischen Politik als Rassismus oder Antisemitismus abzuschmettern. Das betrifft natürlich auch jüdische Kritik, genau wie der Vorsitzende der Jüdischen Gemeinde zu Berlin, Alexander Brenner, kritische Stimmen auf jüdischer Seite („Nestbeschmutzer“) wie den Ossietzky-Preisträger und Gusch-Schalom-Gründer Uri Avnery, Daniel Barenboim, Felicia Langer, Moshe Zimmermann dann sicherlich auch dazurechnen darf.

Solange sich der Zentralrat als diplomatische Vertretung Israels aufführt, ist wohl jegliche Objektivität zu vermissen. So ist dann ja wohl auch zu verstehen, dass Friedman Scharon als „Hofberichterstatter“ interviewen darf. Ob er den wohl auch so anfassen wird, wie seine sonstigen Opfer? Auch für die deutschen Politiker und Medien wäre es an der Zeit, anstatt ständig der derzeitigen israelischen Regierung und dem Zentralrat Solidarität zu bekunden, sich etwas objektiver mit der desolaten Lage der Palästinenser zu beschäftigen.

Außerdem ist es gefährlich und unerträglich, wie Friedman die Antisemitismus-Angst bei den Juden schürt. Auch das ist kalkulierte Selbstdarstellung. – Was haben Martin Walser und Friedman gemeinsam? Immer wenn sie angegriffen werden, denken sie ans Auswandern. (19.06.2002) (36)

Ein lukrativer Sonderstatus

Die beiden Vorsitzenden des Zentralrats der Juden erheben unablässig Vorwürfe gegen verschiedenste Vertreter der Bevölkerung und dienen damit vermeintlich der Demokratie und dem Schutz einer schwachen und bedrohten Minderheit. Sie führen sich als Wächter des Guten und Gerechten auf, die offenbar selber sakrosankt sind. Denn die ständigen (und weithin gefürchteten) Maßregelungen durch die Vorsitzenden des Zentralrats der Juden und die bedingungslose Hinnahme, mit der alle Aktionen und Äußerungen von ihm selbst akzeptiert werden, stehen in keiner Relation zueinander. Für den offensichtlichen Sonderstatus möchte ich einige Beispiele anführen. Am 19.11.2002 schrieb ich folgenden offenen Brief an den Bundeskanzler Gerhard Schröder:

Offener Brief: Staatsvertrag der Bundesregierung mit dem Zentralrat der Juden

Sehr geehrter Herr Bundeskanzler,

in der vergangenen Woche traten Sie mit dem Präsidenten des Zentralrats der Juden, Paul Spiegel, und Innenminister Otto Schily gemeinsam vor die Kameras und verkündeten, einen Staatsvertrag mit dem Zentralrat abschließen zu wollen. Obwohl bisher nur von der Absicht die Rede war, schienen mir die Inhalte des Vertrages schon ausgehandelt.

Aus der Presse war lediglich zu entnehmen, dass eine jährliche Summe von drei Millionen Euro an die Organisation fließen und für die religiöse Ausbildung der zahlreich nach Deutschland imigrierten russisch-stämmigen Juden eingesetzt werden soll. Die Erhöhung der jährlichen Zuwendungen um das dreifache wirft in Zeiten der knappen Kassen und schwierigen Haushaltslagen einige Fragen auf: Auf welcher Grundlage basierte diese überproportionale Erhöhung? Gibt es einen rechnerischen Schlüssel dafür, und wie kommt es zu der Summe, noch bevor irgend etwas ausgehandelt wurde?

Mich würde auch interessieren, wie dieser Staatsvertrag zustande gekommen ist? Wie lange verhandelte man diesbezüglich schon mit dem Zentralrat der Juden? Warum wird der Vertrag gerade jetzt geschlos-

sen und nicht vor der Bundestagswahl, oder vor ein, zwei, oder vier Jahren? Gab es Versprechen vor der Bundestagswahl Ihrerseits, im Falle eines Wahlgewinns einen Staatsvertrag in die Wege zu leiten?

Auch inhaltlich weckt der Vertrag mein Interesse: Welches sind die konkreten Eckpunkte des Vertrags? Welche Verpflichtung geht die Bundesregierung mit dem Staatsvertrag ein? Wozu verpflichtet sich der Zentralrat der Juden? Spricht der Zentralrat der Juden für die Mehrheit der Juden in Deutschland? Ist es neuerdings Staatsziel, dass Priester einer religiösen Minderheit ausgebildet werden? Ist die Unterstützung der jüdischen Kultur und Religion vorrangig vor der Unterstützung anderer Kulturen? Wenn ja, ist nicht Kultur- und Bildungspolitik Länder- und Religionsausübung Privatsache? Oder handelt es sich bei dem Staatsvertrag um eine zusätzliche Wiedergutmachung für das vor 60 Jahren erlittene Unheil?

Als beratendes Mitglied im Migrationsausschuss des Landtags Nordrhein-Westfalen und ehemaliger langjähriger migrations- und flüchtlingspolitischer Sprecher der Fraktion Bündnis90/Die Grünen würde mich auch interessieren, ob geplant ist, mit anderen Migrantengruppen einen ähnlichen Staatsvertrag zu schließen? Beispielsweise mit den Sinti und Roma, die ein ähnliches Schicksal wie die Juden zu ertragen hatten.

Meiner Ansicht nach besteht bezüglich des Staatsvertrags mit dem Zentralrat der Juden eine enorme Informationslücke, die mit Inhalten gefüllt werden muss. Viele Anfragen aus der Bevölkerung, aus denen ich Unverständnis und Ratlosigkeit lese, verpflichten mich zu dieser Nachfrage. Die Notwendigkeit einer Erhellung des Sachverhaltes ergibt sich allein schon dadurch, dass eine Diffusion der Tatsachen zu Neid, Intoleranz, Fremdenfeindlichkeit und Antisemitismus führen kann. Der Sinn des Staatsvertrages wäre damit sicherlich negiert.

Für die Beantwortung dieser Fragen möchte ich mich deshalb bereits im voraus bedanken und verbleibe

Mit freundlichen Grüssen Jamal Karsli MdL (37)

Auf den Brief habe ich bis heute leider keine Antwort erhalten....

Selbst der Rabbiner Walter Rothschild steht dem Staatsvertrag kritisch gegenüber. In seinem Aufsatz „Eine halb informierende Analyse" weist er zunächst auf die Geschmacklosigkeit hin, den Staatsvertrag am 27. Januar, dem Gedenktag der Befreiung von Auschwitz durch die rote Armee im Jahre 1945 abzuschließen, sowie auf die Assoziation hinsichtlich der Summe des Vertrages: 3 Millionen Euro = 6 Millionen DM.

Bei den 100.000 Juden, die es hier gegenwärtig gibt, braucht man nicht lange, um auszurechnen, dass auf jeden von ihnen 30 Euro kommen. Und da das Beispiel direkt aus dem Neuen Testament und nicht aus der Hebräischen Bibel kommt, kann man nicht anders als sich zu fragen, ob 30 Silberstücke ein angemessener Preis für einen Menschen sind ----. (38)

Zudem:

Es gibt einen weiteren bedeutenden Konflikt...: Wer verkörpert "die jüdische Gemeinde in Deutschland"? Der Zentralrat behauptet, ALLE Juden in Deutschland zu vertreten, dies ist sein offizieller Daseinsgrund und deshalb wurde er als Partner für diesen Vertrag ausgewählt... Sein Name "Zentralrat der Juden in Deutschland"... suggeriert schon, dass er nicht "deutsche Juden", sondern "jeden Juden im Land" repräsentiert. Doch tut er das wirklich? Besonders in den letzten zwölf Jahren – seit der Wiedervereinigung, die dem Kollaps des kommunistischen Osteuropa und der Sowjetunion folgte - gibt es einen großen Strom jüdischer "Flüchtlinge" aus diesen Ländern. Nicht alle von ihnen haben die notwendigen Papiere, um ihre jüdische Identität gemäß dem traditionellen Gesetz zu beweisen..., auf der anderen Seite gibt es auch viele jüdische Einwanderer aus westlichen Ländern, die eine andere Form von jüdischem Gemeindeleben gewöhnt sind als es in Deutschland herrscht...

Als Konsequenz scheiden viele Juden einfach aus den Gemeinden aus und verlieren das Interesse am jüdischen Glauben... Andere gründen alternative Gemeinden - außerhalb der Struktur des Zentralrats -, in denen liberalere Gottesdienste gehalten werden. Diese Gemeinden müssen jedoch aus eigener Tasche finanziert werden...(39)

Außerdem stellt er die sehr interessante Frage:

Doch wenn dieses Dokument der deutschen Regierung vom "deutschen Volk" spricht [welches laut Staatsvertrag in der besonderen geschichtlichen Verantwortung gegenüber den Juden steht, Anm.d.A.], würde ich gern wissen, wer damit gemeint ist. Denn schließlich wird das Geld aus Steuereinnahmen bezahlt, und manche dieser Steuern werden von Moslems, von neuen Immigranten und – zu einem ganz geringen Teil - auch von mir bezahlt. Sind wir alle in diese Nationale Schuldbewältigung eingeschlossen? [...]

Im Übrigen, was ist eigentlich eine "Glaubensgemeinschaft"? Schließt sie nur diejenigen ein, die einen Glauben haben? Oder kann sie auch diejenigen einschließen, die ihren Glauben verloren haben, ... oder diejenigen, die etwas über diesen Glauben erfahren möchten? Darf man sich hier nur auf die Finanzierung religiöser Aktivitäten beziehen oder auch auf die Finanzierung erzieherischer, sozialer, ja sogar politischer und natürlich administrativer Aktivitäten?...

Warum wird das Geld bezahlt? Artikel 1 verweist auf "eine kontinuierliche und partnerschaftliche Zusammenarbeit in den Bereichen, die die gemeinsamen Interessen berühren und in der Zuständigkeit der Bundesregierung liegen." Was mögen diese "gemeinsame Interessen" sein?...(40)

Der Staatsvertrag zwischen der Bundesrepublik Deutschland und dem Zentralrat der Juden in Deutschland wurde inzwischen einstimmig im Bundestag verabschiedet.

Ein sakrosankter Kriegstreiber

Abschließend möchte ich noch ein Beispiel zur Sonderstellung und offensichtlichen Unantastbarkeit des Paul Spiegel anführen: Als er im Januar 2003 zu einem „gerechten" Krieg gegen den Irak aufrief, gab es weder Reaktionen auf seine kriegstreiberische Propaganda noch auf seine Kritik an der pazifistischen Haltung der Bundesregierung. Ich veröffentlichte hierzu folgende Presserklärung:

Zur Kritik des Zentralrats der Juden an der rot-grünen Bundesregierung:

Paul Spiegel ruft zu einem „gerechten" Krieg auf!

Das hätte sich Bundeskanzler Gerhard Schröder wohl nicht träumen lassen, als er dem Staatsvertrag mit dem Zentralrat der Juden zustimmte. Dass deren Vorsitzender Paul Spiegel sich zur Unterzeichnung am Holocaust-Gedenktag beim Bundeskanzler über dessen Friedenspolitik beklagt, war wohl nicht Teil der Abmachung.

Dabei hatte Schröder wahrscheinlich gehofft, den für seine wenig pazifistische Haltung bekannten Parteigenossen mit der Verdreifachung der bisherigen staatlichen Zuschüsse ins Glied zurückrücken zu können. Schließlich sollten die Gelder für friedliche, zivile und integratorische Zwecke der Dachorganisation eingesetzt werden. Doch weit gefehlt, Herr Schröder! Man darf nicht a priori für den Frieden sein! Schließlich, und da müssen wir uns auch von Paul Spiegel belehren lassen, haben friedliche Mittel nicht zur Befreiung der Juden aus der Schoa geführt, sondern die stalinistische Rote Armee.

Herr Spiegel scheint nicht nur über eine sehr verzerrte Geschichtsauffassung zu verfügen, sondern auch an einer Wahrnehmungsstörung der Gegenwart zu leiden:

1. *ist die Bundesrepublik Deutschland nicht das Deutschland der Nationalsozialisten,*
2. *ist die UNO oder die NATO nicht die Rote Armee und*
3. *ist das irakische Volk nicht jüdisch.*

Der Vorsitzende des Zentralrats verharmlost den Krieg, verwässert die Begriffe und negiert die Möglichkeit, mit demokratischen Mitteln Frieden schaffen zu können. Das zeigt deutlich, welch Geistes Kind Herr Spiegel ist: Statt sich der Haltung der Bundesregierung anzuschließen und sich für den Frieden im Nahen Osten mit demokratischen Mitteln einzusetzen, unterstützt der Zentralratsvorsitzende seit Jahren die verbrecherische Politik Ariel Scharons und propagiert nun sogar den „gerechten" Krieg. Wie weit darf dieser Mann noch gehen?

Das wäre doch eigentlich ein Fall für den Innenminister!? Doch der konnte sich scheinbar auch des Einflusses der Minderheitenlobby nicht erwehren. Musste er doch den Staatsvertrag aushandeln, von dem bis heute niemand weiß, was eigentlich darin steht.

(vom 27.01.03) (41)

Zum Schluss möchte ich noch einmal Thomas Rotschild zitieren und mich seiner Schlussfolgerung anschließen:

Die Herren Spiegel und Friedman müssten sich zu Israel nicht äussern. [...] Wenn Spiegel und Friedman es aber tun, wenn sie zudem die Politik Israels verteidigen, dann tragen sie dazu bei, dass Juden mit Israel identifiziert und die Grenzen zwischen einer begründbaren antiisraelischen Haltung und einem gefährlichen Antisemitismus verwischt werden.[...] (42)

Die Antisemitismusdebatte

„Bis in den Mai des Jahres 2002 hinein gehörte es in Deutschland zum politischen Comment, die Politik des Staates Israel öffentlich nicht zu kritisieren. Niemand hätte offen gesagt, dass es ein solches Verdikt gab - tatsächlich aber galt, dass es Deutschen aus historischen Gründen nicht zustehe, kritisch die Stimme gegen israelische Politik zu erheben. Es gab unter den Eliten Deutschlands einen Konsens, dass solche Kritik Gefahr laufe, dem antisemitischen Unterstrom, der 1945 gewiß nicht versiegt war, ans Tageslicht zu helfen. Dieses Tabu, unausweichlich und heilsam, hatte eine Kehrseite: Es war, genau besehen, unsinnig, denn es vertrug sich nicht mit den Spielregeln einer freien Gesellschaft. Es musste der Zeitpunkt kommen, an dem es fallen würde.“ (Aus dem Artikel „Tabubruch“ von Thomas Schmidt, FAZ vom 23.05.02) (43)

Die Antisemitismusdebatte in Deutschland war von einer auffallend großen Resonanz in der gesamten Bevölkerung geprägt. Das Thema hat offensichtlich nicht nur sehr viele Bürger bewegt, sondern auch zahlreiche Experten beschäftigt, betrachtet man die Vielzahl von Beiträgen, Berichten, Analysen, Essays etc.. Eine Auswahl dieser Statements möchte ich in diesem Kapitel wiedergeben. Der von den großen Zeitungen und Sendeanstalten falsch erweckte Eindruck, es habe nur negative Resonanz auf mich gegeben, wird auf diese Weise korrigiert. Tatsächlich ist das Gegenteil der Fall: Gerade die Experten in Sachen Friedensforschung, Religionswissenschaften, Nahostkonflikt, Historiker, Politologen etc. unterstützen in ihren Analysen meine scharf kritisierten, als unglaublich antisemitisch betitelten Behauptungen zu einem großen Teil. Ich habe daher die wichtigsten, von den unterschiedlichsten Autoren verfassten Kommentare zum Thema Antisemitismus allgemein und speziell zum „Fall Karsli“ recherchiert und möchte sie an dieser Stelle zu Wort kommen lassen. Die Beiträge bieten weltweit verbreitete Sichtweisen, die in Deutschland bewusst unterbunden werden und somit der breiten Bevölkerung hierzulande kaum bekannt sind. Sie enthalten Informationen und

Analysen, die ich für die Einschätzung des Themenkomplexes als überaus wichtig erachte.

Zur Erinnerung möchte ich einleitend noch einmal meine umstrittenen Aussagen, die Auslöser des „Falls Karsli" waren, wiedergeben:

1. Die israelische Armee wendet Nazi-Methoden an
2. Es gibt eine zionistische Lobby, die weltweit die Medien kontrolliert. Diese macht den Menschen Angst. Das führt dazu, dass viele Menschen in Deutschland sich nicht trauen, bestimmte Dinge - vornehmlich Kritik an Israel - öffentlich zu äußern.

Zunächst möchte ich einen hoch interessanten Beitrag zum schwierigen Nahostkonflikt und der Antisemitismusdebatte des jüdischen Historikers Moshe Zuckermann wiedergeben. Moshe Zuckermann ist Leiter des Instituts für Deutsche Geschichte an der Universität Tel-Aviv. Ich hoffe, er ist unverdächtig genug, um ihn zitieren zu dürfen, ohne erneut in den Verdacht zu geraten, hier wieder irgendwelche dubiosen Friedensaktivisten oder andere so betitelte „Antisemiten" zur Untermauerung meiner Position heranzuziehen. Ich erinnere an den israelischen Journalisten, Buchautor, Historiker und Friedensaktivisten Shraga Elam, der von Westerwelle und den Medien als dubios und antisemitisch diffamiert wurde.

Die Ambivalenz aushalten

von Moshe Zuckermann

Guido Westerwelle, hieß es in der israelischen Tageszeitung Ha'aretz, habe bei seinem Israelbesuch einen „kühlen" Empfang erfahren. „Einige schwere Fragen" seien ihm von Israels Staatspräsidenten Mosche Katzav und von Premierminister Ariel Scharon gestellt worden. Meretz-Vorsitzender Jossi Sarid hat gar sein geplantes Treffen mit dem FDP-Chef abgesagt. Solche rigorosen Reaktionen von so verschiedenen politischen Personen wie Scharon und Sarid geben zu denken. Da ist zum einen die ehrliche Sorge um den wieder virulent gewordenen „europäischen Antisemitismus". Seit 1945 reagieren Juden gemeinhin auf alles, was sich antisemitisch ausnimmt, mit gesteigerter Aufmerksamkeit; das ist nur zu verständ-

lich. Zum anderen mutet aber die staatsoffizielle Erregung eines Scharon, und zwar gerade nach den von ihm initiierten Geschehnissen in den Städten der besetzten Westbank, einigermaßen merkwürdig an. Sie riecht nach Ideologie. Es lohnt in diesem Zusammenhang, sich über die Komplexität der Diskurszusammenhänge einige Gedanken zu machen. Denn bei „Möllemann-Karsli-Antisemitismus und-Co" scheint es sich wieder einmal um eine „deutsche Debatte" zu handeln, bei der (nicht zum ersten Mal) alles nur mögliche durcheinandergewirbelt wird.

Zunächst - Elementares: Judentum, Zionismus und Israel sind zumindest begrifflich strikt auseinander zu halten. Nicht alle Juden sind Zionisten; nicht alle Zionisten sind Israelis; nicht alle Israelis sind Juden. Man kann also Israel kritisieren, ohne gleich gegen Juden zu sein. Man kann Juden nicht mögen und Israel dennoch hoch schätzen (weil man z.B. Araber noch mehr hasst). Man kann auch den Zionismus kritisch hinterfragen, ohne antisemitisch und sogar ohne antiisraelisch zu sein - denn eine Sache ist es, die realen Entwicklungsstrukturen des Zionismus zu beäugen, eine ganz andere das Existenzrecht Israels in Frage zu stellen (ganz abgesehen davon, dass sich Israel als eine der stärksten Militärmächte der Welt von niemandem sein Recht zu existieren in Frage stellen lassen wird. Die Phantasie, Israel vernichten zu wollen, muss stets in Kauf nehmen, dass dabei der gesamte Nahe Osten in Schutt und Asche gelegt werden dürfte.).

Nun liegt aber das Nahostproblem ganz woanders: Israel betreibt seit Jahrzehnten ein brutales Okkupationsregime und unterdrückt die Palästinenser, ganz abgesehen davon, dass es ihre nationale Selbstbestimmung verhindert. Jeder anständige Mensch muss diese historisch unabweisbare Realität verurteilen. Wer es nicht tut, muss sich Rechenschaft darüber ablegen, von welchen heteronomen Motivationen er angetrieben wird. Die Frage der Solidarisierung steht zunächst nicht an, sondern lediglich die Feststellung, dass Israel an den Palästinensern ein historisches Unrecht begangen habe. Es mag ein historisches Unrecht sein, das sich aus der Monstrosität des in Europa Geschehenen speist, aber es lässt sich als

Unrecht schlechterdings nicht wegdiskutieren. Dieses aus der Welt zu schaffen, erfordert die politische Überwindung des inzwischen festgefahrenen israelisch-palästinensischen Konflikts. Die Gründe, warum es bislang nicht zu einer Lösung dieses nunmehr Jahrzehnte währenden Konflikts gekommen ist, mag hier unerörtert bleiben.

Das andere Problem besteht nun aber in der Rezeption dieses unseligen Konflikts bzw. in der Art und Weise, wie er von allen Seiten instrumentalisiert wird. In Deutschland wird immer wild projiziert (denn es geht bei den sogenannten Nahostdebatten oft primär um deutsche Befindlichkeiten), wobei nicht auszuschließen ist, dass sich auch Antisemitisches in die vermeintlich sachlichen Debatten einschleicht. Natürlich ist nicht jede Israelkritik gleich Antisemitismus. Gleichwohl ist nicht auszuschließen, dass sich Israel- bzw. Zionismuskritik als verbrämter Antisemitismus erweisen mag. Hier gilt es nun strikt auseinander zu halten: Der Antisemitismus muss bekämpft werden, ohne dabei aber von der Kritik an Israel, wo immer sie real berechtigt ist, abzulassen. Das eine schließt das andere eben nicht aus. Ob dann eine Rhetorik sich eventuell dazu versteigt, unangemessene Vergleiche anzustellen, muss im Einzelfall genau anvisiert werden. Nicht jeder rhetorische Ausrutscher muss gleich die Heraufbeschwörung des „Vierten Reichs" bedeuten. Zugleich ist nicht jeder Liberaler immun gegen den Antisemitismus. Gerade im Kontext der modernen deutschen Geschichte lässt sich da eine unselige - wesenhafte? - Verbindung nachweisen. Treitschke lässt grüßen.

In Israel wird nicht minder instrumentalisiert. Zuweilen will es gar scheinen, als könnte der politischen Klasse Israels nichts Besseres widerfahren, als ein periodisch auftretender antisemitischer Ausbruch, vorzüglich in Europa. Dieser ermöglicht manchen Politikern, sich populistisch zu echauffieren, mithin aber auch von den eigenen Untaten abzulenken. Jüngst wieder geschehen, als Ariel Scharon behauptete, die europäische Kritik an seinem militärischen Vorgehen gegen die Palästinenser rühre vom europäischen Antisemitismus her; wenn er den heutigen europäischen Antisemitismus sehe, könne er gut verstehen, wie es zur Schoah hat kommen können. Es sind solche den Holocaust banalisierende Aussagen, die den

Anschein erwecken mögen, dass hier der Antisemitismus zur Rationalisierung der eigenen menschenverachtenden Xenophobie herangezogen wird. Komplementär dazu wird jede rhetorische Entgleisung (Vergleiche mit dem Nationalsozialismus oder Auschwitz, wie sie jüngst dem portugiesischen Literaturnobelpreisträger José Saramago widerfuhr) sogleich zum zentralen Anliegen von real Verwaltendem umfunktioniert, damit man mit umso größerer Selbstgerechtigkeit und reinerem Gewissen eigenes Unrecht perpetuieren kann. Und weil Deutsche an Juden Monströses verübt haben, und Israel zum selbst ernannten Sachwalter alles Jüdischen, der israelische Zionismus mithin zum Synonym von „Juden", „Judentum" und „Jüdischem" geworden ist, wird Unzusammengehörendes immer wieder miteinander vermengt. Ob dabei Möllemann Antisemitisches geäußert hat, die FDP gar mit latentem Antisemitismus Politik macht, geht jeden nichtzionistischen Juden (und letztlich jeden emanzipativ ausgerichteten Menschen) mindestens genau so an, wie die staatsoffiziellen Vertreter des zionistischen Israel. Ob gerade Scharon der adäquateste Ankläger des „europäischen Antisemitismus" sei, darf ebenso bezweifelt werden, wie die Angemessenheit einer Kritik an Israel aus dem Munde eines Möllemann. Brisant ist jedoch, wie sich die Möllemanns und Scharons komplementär ergänzen. Sie scheinen zuweilen wie füreinander geschaffen zu sein. (44)

So die Sicht eines jüdischen Geschichtsprofessors der Universität in Tel-Aviv auf die Antisemitismusdebatte in Deutschland. Moshe Zuckermann deckt die Zusammenhänge und die Instrumentalisierung der Antisemitismuskeule meiner Meinung nach sehr anschaulich auf und kritisiert zu Recht jenes gern betriebene Vermischen der Begriffe in der deutschen Öffentlichkeit.

Was ist Antisemitismus?

Diejenigen, die aufgrund meiner oben genannten Äußerungen entsetzt vor neuen antisemitischen Tendenzen in Deutschland warnten, machten sich offensichtlich nicht die Mühe, „die Komplexität der Diskurszusammenhänge" in der Debatte zu berücksichtigen. Wie

Moshe Zuckermann feststellt, „scheint es sich hier um eine deutsche Debatte zu handeln, bei der (nicht zum ersten Mal) alles mögliche durcheinander gewirbelt wird". Die Fähigkeit oder auch nur den Willen zum differenzierten Betrachten und Bewerten meiner so lautstark wie einseitig kritisierten Aussagen vermisse ich in der deutschen Debatte sehr.

In der öffentlichen Auseinandersetzung über meine vermeintlich antisemitischen Äußerungen wurde versäumt, eine adäquate Diskussionsgrundlage zu schaffen: nämlich eine Definition der wesentlichen, immer wieder verwendeten Begriffe der Debatte. Dies ist jedoch eine wesentliche Voraussetzung einer jeden Diskussion, verhindert sie doch eine Verwässerung und Emotionalisierung der Begriffe zugunsten ihrer sachlichen Verwendung. Bisher Versäumtes möchte ich daher im Folgenden nachholen:

Nach dem sehr konservativen und höchst aussagekräftigen „Oxford Universal Dictionary" heißt es:

dass der Begriff „Semit" zum ersten Mal im Jahre 1875 benutzt wurde und (...) eine Person (beschreibt), die der menschlichen Rasse angehört, die fast alle Völker mit einbezieht, die in der Schöpfungsgeschichte 10 (Altes Testament) von „Sem" , dem Sohn Noahs, abstammen und eine semitische Sprache sprechen - dazu zählen die Akkader, Phönizier, Hebräer, Aramäer, Araber, Assyrer (und eben die Palästinenser). (45)

Begriffsdefinition beim online-Lexikon Wissen.de:

„Semiten

Uneinheitliche Völkergruppe mit semitischen Sprachen. Der Name geht zurück auf Sem, einen der drei Söhne Noahs. Die vorgeschichtliche Herkunft ist nicht geklärt, wahrscheinlich stammen sie von der Arabischen Halbinsel; Ende des 4. bzw. zu Beginn des 3. Jahrtausends v. Chr. lebten die ältesten bekannten Semiten in Mesopotamien. Als Ostsemiten gehörten zu ihnen die Akkader, Babylonier und Assyrer. Um die Mitte des 3. Jahrtausends v. Chr. traten die Amoriter, Aramäer, Phönizier und Israeliten in Er-

scheinung. Als letzte Gruppe des Semitentums bildeten sich gegen Mitte des 1. Jahrhunderts v. Chr. die Araber heraus. (46)

Langer's Lexikon der Weltgeschichte weist darauf hin,

dass es immer bedacht werden sollte, dass sich der Begriff „Semit" nicht auf eine Rasse, sondern auf eine Gruppe von Völkern bezieht, deren Muttersprache semitisch ist. (47)

Streng genommen gibt es durch eine jahrtausendlange Vermischung grundsätzlich kleine reinrassigen Völker mehr. Weder gibt es reinrassige Arier, noch reinrassige Semiten. Dennoch kann man von verschiedenen Völkern sprechen. Auf dieser Grundlage, dass natürlich auch das Volk der Juden inzwischen vermischt ist, gibt es zwei verschiedene Gruppen von Juden, die von zwei verschiedenen Gegenden der Welt kommen: Die (orientalisch-) sephardischen und die (europäisch-) aschkenasischen Juden. Die sephardischen Juden sind Semiten und kommen vom Mittleren Osten und Nordafrika, während die aschkenasischen Juden aus Osteuropa (Russland, Türkei) kommen. Die aschkenasischen Juden, die gegenwärtig ca. 80% des Weltjudentums ausmachen und in Israel und verstreut in der Welt leben, sind keine Semiten. Bekannte aschkenasische Juden sind Herzl, die Rothschilds, aber auch Scharon.

Der größte Teil des modernen Judentums ist somit nichtsemitischer Abstammung, wohingegen praktisch alle arabisch-stämmigen Menschen Semiten sind.

Wenn man sich jetzt noch den von Scharon (der aschkenasischer Abstammung ist) stammenden Ausspruch „Palästinenser sind wie Ungeziefer" in Erinnerung ruft, dann zeigt sich hier wohl deutlich, wer der wahre Antisemit ist. Wo bleibt der Aufschrei des Herrn Spiegel??

Diese Informationen wurden mir in einem Brief aus der Bevölkerung zugetragen. Er belegt noch einmal die große Resonanz der Thematik beim Volk. Nicht nur bezogen auf die oben zitierte unglaubliche Äußerung von Ariel Sharon, frage ich mich manchmal, ob der so weithin verpönte und so ausufernd beschriebene Antisemitismus nicht inzwischen einem viel größeren Antiarabismus gegenüber steht.

Wissen die Herren Spiegel, Friedman und Co. also nicht, was die Begriffe bedeuten, mit denen sie immer wieder so bedeutungsschwanger und als wirksame Allheilmittel ihrer Interessen um sich werfen??

Über das Fischen im Trüben

Oben genannte Herren gebrauchen aber offensichtlich nicht nur Begriffe, deren Bedeutung sie entweder nicht kennen oder die sie wissentlich falsch verwenden, sie unterstellen für ihre Argumentation zudem schlichtweg falsche Tatsachen. Viel schlimmer ist jedoch, dass sie die berechtigte und auch vorhandene Verpönung von Antisemitismus in Deutschland missbrauchen, um Kritik an der Besatzungspolitik Israels zu unterbinden. Dieter Elken, Rechtsanwalt und Mitglied der Bundesleitung der Linken Opposition in und bei der PDS, vermag dies in seinem Beitrag zur Antisemitismusdebatte eindrucksvoll aufzuführen:

Aufstand der Demokaten gegen den Antisemitismus?

Über das Fischen im Trüben

Der Vorsitzende des Zentralrats der Juden, Paul Spiegel, hat zu einem „Aufstand der Demokraten" aufgerufen. [...] Spiegel beklagt zugleich in Fernsehdebatten, daß niemand in Deutschland für die Juden demonstriert, obwohl in Düsseldorf Tausende sogar für Hunde demonstrieren. Er meint offenbar, auf diese Weise einen latenten Antisemitismus in Deutschland brandmarken und Kritik an Israel und am Zionismus delegitimieren zu können.

Spiegel übersieht dabei, daß es zahllose Aktionen, Veranstaltungen gegen die Rechte, gegen Antisemitismus, Fremdenfeindlichkeit und Faschismus gegeben hat. Vom harten Kern der Naziszene abgesehen, verurteilt jede politische Partei Gewalttaten gegen Juden und jüdische Einrichtungen. Jede Form von Antisemitismus, d.h. Judenfeindschaft, ist nach den Verbrechen der Nazis verpönt, diskreditiert und für immer delegitimiert. Selbst die Nazis wagen nicht, sich zu ihrem Antisemitismus zu bekennen. Der Antisemitismus - obwohl existent - ist aus der Öffentlichkeit verdrängt, führt ein Schattendasein.[...]

Der politische Kampf gegen jede Form des Antisemitismus bleibt dennoch ein Gebot des Humanismus. Er muß eine Konstante linker Politik bleiben.

Mißbrauch des Kampfes gegen den Antisemitismus

Spiegel und mit ihm viele, die derzeit mit viel Verve Möllemann, Karsli und Co. ein Spiel mit dem Antisemitismus vorwerfen, mißbrauchen die Legitimität des Kampfes gegen den Antisemitismus. Anti-Antisemitismus wird demagogisch instrumentalisiert, um Kritik an der israelischen Politik zu delegitimieren und diese Kritik aus der bürgerlichen Öffentlichkeit zu verdrängen. [...]

Die Gleichsetzung von Antizionismus mit Antisemitismus ist immer noch ein vielbenutztes ideologisches Klischee prozionistischer Kräfte, um sich der Auseinandersetzung mit sachlich fundierter Kritik an der menschenfeindlichen Politik des israelischen Kolonialsiedlerstaates und der zionistischen Bewegung (in ihrer ganzen Breite) zu entziehen. Doch die Vielzahl der von der Regierung Scharon begangenen Verbrechen und deren provokative Mißachtung des Völkerrechts machen es z.Z. schwer, dieses Kampfklischee für historisch Uninformierte erfolgreich zu nutzen. Es liegt auf der Hand, dass die Kritik am Zionismus als einer politischen Bewegung oder die Kritik an der israelischen Regierungspolitik ebenso wie die Kritik am israelischen Staat nicht mit Judenfeindschaft gleichzusetzen ist.

Was darf Kritik?

Jetzt wird von Spiegel eingeräumt, es sei selbstverständlich akzeptabel, die israelische Politik zu kritisieren. Die Kritik dürfe nur nicht einseitig sein - und es dürfe auch nicht vergessen werden, daß die israelische Politik auf den palästinensischen Terror nur reagiere. Auch Rita Süßmuth und andere wehren sich gegen „einseitige" Parteinahmen im Nahostkonflikt. Aber Parteinahmen sind notwendig einseitig.

Möllemann hat mit seinen Feststellungen, daß Israel gegenüber Palästina der Aggressor ist, daß die Palästinenser jede historische Legitimität auf ihrer Seite haben, daß sie grundsätzlich berechtigt sind, Widerstand gegen die tatsächlich staatsterroristische Besat-

zungsmacht zu leisten, völlig Recht. Möllemann hat auch Recht, wenn er Spiegel und Friedman beschuldigt, ihn wider besseres Wissen als Antisemiten zu bezeichnen.

Beide wissen, daß die Kritik an Scharons verbrecherischer Politik mit Antisemitismus nichts zu tun hat. Es ist bezeichnend, daß beide dieser Kritik nur in der Weise begegnen können, daß sie unterstellen, die öffentliche Formulierung dieser Kritik sei ein rechtspopulistischer Versuch, sich unterschwellige antisemitische Ressentiments für wahlpolitische Ziele nutzbar zu machen. Das läuft auf die dummdreiste These hinaus, daß eine berechtigte und in der Sache nicht angreifbare Kritik an der aktuellen israelischen Politik nicht öffentlich artikuliert werden darf, weil sie eine vorgeblich vorhandene antisemitische Grundströmung mobilisiere und wahlpolitische Erfolge mit diesem Thema automatisch die Rechte stärken. Daran können jenseits aller mediengeschürten Hysterie allenfalls Mystiker glauben, die im Anschluß an Goldhagen von einer besonderen, biologisch begründeten eliminatorisch-antisemitischen Grundhaltung „der" Deutschen ausgehen.[...]

Auch Friedmans Manie, jede Kritik an Israel als Antisemitismus oder als Spiel mit dem Antisemitismus zu diffamieren, fördert mit Sicherheit antisemitische Reaktionen. Ihn mit Scharon in einem Atemzug zu nennen, mag eine rhetorische Fehlleistung Möllemanns sein. Antisemitismus war es nicht.

Inzwischen werden immer neue antisemitische Klischees ins Spiel gebracht. So entdeckten mehr als 100 Journalisten, daß es von Möllemann rassistisch ist, Friedman Gehässigkeit und Intoleranz vorzuwerfen. Rassistisch soll es weiter sein zu behaupten, es sei ein Tabu, Kritik an der israelischen Besatzungspolitik zu äußern. [...]

Möllemann hat seine Äußerungen zu Friedman auch nicht mit dessen Religion in Zusammenhang gebracht, sondern mit dessen demagogischer Verteidigung der Politik Scharons. Dies hindert seine Kritiker nicht daran, ihm frei erfundene Aussagen zu unterstellen, auf die dann mit Leidenschaft eingedroschen wird. Tunlichst vermieden wird dabei jede Stellungnahme zum Gegenstand der Möllemannschen Aussagen zur israelischen Politik.

Wahlkämpfer Möllemann und Konkurrenzneid

Stattdessen wird Möllemann vorgehalten, es gehe ihm gar nicht um Israel und Palästina, sondern nur um die Frage, was man als Deutscher noch oder wieder sagen dürfe, so Theo Wentzke am 1.7.02 in der „jungen Welt". In der „avanti" Nr. 87 wird das damit begründet, daß Möllemann als Vorsitzender der Deutsch-Arabischen Gesellschaft mit reaktionären arabischen Regimes bestens verbunden sei und damit nicht für eine revolutionäre Befreiung der Palästinenser eintrete. Dem Autor des Artikels, Oskar Kuhn, scheint noch nicht aufgegangen zu sein, daß die israelische Politik auch aus bürgerlicher Sicht kritikwürdig sein kann. So kommt auch er zu dem Schluß, daß bürgerliche Kritik an Israels Politik nur rechtspopulistisch sein kann. Mit dieser Art von Logik wird Möllemann auch noch für das demagogische Verhalten seiner Kritiker gegeißelt.

Möllemanns Kritik an der israelischen Politik, so das Credo der Anti-Antisemiten und Möllemann-Jäger, sei verantwortlich dafür, daß sich Antisemiten wieder an die Öffentlichkeit wagen. Möllemann sei daher ein geistiger Brandstifter, der gestoppt werden müßte.

Rita Süßmuth stellt ganz in diesem Sinne fest, daß der Nah-Ost-Konflikt in Deutschland kein Wahlkampfthema sein darf. Es verbiete sich, mit diesem Thema auf Stimmenfang zu gehen. Würde dem gefolgt, hieße das, die proisraelische, praktische Politik der rotgrünen Regierung der öffentlichen Debatte zu entziehen.

Die Chefredakteure der Frankfurter Rundschau, der Zeit, des Tagesspiegel-Mitherausgebers Karasek sowie diverse Chefredakteure von Rundfunkanstalten merken offenbar nicht, daß sie mit der These, daß Kritik an der israelischen Politik dem Antisemitismus Ventile verschafft und ihn ermutigt, gerade dasjenige Tabu verteidigt wird, dessen Existenz sie vehement bestreiten. Ein staatlich durchgesetztes Tabu gibt es in der Tat nicht. Gleichwohl beweisen diese Herrschaften, daß hierzulande noch jeder Kritiker der israelischen Politik mit demagogischen Reaktionen der Anti-Antisemiten rechnen muß. Dies wird durch die Formel: „Das Recht auf Kritik an der israelischen Besatzungspolitik ist unbestritten", nur vordergründig relativiert.

Tatsache bleibt, daß diese Anti-Antisemiten offenbar meinen, es sei nicht möglich, zwischen politischer Kritik am Zionismus und politischer Kritik an der israelischen Politik sowie einer generellen Judenfeindschaft zu differenzieren. Gerade dadurch fördern sie tatsächlich antisemitische Einstellungen. Wer irrationale Verallgemeinerungen - dazu gehören Antisemitismus und auch ausländerfeindliche Einstellungen - bekämpfen will, muß differenzieren und darf berechtigte Kritik nicht diffamieren. Dies übrigens auch dann nicht, wenn sie von wirklichen Antisemiten geäußert wird. [...] (15. Juli 2002) (48)

Jürgen Möllemanns Erklärung, Scharon und Friedman selbst schürten durch ihr Verhalten den Antisemitismus, provozierte einen besonders heftigen Aufschrei. Die schlimmsten klassischen antisemitischen Klischees würden hier bedient, hieß es allenthalben. Wenn das stimmen sollte, so ist es schon sehr erstaunlich, dass diese Meinung von vielen Juden geteilt wird. Als Beispiel möchte ich einen Beitrag des bereits mehrfach zitierten renommierten jüdischen Friedensaktivisten Uri Avnery einfügen, der einen ganzen Aufsatz über eben diese These verfasst hat:

Fabrikation von Antisemiten

Das erste israelische Opfer Saddam Husseins ist ein zionistischer Mythos, mit dem wir aufgewachsen sind. Dieser Mythos besagt, dass Israel der Zufluchtsort aller Juden auf der Welt sein wird. In allen andern Ländern leben Juden in ständiger Furcht, dass ein grausamer Verfolger erscheint, wie es in Deutschland geschah. Israel ist der sichere Zufluchtsort, zu dem Juden in Zeiten der Gefahr flüchten können. Und tatsächlich war dies der Zweck der Gründungsväter, als sie den Staat errichteten. Nun kommt ein Saddam daher und beweist das Gegenteil: Überall in der Welt leben die Juden in Sicherheit. Nur auf einem einzigen Platz des Planeten sind sie von Vernichtung bedroht, in Israel. Hier werden die Nationalparks für Massengräber vorbereitet, hier werden gegen biologische und chemische Waffen (Mitleid erregende) Maßnahmen ergriffen. Viele Leute planen schon, in die Gemeinden der Diaspora zu flüchten. Ende eines Mythos.

Ein anderer zionistischer Mythos starb schon vor diesem. Die Diaspora, so lernten wir in unserer Jugend, erzeugt Antisemitismus.

Überall sind die Juden eine Minderheit und eine Minderheit erregt unweigerlich den Hass der Mehrheit. Nur wenn die Juden sich im Lande ihrer Vorfahren sammeln und dort eine Mehrheit bilden, wird der Antisemitismus in der ganzen Welt verschwinden. So sprach Herzl, der Gründer des modernen Zionismus. Dieser Mythos ist nun auch dabei, seine Seele aufzugeben. Das genaue Gegenteil geschieht. Der Staat Israel verursacht eine Wiederauferstehung des Antisemitismus auf der ganzen Welt und bedroht Juden überall. Die Sharon-Regierung ist wie ein riesiges Labor, in dem der Virus Antisemitismus gezüchtet und in die ganze Welt exportiert wird. Antisemitische Organisationen, die jahrelang an den Rändern der Gesellschaft, abgelehnt und verachtet, dahinvegetierten, wachsen und gedeihen plötzlich. Antisemitismus, der sich seit Ende des 2. Weltkrieges schamhaft versteckt hielt, reitet nun auf einer großen Welle der Opposition zu Sharons Politik der Unterdrückung. Und Sharons Propaganda-Agenten gießen Öl in die Flammen. Indem alle Kritiker seiner Politik als Antisemiten bezeichnet werden, brandmarken sie große Gemeinschaften. Viele ordentliche Leute, die keinerlei Hass gegen Juden empfinden, die aber die Drangsalierung der Palästinenser verabscheuen, werden jetzt als Antisemiten bezeichnet. So wird dem Wort die Schärfe genommen und so etwas wie Ansehen verliehen. Die eigentliche Folge davon ist, dass Israel die Juden nicht nur vor Antisemitismus nicht schützt, sondern im Gegenteil: Israel fabriziert und exportiert Antisemitismus, der Juden rund um die Welt gefährdet.

Viele Jahre lang erfreute sich Israel der Sympathie vieler Leute. Es wurde als der Staat der Holocaustüberlebenden angesehen, ein kleiner, mutiger Staat, der sich wiederholt gegen die mörderischen Angriffe der Araber verteidigte. Langsam wandelte sich dies Bild in ein anderes: ein grausamer, brutaler und kolonisierender Staat, der ein kleines und hilfloses Volk unterdrückt. Die Verfolgten sind zu Verfolgern geworden, David hat sich in Goliath verwandelt.

Für uns Israelis, die wir in einer Seifenblase von selbstfabrizierter Gehirnwäsche leben, ist die Vorstellung, wie uns die Welt jetzt sieht, schwer erträglich. In vielen Ländern veröffentlichen das Fernsehen und die Zeitungen täglich Bilder von Kindern, die auf riesige Panzer

Steine werfen, Bilder von Soldaten, die Frauen an den Kontrollpunkten schikanieren, Bilder von verzweifelten alten Männern, die auf den Ruinen ihrer zerstörten Häuser hocken, und von Soldaten, die auf Kinder zielen und schießen. Diese Soldaten sehen nicht wie Menschen in Uniform aus, nicht mehr wie jemand von nebenan, wie „Nachbars Sohn" wie sie bei den Israelis genannt werden, sondern wie Roboter ohne Gesichter, bis an die Zähne bewaffnet, den Kopf unter Helmen versteckt, mit schusssicheren Westen - so erlangen sie ganz andere Dimensionen. Für Leute, die diese Fotos ein Dutzend oder hundertmal gesehen haben, beginnt, das Image von Israel sich zu verändern.

Für Juden wird dies zu einem gefährlichen Teufelskreis. Sharons Aktionen erzeugen in der ganzen Welt Widerwillen und Opposition. Das verstärkt Antisemitismus. Dieser Gefahr gegenüberstehend, werden jüdische Organisationen dazu gebracht, Israel zu verteidigen und ihm uneingeschränkte Unterstützung zu geben. Diese Unterstützung lässt die Antisemiten nicht nur die Regierung von Israel angreifen, sondern die Juden vor Ort auch. Und so weiter ...

Antisemiten aller Schattierungen sind natürlich widerwärtig. Sie werden Juden verunglimpfen, ganz gleich, was sie tun. Antisemitismus kann wie jede Art von Rassismus niemals gerechtfertigt werden. Aber darum geht es gar nicht. Es geht darum, dass die Aktionen von Sharons Regierung und die ihr vom jüdischen Establishment gegebene unbeschränkte Unterstützung es dem harten Kern der Antisemiten ermöglicht, wohlmeinende Leute, die sich von Sharons Aktionen abgestoßen fühlen, für sich zu gewinnen. Es geht auch nicht darum, „die Opfer zu tadeln". Die israelische Regierung beansprucht, für alle Juden in der ganzen Welt zu sprechen. Und es wurde noch kein Versuch von den wichtigsten jüdischen Organisationen unternommen, diesen Anspruch zurückzuweisen. [...]

Wenn man mich um Rat fragen würde, dann würde ich den jüdischen Gemeinden in aller Welt Folgendes raten: Zerbrecht den Teufelskreis! Entwaffnet die Antisemiten! Gebt die Gewohnheit auf, euch automatisch mit allem, was unsere Regierung tut, zu identifizieren! Hört auf euer Gewissen! Kehrt zu den traditionellen jüdischen Wer-

ten zurück: „Das, was in allem recht ist, dem sollt ihr folgen" (5. Mos, 16, 20) und „Suchet den Frieden und jaget ihm nach!" (Ps. 34, 15) Identifiziert euch mit dem „anderen Israel", das für diese Werte in seinem Lande kämpft. Überall in der Welt mehren sich solche neuen jüdischen Gruppen, die diesen Weg gehen. Sie zerschlagen so noch einen Mythos: die Pflicht der Juden – wo immer sie leben - sich dem Diktat unserer Regierung unterzuordnen. (28.09.2002) (49)

(Avnery ist Träger des alternativen Friedensnobelpreises & Gründer der israelischen Friedensbewegung Gush Shalom)

Uri Avnery bestätigt meine und Jürgen Möllemanns Bewertung des Nahostkonflikts und seine Auswirkung auf den Antisemitismus. Auch der jüdische „Arbeitskreis Nahost" in Berlin teilt diese Einschätzung. Darüber hinaus gehört der Arbeitskreis zu den wenigen jüdischen Organisationen, die sich offen und unmissverständlich von Sharons Politik distanzieren:

Ein Verstoß gegen unsere Werte

Berliner Juden bezeichnen Vorgehen Scharons gegen die Palästinenser als unerträglich / Israels Politik erzeuge neuen Antisemitismus
von Martin Gehlen

Scharfe Kritik am Vorgehen des israelischen Regierungschef Ariel Scharon haben in Berlin lebende Juden geübt, die dem den Grünen nahestehenden „Arbeitskreis Nahost" angehören. Der Vormarsch der Armee in die Gebiete der Palästinenser verstoße gegen die jüdischen Werte und lasse weltweit neuen Judenhass entstehen, sagte Fritz Teppich, der den Holocaust überlebte, weil er aus einem Transportzug entkommen konnte. Die Bombardierung von palästinensischen Städten und die Schüsse auf Steine werfende Jugendliche seien durch nichts zu rechtfertigen, sagte Teppich. Er rief dazu auf, sich ehrlich mit den Ursachen des Konfliktes zu beschäftigen - nämlich die von Israel seit seiner Existenz verfolgte Politik der ethnischen Säuberungen mit hunderttausenden Vertriebenen und tausenden Toten.

Teppich zog eine Parallele zwischen Selbstmordattentaten palästinensischer Jugendlicher zu denen jüdischer Kämpfer im Warschauer Ghetto. „Wenn verzweifelte Palästinenser sich auf den Warschauer

Aufstand berufen, dann tun sie das zu Recht", sagte er. Er appellierte zudem an den Vorsitzenden des Zentralrates der Juden in Deutschland, Paul Spiegel, nicht länger dabei zu helfen, „die israelische Aggression zu unterstützen". [...] (09.04.02) (50)

In diesem Beitrag wird neben der Bestätigung der Legitimität meiner Vergleiche mit der NS-Zeit auch ein weiterer, in der Debatte sehr wesentlicher Punkt deutlich, der in der deutschen Bevölkerung kaum bekannt ist: Der Zentralrat der Juden vertritt nur einen Bruchteil der in Deutschland lebenden Juden. Was die Mehrheit der Deutschen kaum weiß, ist, dass die Mehrzahl der deutschen Juden in Opposition zu ihm steht. Diese nicht im Zentralrat der Juden organisierten Juden beklagen sogar, dass sie immer wieder mit ihm und seiner Organisation identifiziert werden. Sie beklagen es deshalb, weil auch sie den Zentralrat der Juden in Deutschland als Botschafter der rechtsgerichteten israelischen Regierung empfinden, sie sich selbst aber entschieden von der brutalen israelischen Unterdrückungspolitik gegen die Palästinenser distanzieren.

Die jüdischen Antisemiten

Das gleiche trifft auf mehrere tausend jüdische Friedensaktivisten in Israel zu. Meine in Deutschland so heftig als antisemitisch kritisierten Aussagen wurden auf einer Demonstration von 60.000 (!) Juden geäußert. Viele von ihnen haben mich in meiner Arbeit unterstützt und sich im Zuge des „Falls Karsli" mit mir solidarisiert. Sind also auch sie Antisemiten? So grotesk es auch ist: Die Vertreter der „political correctness" hierzulande müssen sie dessen bezichtigen, um ihre Anschuldigungen gegen mich aufrecht erhalten zu können (vgl. hierzu den FAZ-Artikel „Das N-Wort" auf Seite 156) Guido Westerwelle musste einen jüdischen Israeli als Antisemiten bezeichnen, um einen Grund zu haben, mich endgültig zu erledigen. Das ist schlicht absurd! Ich frage mich nur, für wie dumm die Politiker und Medienmacher die Bürger unseres Landes halten, wenn sie ihnen so einen ausgemachten Blödsinn präsentieren. Anders als ausgemachten Blödsinn kann ich das, was hier passiert ist, nicht bezeichnen!

Bei oben erwähntem jüdischen Israeli handelte es sich um den israelischen Journalisten, Historiker und Buchautor Shraga Elam. Er hatte mich in der gegen mich gerichteten Kampagne mit deutlichen Worten und fundierten Argumenten unterstützt. Da seine Argumente sachlich kaum zu widerlegen waren, musste man ihn als Menschen degradieren und so unglaubwürdig machen. Er wurde daher von den Medien ebenso diffamiert, wie ich selbst. Natürlich wurde zunächst seine grundsätzliche Kompetenz, sich zur Sache zu äußern, in Frage gestellt. Zu diesem Zweck wurde er z.B. als dubioser „Friedensaktivist" (in Anführungszeichen!!) bezeichnet. Informationen, die er verbreitete, wurden mit beigefügten Attributen wie „angeblich" etc. in die Nähe der Verbreitung von Lügengeschichten gebracht. Das Konzept war offensichtlich, ihn als geistig oder ideologisch verwirrt darzustellen, um so seine Aussagen und Argumente von vornherein abzuwürgen und im Keime zu ersticken.

Ich habe bereits berichtet, wie der Brief von Shraga Elam, den ich als „sehr lesenswert" bezeichnet und per email an die FDP-Fraktion weitergeleitet hatte, von Guido Westerwelle damals als Aufhänger benutzt wurde, um mich endgültig aus der FDP zu entfernen. Da der Brief - aus gutem Grund - nicht veröffentlicht wurde, blieb den meisten Menschen keine Möglichkeit, sich eine eigene Meinung über den Inhalt zu bilden. Ich denke jedoch, jeder sollte selbst entscheiden, ob der Brief wirklich so skandalös ist, wie von der Politik und den Medien promotet, oder ob er - wie ich meine - tatsächlich sehr lesenswert ist. Hier ist er in Auszügen:

Sehr geehrter Herr Karsli,

Als kritischer israelischer Journalist hat es mich sehr gefreut zu lesen, dass Sie die israelischen Nazi-Methoden angegriffen haben.

Ich finde es beschämend, dass es in Deutschland heute nur beschränkte Möglichkeiten gibt, die israelischen Kriegsverbrechen und die gefährlichen Mechanismen beim Namen zu nennen. Es zeigt sich wieder einmal, dass in Deutschland nur wenige Leute tatsächlich etwas aus der braunen Vergangenheit gelernt haben.

Obwohl es formell keine Diktatur gibt, herrscht nach wie vor eine Gleichschaltung und öffentliche Feigheit, die schreckliche Realität ungeschminkt zu beschreiben und zu thematisieren.

Die notwendige und berechtigte Mahnung vor der Verwendung von Nazi-Methoden durch die israelische Armee wird unterdrückt, verschwiegen und verharmlost.

Die deutschsprachigen Medien schaffen es zum Beispiel in diesem Zusammenhang, eine wichtige, aber heikle israelische Debatte völlig zu verschweigen, was ein absolutes Armutszeugnis ist und wirklich an die ganz dunklen Zeiten erinnert.

Vor einigen Wochen verglich die israelische Nationalsängerin Yaffa Yarkoni in einem Interview des israelischen Militärradios(!) den Einsatz der israelischen Soldaten mit dem Vorgehen der Nazis und rief deshalb die Soldaten auf, den Dienst zu verweigern. Sie nahm damit Bezug auf die Praxis der israelischen Soldaten, palästinensische Gefangene zu nummerieren. Nach dem Radiogespräch wurde eine regelrechte Hetzkampagne gegen die preisgekrönte und respektierte Yarkoni lanciert: Sie wurde und wird immer noch boykottiert, beschimpft usw. Weite Teile der israelischen Friedenskräfte haben sich hingegen mit der Grande Dame der israelischen Musik solidarisiert, und deshalb wurde sie auch von „Frieden Jetzt" eingeladen, an der Großkundgebung vom letzten Samstag zu singen. Eine rechtsradikale Gruppe (kürzlich wurden vier ihrer Mitglieder wegen eines Bombenattentat-Versuchs an einer palästinensischen Mädchenschule in Ost-Jerusalem verhaftet) meldete sich bei Yarkoni und warnte sie vor einer Teilnahme an der Frieden-Jetzt-Kundgebung, sie würde sonst umgebracht.

Die deutschsprachigen Medien berichteten aber nichts über die Auseinandersetzung um Yarkonis Tabubruch - den verpönten Vergleich zwischen Nazis und Israelis also.

Sie schrieben lediglich - wenn überhaupt -, dass Yarkoni die Soldaten zur Dienstverweigerung aufgerufen habe. Yarkoni sei Sängerin, keine Historikerin, wird aber auch moniert, und ihre Aussage solle entsprechend nur als emotionaler Ausrutscher einer zwar verdienstvollen, aber verkalkten alten Dame (77) beurteilt werden.

Ich bin um einiges jünger (54) und beschäftigte mich seit Jahren intensiv mit der professionellen Erforschung des Zweiten Weltkriegs und auch des Nahost-Konflikts. Meine Veröffentlichungen über diese Themen (Bücher, Artikel, Vorträge usw.) ernten in Fachkreisen große Anerkennung. Es handelt sich für mich nicht nur um eine rein theoretische abstrakte Auseinandersetzung, sondern ist auch Teil meiner eigenen Geschichte. Denn meine Großeltern sowie mehrere Mitglieder meiner Familie sind von den Nazis umgebracht worden. Mein Vater flüchtete rechtzeitig von Nazideutschland nach Palästina. Selber war ich israelischer Soldat und nahm an zwei Kriegen teil. Obwohl ich seit mehr als 20 Jahren in der Schweiz wohne, verfolge ich intensiv die Ereignisse im Nahen Osten. Täglich konsultiere ich israelische Radio- und TV-Stationen, mehrere Zeitungen, Internet-Websites, pflege persönliche enge Kontakte und korrespondiere per e-mail, usw.)

Auf diesem Hintergrund und nach reichlichen Recherchen und Überlegungen, kann ich sagen, dass genügend überzeugende Beweise vorliegen, die den Vergleich zwischen der NS-Judenpolitik und der jetzigen israelischen Palästinapolitik absolut rechtfertigen. Bei allen Unterschieden zwischen den beiden Situationen zeigt sich doch eine gefährliche Ähnlichkeit, die nicht verschwiegen werden darf, weder aus Feigheit noch Bequemlichkeit und Gleichschaltung - und schon gar nicht im Namen der Naziopfer.

Ein renommierter israelischer Journalist berichtete im Januar, dass sich das Oberkommando der israelischen Armee von den Nazi-Erfahrungen im Warschau Ghetto habe inspirieren lassen. Das Resultat dieser ‚historischen Studien' liegt zum Teil schon vor: Das Jeniner Ghetto sieht jetzt aus wie nach einem Erdbeben. Im Warschauer Ghetto setzten die Nazis die Häuser in Brand, um die hartnäckigen und heroischen WiderstandskämpferInnen zur Kapitulation zu zwingen. In Jenin setzten die angeblich viel ‚humaneren' Israelis ‚lediglich' Bulldozer, Kampfhubschrauber usw. ein, um ein ähnliches Ziel wie die Nazis zu erreichen.

[...]

Es darf nicht vergessen werden, dass die Nazis von 1933 bis etwa 1941 ,lediglich' (in Anführungszeichen! SE) die Vertreibung der jüdischen Menschen als Ziel verfolgten, und die genozidalen Massnahmen erst 1941/42 verschärft wurden. Eine zweite palästinensische Nakba steht also bevor. Nakba - zu Deutsch Katastrophe und auf hebräisch Shoa - nennen die PalästinenserInnen die Massaker und die Vertreibung von 1948.

Also darf wirklich nicht mehr geschwiegen werden. Die Deutschen dürfen sich auf diese Art nicht erneut mitschuldig machen!

***Die ehemalige israelische Erziehungsministerin Schulamit Aloni sagt:** „Die israelische Regierung und Armee haben die PalästinenserInnen schon in eine KZ-ähnliche Situation gedrängt. Es fehlt nur noch, dass sie vergast werden. Unsere Regierung manipuliert und missbraucht die Shoa," deklariert Aloni weiter. „Im Namen der Shoa soll auch dagegen protestiert werden."*

Nach der jüdischen Katastrophe im Zweiten Weltkrieg wurde die Parole geprägt „Nie wieder Shoa." Die universelle Botschaft dieser Losung betrifft nicht nur Juden und Jüdinnen und heisst: „Nie wieder Völkermord!" Im Namen der damaligen Opfer müssen wir heute also heftig dagegen protestieren, dass das gleiche, ähnliche oder vorstufenmässige Vorgehen gegen die PalästinenserInnen angewandt wird.

Im Namen der damaligen und heutigen Opfer trugen wir - palästinensische, israelische und Schweizer FriedensaktivistInnen - deshalb einen mahnenden gelben Davidstern und symbolische KZ-Bekleidung, um den Stopp des Gemetzels im Nahen Osten zu fordern, vor weiteren Gräueltaten zu warnen und für einen friedlichen Ausweg für ALLE BewohnerInnen von Israel/Palästina zu plädieren.

Ähnliche Aktionen fanden in Tel-Aviv und Haifa statt und wurden von verschiedenen FriedensaktivistInnen, wie den Sprechern von Gush Shalom (Friedensblock), dem Soziologen Prof. Baruch Kimmerling u.a. unterstützt.

Mit solidarischen Grüssen

Shraga Elam

Shraga Elam formulierte außerdem folgende Petition für mich:

Support Jamal Karsli

We, the undersigned, support the German MP Jamal Karsli in his lawsuit against the Jewish officials Paul Spiegel and Michel Friedman.

We protest against the attempts to silence critics of Israel's policies, to muzzle activists who search for a just peace in the Middle East and who try to prevent the present catastrophe from escalating further.

Jamal Karsli, like some Israelis, accused the Israeli army of using Nazi methods. Although not all of us will use the comparison between the Israeli and Nazi atrocities, still we consider it to be a legitimate mode of protest in the present context. There is a growing danger of a huge bloodbath and a mass deportation of the Palestinians. This is an intended consequence of Israeli policies, which should be denounced in the strongest language possible.

Currently there are in Israel very loud and menacing voices demanding the "voluntarily transfer" of the Palestinians, propagating ethnic cleansing and using arguments which bear a strong resemblence to the ideology and practices of the Nazis. One must bear in mind that from 1933 until 1938 the Nazis tried to make the Jews emigrate the country "voluntarily". After 1938 they switched to forced expulsion, and in 1941 the systematic extermination of Jews started.

We consider it a form of racism if the comparison between the Nazi crimes and any other form of barbarism is a priori forbidden. Such a taboo implies that Jewish suffering counts more than the agony of any other group of people.

We hope that, through the impending lawsuit, the facts underlying Karsli's charge will be impartially and publicly analysed and that the abuse of Jewish suffering in order to legitimize Israeli aggression will be stopped.

We are convinced that, through his statements, Jamal Karsli wishes to draw attention to the plight of the Palestinians and strengthen the efforts for peace for all the inhabitants of the Middle East.

Therefore, we call on the German people to support Jamal Karsli and we hope that, through this campaign, the German government will acknowledge its duty to stop supporting Israeli crimes, to help to stop the ongoing catastrophe in the Middle East and to support the forces searching for a just peace. (51)

Diese Petition wurde innerhalb kürzester Zeit weltweit insgesamt 159 Mal unterschrieben, u.a. von 33 jüdischen Persönlichkeiten wie z.B. der alternativen Nobelpreisträgerin Felicia Langer, dem Auschwitzüberlebenden Dr. Hajo Meyer, dem afrikanischen Minister Ronnie Kasrils und dem Politologen Dr. Uri Davis:

1. **Bilha Golan**, Israel, Coalition of Women for Just Peace (CWJP)
2. **Shraga Elam**, Switzerland, Journalist, Nahostforum
3. **Nicole Keppler**, Germany/ France, Industriekauffrau
4. **Dorothy Naor**, Israel
5. **Asaf Shtull-Trauring**, Israel, student
6. **Ayana Elam**, Switzerland, Dressmaker
7. **Dr. Tikva Honig-Parnass**, Israel, Editor Between the Lines
8. **David Raban**, Israel, New Profile
9. **Irene Bruegel**, UK, Professor, Jews for Justice for Palestinians
10. **Avigail Abarbanel**, Australia, Psychotherapist Fully Human Psychotherapy & Counselling Services
11. **Elana Wesley**, Israel, translator, peace and human rights activist
12. **John Sigler**, United States, Jewish Friends of Palestine www.jewishfriendspalestine.org
13. **Hillel Barak**, Israel, IT Professional & Human Rights Activist The Action Committee for One Secular & Democratic Republic
14. **Ron Ganzfried**, Switzerland, IT Methodologist
15. **Andrew Gerson Silver**, USA, Epidemiologist
16. **Shir Hever**, Israel

17. **Moshé Machover**, UK, University professor (emeritus)
18. **Dr. H.J.G. Meyer**, Netherlands (German born), Auschwitz No. 179679
19. **Shimon Tzabar**, United Kingdom, painter, writer
20. **Irit Katriel**,Israel/ Germany, student
21. **Lea Tsemel**, Israel, Lawyer
22. **Michael Warschawski**, Israel, Journalist, Alternative Information Center
23. **Yossi Schwartz**, Israel, Lawyer, Socialist Workers Leage
24. **Yvonne Deutsch**, Israel, social worker, Women in Black
25. **Lenni Brenner**, USA, Journalist, Author of ‚Zionis at the Age of Dictators'
26. **Juliano Mer-Khamis**, Israel/Palestine, Actor
27. **Freda Guttman**, Canada, artist, Jewish Alliance Against the Occupation
28. E**lana Wesley**, Israel, translator
29. **Uri Shani**, Israel, teacher and director
30. **Dino Feldman**, Israel, engineer
31. **Ronnie Kasrils**, South Africa, Minister of Water Affairs and Forestry Active in South Arica's liberation struggle
32. **Tamar Yaron**, Israel, Software & documentation tester
33. **Dr. Uri Davis Senior**, Israel, Research Fellow, Movement Against Israeli Apartheid in Palestine (MAIAP)

Amerikanische Unterstützung

Auch die Grand Dame der amerikanischen Menschen- und Bürgerrechtsbewegung Amelia Boynton Robinson, die zum engeren Mitarbeiterkreis von Martin Luther King in seinem Kampf gegen die Rassentrennung in Amerika gehörte, erklärte sich mit mir solidarisch. Im Rahmen ihrer Europareise im Jahre 2002 machte die mittlerweile über 90jährige einen Abstecher in den Düsseldorfer Landtag, um mich in meinem Engagement für einen gerechten Frieden im Nahen

Osten zu unterstützen. In unserem persönlichen Gespräch griff sie offen die US-amerikanische Regierung an, die Premierminister Scharon freie Hand in seiner Terrorisierung der Palästinenser gegeben hat. Sie ermutigte mich, weiterhin unbeirrt die Verbrechen im Nahen Osten zu thematisieren und die Menschen in Deutschland in dieser Hinsicht wachzurütteln.

Ich erhielt weitere Solidaritätsbekundungen jüdischer Friedensaktivisten aus Israel. Die langjährige israelische Aktivistin und Co-Chefredakteurin der israelisch-palästinensischen Zeitschrift „Between the lines“, Dr. Tikva Honig-Parnass, sowie der berühmte israelische Politologe Prof. Ilan Pappe, die alternative Nobelpreisträgerin Felicia Langer sowie mehrere andere jüdische Friedensaktivisten unterstützten mich in meiner schwierigen Zeit.

Meine vermeintlich antisemitischen Kernaussagen im Zuge der Antisemitismusdebatte finden in ihren Solidaritätsbriefen eine klar formulierte jüdische (!) Untermauerung:

Von Tikva Honig-Parnass

Lieber Jamal Karsli,

Ihre Stellungnahme bezüglich der israelischen brutalen Unterdrückung des palästinensischen Befreiungskampfes kann ich nur sehr unterstützen. Im heutigen Deutschland ist vielleicht noch mehr als in der Vergangenheit Courage und Redlichkeit - wie die Ihrige - , nötig, um der israelischen Propagandamaschine und den Attacken der israelischen Gemeinde entgegenzuwirken. Sie sind es, die den jüdischen Holocaust und den Antisemitismus manipulieren, um Israels Kriegsverbrechen zu rechtfertigen.

Natürlich verwendet Israels Armee Methoden, die von der deutschen Armee wie von jeder anderen Kolonialmacht angewandt wurden. Was aber am ehesten mit dem Nationalsozialismus zu vergleichen ist, sind weniger die genauen und konkreten Praktiken, die bisher von der israelischen Armee ausgeübt wurden. Diese sind vielmehr das Ergebnis der zionistischen Ideologie und des Wertesystems, nach dem die Menschenrechte dem Staat und dessen „Sicherheit“ untergeordnet sind. Die irreführende Behauptung, die israelische kolonialis-

tische Armee kämpfte für das nackte Überleben Israels, und außerdem die totale Dehumanisierung der Palästinenser und infolge davon – auch der Israeli selbst – ebnen verdammterweise den Weg für noch mehr Nazimethoden, einschließlich Massenvertreibung („transfer“) des palästinensischen Volkes.

Machen Sie weiter in dem wichtigen Kampf!

Tikva Honig-Parnass

Von Prof. Ilan Pappe

Lieber Jamal Karsli,

unser gemeinsamer Freund Shraga Elam machte mich auf ihre missliche Lage und die letzten Entwicklungen derselben aufmerksam.

Ich möchte feststellen, dass ich allgemein in Europa und besonders in Deutschland jeden voll unterstütze, der energisch und bedingungslos die brutale und kriminelle israelische Politik in den besetzten Gebieten kritisiert. Jeder Versuch, solche Kritik im Namen des Holocaustgedächtnisses zum Schweigen zu bringen oder sie als Antisemitismus zu brandmarken, ist eine zynische Manipulation der schrecklichen Katastrophe und des Völkermords an den europäischen Juden während des zweiten Weltkrieges.

Deutschland ist heute ein wichtiger aktiver Teil der EU und daher auch ihrer Positionen in der Palästinafrage, genau und gerade wegen der Geschehnisse im Holocaust. Es sollte deshalb kategorisch gegen jede massive Verletzung der Menschenrechte sein, also auch das Töten von Zivilisten und die Besetzung eines anderen Volkes, alles Verbrechen , die Israel seit 1967 begeht.

Ich unterstütze voll Ihr Recht, als deutscher Bürger diese Kritik ausdrücken zu dürfen, ohne durch Beschuldigung des Antisemitismus oder des Pro-Nazismus zum Schweigen gebracht zu werden.

Ich selbst war geschockt, als ich hörte, wie israelische Soldaten die Arme palästinensischer Bürger mit Nummern versahen, ich war nicht weniger geschockt vom wahllosen Schießen auf Zivilisten, von der demütigenden Behandlung der Gefangenen, der Verhinderung von medizinischer Hilfe, dem Räumen von Krankenhäusern und dem Aushungern ganzer Städte. Sind dies nicht Nazi-Methoden? Die Nazis hatten sie eindeutig angewandt, und kolonialistische Bewegungen und Diktaturen jeder Art griffen auch auf diese und ähnliche Mittel zurück.

Das Nummerieren der Palästinenser erinnerte mich, Sohn deutscher Juden, die Deutschland gerade noch rechtzeitig in den Dreißiger Jahren verließen, an Bilder des Holocaust. Auch bekannten Israelis, nicht nur Linken, ging es genau so. In diesem Kontext hatte ich denen in meiner Umgebung gesagt, dass die Verwendung solcher Nazi-Methoden die schlechteste und gemeinste Form israelischer Brutalität darstellt, die im Laufe der langen Besatzungszeit vorgenommen wurde.

Jeder von uns hat seine Art und Weise, wie er sein Erschrecken und seine Entrüstung über Ungerechtigkeit ausdrückt. Diejenigen, die unsere Art angreifen und nicht auf das Wesentliche unserer Argumente achten, weichen bestenfalls den Problemen aus und schlimmstenfalls, so wie es in Ihrem Fall zu sein scheint, nutzen sie die Streitfrage aus, um zynisch alte Rechnungen zu begleichen oder sind durch andere persönliche Berechnungen motiviert.

Ich möchte Ihnen hiermit meine Unterstützung zum Ausdruck bringen und meine Hilfe anbieten.

Mit freundlichen Grüßen! Ilan Pappe (21.06.02)

Briefe wie diese haben mir persönlich sehr geholfen, auch wenn sie, wie erwähnt, in der öffentlichen Diskussion abgewertet oder komplett ignoriert wurden.

Wortwahl oder Inhalt?

Auf den letzten Absatz des oben zitierten Briefes von Prof. Ilan Pappe möchte ich näher eingehen. Ich denke, er enthält einen sehr wesentlichen Aspekt: „Diejenigen, die unsere Art angreifen und nicht auf das Wesentliche unserer Argumente achten, weichen bestenfalls den Problemen aus und schlimmstenfalls, so wie es in Ihrem Fall zu sein scheint, nutzen sie die Streitfrage aus, um zynisch alte Rechnungen zu begleichen oder sind durch andere persönliche Berechnungen motiviert.“ Unterstellt man zumindest einem Teil meiner Kritiker echte Entrüstung, so kann diese sich nur auf meine - vielleicht unbedachte - Wortwahl, nicht aber auf meine inhaltliche Aussage beziehen. Dazu möchte ich einen weiteren Text zitieren, einen Artikel aus der FAZ:

Das N-Wort

„Ein Vergleich mit der Ermordung von sechs Millionen Juden im schlimmsten Abschnitt der deutschen Geschichte ist ungeheuerlich und offenbart eine Geisteshaltung, die in der liberalen Familie nichts zu suchen hat.“ So sprach Guido Westerwelle. Hatte der israelische Journalist Shraga Elam , dessen Brief an Jamal Karsli der Empfänger als „sehr lesenswert“ weitergeleitet hatte, denn Auschwitz im Sinn, als er den „Vergleich zwischen der NS-Judenpolitik und der jetzigen israelischen Palästinenserpolitik“ gerechtfertigt nannte? Wollte er seiner Regierung vorwerfen, die Siedlungen in den besetzten Gebieten seien getarnte Vernichtungslager? Mit Sicherheit nicht. Der Vorwurf lautet, die israelischen Besatzer machten den Palästinensern das Leben systematisch unmöglich, sie behandelten die Flüchtlingslager wie die deutschen Besatzer in Osteuropa die jüdischen Ghettos. Man kann nicht bestreiten, dass Elams Brief wirklich sehr lesenswert ist. Er dokumentiert eine Sicht des Nahostkonflikts, die nicht nur in der arabischen Welt verbreitet ist, aus der Karsli stammt, sondern auch in der israelischen Friedensbewegung. Um ihre Opposition im Überlebenskrieg der Nation zu legitimieren, bemühen die Friedensaktivisten das schwerste Geschütz: die Anklage, der Staat der Holocaust-Opfer verwende die Methoden der Täter. Westerwelle schreckt vor nichts zurück: Um Karslis Verstoßung herbeizuführen, musste er einen Israeli als Antisemiten hinstellen. Die Freunde Israels können über den Ausgang des Machtkampfs in der FDP keine Genugtuung empfinden. Wenn nun vor den keuschen Ohren der liberalen Familienmitglieder die bösen Vokabeln nicht mehr genannt werden sollen, in denen die israelische Opposition selbst die Regierung Scharon tadelt, wird das keine gerechte Beurtei-

lung dieser Regierung bewirken. Im Gegenteil: Nun wird erst recht nicht mehr gefragt werden, welche staatspolitische Notwendigkeit Scharon zu Maßnahmen veranlasst, die selbst bei wohlmeinenden Beobachtern unangenehme Erinnerungen wecken können. Der Lärm um Möllemann hat die Beifallsstürme übertönt, die auf dem Mannheimer Parteitag auch der brave Wolfgang Gerhardt mit plumper Kritik an Israel erntete: „Seine Panzer Häuser niedermachen zu sehen schockiert uns." Der deutsche Biedermann darf seinen Gefühlen freien Lauf lassen, solange er schlauer ist als der gebürtige Syrer und das N-Wort unterdrückt. „Seine militärischen Maßnahmen in Gebieten, in denen er im wahrsten Sinne des Wortes nichts zu suchen hat, halten wir für falsch." Geschmackvoll verdeckt, der wahre Sinn dieser Worte: Juden raus aus den Autonomiegebieten. Gerhardt würde sich gewiss auf Resolutionen des Sicherheitsrates der Vereinten Nationen berufen. Seltsam nur, dass die Palästina-Politik der Vereinten Nationen unter jenem Axiom der Gleichsetzung von Zionismus und Rassismus steht, aus dem man Karsli den Strick gedreht hat. Die naive Mahnung, es fehle am Mut zum ersten Schritt, ist nicht antisemitisch, aber antiisraelisch: Sie offenbart ein Versagen der moralischen Phantasie, einen Mangel an Einfühlung in die Existenzart eines freien Volkes. Ob nicht Möllemann, die Kämpfernatur, Israel am Ende besser versteht als Westerwelle, der durch Redeverbote Frieden stiftet? Pba. (FAZ, 07.06.2002) (52)

Auch der Bundestagsabgeordnete und langjährige Arbeitsminister Norbert Blüm (CDU), der sich ebenso kritisch wie ich und Herr Möllemann zum israelischen Vorgehen geäußert hatte, stellt unmissverständlich klar, dass die Wortwahl gegenüber dem Anliegen, auf Menschenrechtsverletzungen aufmerksam zu machen, doch wohl nur sekundär sein kann:

„Ich streite mich nicht um Wortwahl, sondern über Tatsachen, welche die Worte zu beschreiben suchen. ... Es geht um furchtbare Realitäten, und die sind wichtiger als Etymologie. Es geht um Morde nicht um Worte."

Es ist bezeichnend, dass die deutsche Antisemitismusdebatte sich fast ausschließlich auf die Diskussion eben dieser Wortwahl konzentriert.

Kaum jemand beschäftigt sich mit dem Inhalt der Worte: Der grausamen Verletzung von Menschenrechten in Palästina. Mir scheint es fast so, als wolle man dieser Thematik aus dem Weg gehen, als wolle man nicht hinschauen müssen, denn dann befände sich die deutsche Politik in einer wahren Zwickmühle.

Zaghaftes, vorsichtiges Kritisieren der israelischen Gewaltpolitik ist hier und da zu hören. Das entlastet das Gewissen und bekräftigt die Mähr, es gäbe kein Tabu der Israelkritik. Gleichzeitig ist die Kritik jedoch so leise und in nette Worte gepackt, dass man keine Angst zu haben braucht, dass irgendjemand sich tatsächlich auf die Füße getreten fühlt.

Wie bereits erwähnt, bildet der Bundestagsabgeordnete Norbert Blüm in dieser Hinsicht eine erfrischende Ausnahme. Ich würde mir wünschen, seine Konsequenz, seine Prioritäten und damit seinen Mut, mit der er sich für die Menschenrechte einsetzt, öfter in der deutschen Öffentlichkeit anzutreffen. Er hatte in einem Brief an den israelischen Botschafter Shimon Stein von einem „Vernichtungskrieg" der Israelis in Palästina gesprochen. Ein Entrüstungsschrei hallte auch hier durch Deutschland. In einem Interview mit dem „Stern" äußert er sich dazu wie folgt:

Der Vorwurf des Antisemitismus wird auch als Knüppel benutzt

Wie kein Unions-Politiker vor ihm, greift Norbert Blüm im Stern-Gespräch die Kriegspolitik des israelischen Ministerpräsidenten Ariel Sharon an.

Interview: Hans-Ulrich Jörges, Hans Peter Schütz

Herr Blüm, [...] ***halten Sie die Wortwahl Ihrer Kritik an Israel wirklich für angemessen? »Vernichtungskrieg« ist Nazi-Jargon.***

Ich streite mich nicht um Wortwahl, sondern über Tatsachen, welche die Worte zu beschreiben suchen. Ich lass mich dabei von niemand zum Nazisprecher machen. In Israel/Palästina findet ein Kampf statt, bei dem offenbar keine Regeln und humanitären Rücksichten gelten, auch nicht die des Kriegs-Völkerrechts. Auf beiden Seiten herrschen entfesselte Rachegelüste, und die machen bekanntlich blind. Rechtfertigen die palästinensischen Terrorattentate das Beschießen von Krankenwagen? Palästinenser müssen ihre Toten in Löchern vor der Haustüre verscharren, weil man sie nicht auf den nahen Friedhof lässt. Dann werden von Israel 5000 Olivenbäume in palästinensischem Gebiet vernichtet. Der Stein vom Kölner Dom auf einem Platz in Bethlehem, der für Städtepartnerschaft stand, wurde von israelischen Panzern - vorwärts, rückwärts - zermalmt. Was hat das mit Kampf gegen den Terrorismus zu tun? Das alles ist blind-wütig - ein anderes Wort fällt mir hierfür nicht ein.

Dieses ist noch kein Vernichtungskrieg.

Die Israelis kümern sich einen Dreck um das, was die UN beschließen. Rückzug ihrer Truppen - abgelehnt. Eine UN-Untersuchungskommission nach Jenin - kommt nicht infrage. Keine neuen Siedlungen mehr - seit dieser Abmachung sind Tausende Siedler hinzugekommen, und das größte Siedlungsprojekt wird ausgerechnet jetzt in Gang gesetzt. Wie wollen wir da die moralische Autorität der UN zum Beispiel gegen Saddam Hussein einsetzen? Saddam wird lachen und sagen: Setzt erst mal die Beschlüsse gegen euren Freund Israel durch.

Ist Ihnen das Wort Vernichtungskrieg nicht nur rausgerutscht?

Ich habe nach einem Wort gesucht, das diese blindwütige Rache ausdrückt, mit der Israels Premier Sharon vorgeht. Nicht alle Israelis billigen diese Politik. Ich beziehe das Wort ausdrücklich auf ihn. Sharon versteht etwas vom Kriegshandwerk, vom Frieden offenbar nichts. Sein Marsch auf den Tempelberg war eine folgenschwere provokative Kraftmeierei. Wenn die deutsche Vergangenheit dazu benutzt wird, uns jede Kritik zu verbieten, dann wäre die deutsche Schuld mit einer Form von Denkverbot verbunden. Provokative Kritik ist geboten, sonst kommt man nie raus aus dem Teufelskreis von Selbstmordattentaten, die ich verabscheue, und maßloser Vergeltung Israels, bei der ebenfalls der Tod von Kindern in Kauf genommen wird. Diplomatisches Zureden hilft da nichts. Die Israelis müssen begreifen: Rache schafft nur Hass, und auf Hass lässt sich keine Sicherheit aufbauen.

Was konkret werfen Sie Sharon vor?

Blindwütiges Zurückschlagen, dessen Sinn ich nicht erkenne. Wenn man Arafat auffordert, seine Anhänger zur Räson zu bringen, dann kann man ihm nicht zuvor die Fernseh- und Radiostationen zerstören und den Strom sperren. Das ist Zynismus - so als wenn ich jemand die Beine zertrümmere und ihn anschließend auffordere: Laufen Sie aufrecht!

Wenn man Ihren Argumenten folgt, dann bleibt immer noch das Wort von Ralph Giordano an Sie, wer wisse, was Vernichtungskrieg für Juden bedeute, der dürfe dieses Wort gegen sie nicht verwenden.

Es geht um furchtbare Realitäten, und die sind wichtiger als Etymologie. Es geht um Morde und nicht um Worte. Ich kann in den Aktionen der israelischen Militärs keinen Abwehrkampf gegen den Terrorismus sehen - sondern nur Vernichtung. Wenn Kinder getötet werden, wenn eine Mutter mit ihrem lebensgefährlich erkrankten Kind nicht in die Klinik darf, dann nenne ich das Vernichtung. Ja, wir Deutschen haben eine Vergangenheit zu bewältigen. Aber meine Vergangenheitsbewältigung ist eine Zukunftsbewältigung, in der niemand gequält und ermordet wird.

Daraus leiten Sie die Verpflichtung ab: Nie mehr schweigen, sondern vernehmbar sprechen?

Ich habe mich deswegen mit Chiles Diktator Pinochet angelegt und mit Südafrikas Botha. Beide Gespräche endeten mit dem Satz: »Auchwitz: Ausgerechnet ihr Deutschen kommt uns mit dem Vorwurf der Verletzung der Menschenrechte.« Ich habe geantwortet: »Gerade deshalb.«

Wenn Sie sagen, Sharon betreibt einen Vernichtungskrieg, dann sagen Sie auch, er ist ein Verbrecher.

Krieg ist keine Lösung. Aber selbst für den Krieg haben die zivilisierten Staaten Regeln. Und diese Regeln werden missachtet in der Auseinandersetzung zwischen Israel und Palästina.

Dann gehörte Sharon aber vor ein Internationales Tribunal gestellt.

Das führt an der entscheidenden Frage vorbei: Wie schnell kann das wechselseitige Morden beendet werden? Es geht jetzt um akute Lebensrettung und nicht um langwierige juristische Klärungen.

Sie weichen aus. Wenn Sie sagen, da findet ein Vernichtungsfeldzug statt, dann stellt sich schon die Frage: Wie geht die internationale Gemeinschaft dagegen vor?

Die schafft es ja nicht mal, einstimmige Beschlüsse des UN-Sicherheitsrates durchzusetzen. Wir müssen daher zunächst mit aller Kraft ein Ende der Gewalt erreichen.

Wird der Vorwurf des Antisemitismus erhoben, um Kritik an Israel zu verhindern?

Der Vorwurf des Antisemitismus wird auch als Knüppel benutzt, um jeden Hinweis auf die Missachtung der Menschenrechte totzumachen.

Wird Ihnen Antisemitismus vorgeworfen?

Das kann sein, aber es trifft mich nicht. Ich werde mich immer schützend vor Juden stellen, die angegriffen werden. Ich rate allen, vorsichtiger mit dem Begriff Antisemitismus umzugehen. Die Ressentiments, die über Jahrhunderte gewuchert sind, sind leider nicht total überwunden. Aber unser Land ist kein Land der Antisemiten.

Warum schweigt Ihre Partei an der Spitze zu diesem Problem?

Sie schweigt nicht. Aber die Diskussion ist mir zu akademisch. Das reicht, um das eigene Gewissen zu beruhigen, löst aber nicht den heilsamen Schock aus, der zur Besinnung der Palästinenser und Israelis führen muss.

Was heißt Schock?

Kein Hauch Verständnis für Selbstmordattentate, und die Israelis müssen wissen, dass ihnen für ihre Rachepolitik die Anhänger ausgehen. Und da Israel auf Freunde angewiesen ist, zu denen ich mich zähle, muss man ihnen sagen, dass es für ihre Politik bald nicht die Spur einer Unterstützung gibt. Irgendjemand muss dazwischengehen. USA, Europa ... Die im Todeskampf stehenden Ringer müssen auseinander gerissen werden.

Ihre Parteiführung denkt nicht daran, dazwischenzugehen.

Das Thema taugt überhaupt nicht für den Wettbewerb: Wer geht energischer dazwischen. Wenn wir das auf die Ebene bringen, ob Schröder energischer reagiert hat oder Stoiber, dann hat das Thema schon wieder verloren.

Kann man sagen, dass hierzulande der Umgang mit dem Holocaust eine teils hysterische, teils infantile Form der Auseinandersetzung nach sich zieht?

Holocaust kann mit nichts verglichen werden. Er ist das Superverbrechen der Menschheit. Wir befinden uns dabei auf einem Feld, das von Irrationalismen überwuchert ist. Die beseitigen wir nicht, indem wir das Thema verdrängen oder nur noch in abgehobenen feierlichen Reden behandeln. Die Frage ist: Was tun wir, damit diese über Jahrhunderte in die Diaspora verstreuten, gequälten, geschundenen Juden endlich ein Stück Land finden, das ihres ist? Mit dem Herrn Sharon finden sie es nicht. Jerusalem ist eine Hauptstadt der drei großen monotheistischen Religionen. Es könnte die Friedenshauptstadt der Welt werden, wenn alle drei sich daran erinnern, dass alle Menschen Kinder Gottes, also Geschwister sind.

(18.06.2002) (53)

Noch ein jüdischer Antisemit!

Zu der Etikettierung „Antisemit" möchte ich den Leserbrief eines jüdischen Nobelpreisträgers zur Antisemitismusdebatte wiedergeben, den ich in der FAZ gefunden habe:

WORÜBER WIRD GESTRITTEN?

von Jack Steinberger

Ich möchte mich zu der Polemik um die Äußerungen Jürgen W. Möllemanns, des stellvertretenden Vorsitzenden der Freien Demokraten, zum israelisch-palästinensischen Konflikt äußern. Da ich mich nur aus der internationalen Presse informiere, mag ich unzureichend informiert sein, dies bitte ich zu entschuldigen.

Zu meinem persönlichen Hintergrund: Ich bin ein in Genf lebender Jude, der 1943 im Alter von 13 Jahren aus Nazi- Deutschland emigrierte und später Physiker wurde (Nobelpreis für Physik 1988). Die Streitpunkte sind: Was muss getan werden, um den Nahost- Konflikt zu lösen? Und waren die Bemerkungen Möllemanns antisemitisch?

Zum ersten: Nach meinem Verständnis sind die Palästinenser genauso Menschen wie die Juden und haben ein Recht auf einen unabhängigen Staat in Palästina, obwohl sie 1967 einen Krieg verloren haben und ihr Land seitdem besetzt ist, kolonialisiert durch mehr als hundert jüdische Siedlungen, die durch von israelischem Militär kontrollierte, ihr Land zerschneidende Strassen verbunden sind. Der erste Schritt zu einem international annehmbaren Frieden sollte deshalb die einseitige, bedingungslose Auflösung der israelischen Siedlungen im Westjordanland, in Jerusalem und dem Gazastreifen sein sowie die internationale Anerkennung zweier unabhängiger Staaten, Palästina und Israel. Ich glaube, wenn dies erreicht ist, können diese zwei Nationen - und mit guten Gründen - friedlich Seite an Seite leben, mit engen politischen und wirtschaftlichen Verbindungen zum Wohle beider.

Die Berichte, die ich über Möllemanns Äusserungen lese, waren im Grunde ähnlich, und ich verstehe nicht, wie diese als antisemitisch eingestuft werden können. Wenn Kritik an irgendeiner Handlung Israels antisemitisch ist, dann ist Kritik an irgendeiner Handlung irgendeines arabischen Staates antiislamisch. Dies ist natürlich inakzeptabel. Israel muss wie jeder andere Staat für seine Handlungen verantwortlich sein. Es muss erlaubt sein, Israel zu kritisieren, ohne mit dem Etikett „antisemitisch" belegt zu werden. (54)

Apartheid in Israel

Der renommierte Politologe Uri Davis, seit 1984 PLO-Mitglied und einziges jüdisches Mitglied des Palästinensischen Nationalrates und Delegierter der Nichtregierungsorganisation Union of Arab Country Based Associations, hat sich seit Jahrzehnten mit der israelischen Politik auseinander gesetzt. Er kommt zu dem eindeutigen Ergebnis, dass Israels Gesetzgebung auf Apartheid basiert. Er plädiert außerdem für das strikte Auseinanderhalten unterschiedlicher Begriffe. In einem Interview mit der Frankfurter Rundschau nennt er die Gleichsetzung von Opposition zum Zionismus mit Antisemitismus, die Grundlage für meine Diffamierung war, unmissverständlich unsinnig. Das Interview behandelt Davis Aussage mit dem gleichnamigen Titel:

Israel ist rassistisch (Auszüge)

Frankfurter Rundschau: *Die Anti-Rassismus-Konferenz wird von der Diskussion um den Nahen Osten beherrscht. War es nicht unfair von der arabischen Welt, dieses Podium für ihre Zwecke zu benutzen?*

Uri Davis: *Dass dieses Thema so in den Vordergrund trat, ist ja nicht Schuld der arabischen Welt. Israel ist wohl das einzige Land der Welt, in dem der Rassismus Aufnahme in das Rechtssystem gefunden hat. Israel ist ein Apartheidsstaat. Und deswegen muss diese Frage im Mittelpunkt dieser Konferenz stehen.*

FR: *Inwiefern ist der Rassismus in Israel geschriebenes Recht?*

UD: *Nehmen Sie etwa die Landgesetze. Die sind schlimmer, als die Rechtslage in Südafrika unter der Apartheidsherrschaft war. In Israel sind 93 Prozent des Landes für Juden reserviert. Nichtjüdischen und arabischen Einwohnern, die immerhin 20 Prozent der Bevölkerung ausmachen, stehen weniger als sieben Prozent der Fläche zur Verfügung. Oder die Klassifizierung der Wohngebiete: Eine Million palästinensische Araber, 20 Prozent der Bevölkerung, sind per Gesetz auf 2,5 Prozent der Siedlungsgebiete ghettoisiert.*

FR: *Es war von vorneherein klar, dass sich die USA gegen eine Verurteilung Israels sträuben würden. Indem die arabische Welt darauf bestand, hat sie einen Erfolg der Konferenz bewusst aufs Spiel gesetzt.*

UD: *Ich weiß, warum die USA sich so gegen die Klassifizierung Israels als Apartheidsstaat wenden. Das hätte rechtliche Konsequenzen: Fast zwangsläufig müssten die Vereinten Nationen Sanktionen gegen Israel verhängen. Ein Wirtschaftsboykott müsste* *natürlich noch vom UN-Sicherheitsrat verabschiedet werden, wo die USA wieder ihr Veto einlegen würden. Aber immer, wenn sie das tun, zahlen sie einen politischen Preis dafür. Und eines Tages wird der Preis zu hoch sein.*

***FR:** Das klingt nach langem Atem.*

***UD:** Ich bin alt genug, um langfristig zu denken. Es wird wohl noch ein paar Jahre dauern, bis es solche Sanktionen gibt. Aber ich bin hundertprozentig sicher, dass die Amerikaner eines Tages kein Veto mehr einlegen werden. Und dann wird Palästina befreit werden wie einst Südafrika. ...*

***FR:** Das Forum der Nichtregierungsorganisationen hat zwar Israel als „Apartheidsstaat" verurteilt, aber einen Passus, in dem der Antisemitismus gegeißelt wird, aus ihrer Abschlusserklärung gestrichen. Ist das nicht ein Skandal?*

***UD:** In dem Passus wurde die Opposition zum Zionismus als Antisemitismus bezeichnet. Es war richtig, diesen Absatz herauszunehmen, weil diese Gleichsetzung unsinnig ist.*
(4. September 2001) (55)

Unterstützung vom Altkanzler

Auch Altkanzler Helmut Schmidt kritisierte in einem Interview mit der Leipziger Volkszeitung die Art und Weise, wie sich Israel als Besatzungsmacht benehme. Hinzu komme, dass die Nahost-Politik der USA über Jahrzehnte keine erkennbare Kontinuität gezeigt habe. Darüber müsse geredet und dürfe gestritten werden. „Wenn aber geltungsbedürftige Leute sich des Themas annehmen, wie z.B Herr Möllemann , dann erheben andere alsbald den Vorwurf des Antisemitismus," sagte Schmidt. Wenn das ein Deutscher mache, werde er schnell verdächtigt als Antisemit. Aus Besorgnis, in eine falsche Kiste gepackt zu werden, seien viele Deutsche, auch Politiker, zurückhaltend in Bezug auf Israel.

Um wessen Existenzrecht geht es ?

Helmut Schmidt greift einen weiteren wesentlichen Punkt in der Antisemitismusdebatte auf: „Keiner käme jedoch auf die Idee, einen gebürtigen Israeli, der vom Existenzrecht Israels überzeugt ist, für einen Antisemiten zu halten, weil er Herrn Scharon kritisiert." Immer wieder wurde über das Existenzrecht Israels in anerkannten Grenzen gesprochen. Dabei schwang die Behauptung mit, es gebe eine bemerkenswerte Anzahl von (antisemitischen) Menschen, die dies in Frage stellen würden. Das Gegenteil ist der Fall: Es gibt kaum jemand, ausgenommen einige radikale Palästinenser, der Israels Existenzrecht in Frage stellt!

Ludwig Watzal formuliert, inwiefern das Gegenteil der Fall ist:

Es ist nicht die Existenz Israels, die bedroht ist, sondern die Existenz Palästinas, das durch Israel bedroht ist:

Dass Israel der einzige Staat der Welt ist, der seine Außengrenzen nicht definiert hat, sollten die Politiker eigentlich wissen. Dieses Existenzrecht steht weder zur Disposition noch wird es von irgendwem in Frage gestellt. Wenn das Existenzrecht eines Volkes zur Disposition steht, dann ist es jenes der Palästinenser. Statt Israel zu drängen, das Selbstbestimmungsrecht der Palästinenser endlich anzuerkennen, spricht man in ritualisierter Form über die Bedrohung Israels, die von immer weniger Menschen verstanden wird, da das rücksichtslose Vorgehen der israelischen Besatzungstruppen vor Ort mit der Debatte in Deutschland nur schwer in Einklang zu bringen ist. [...]

Obwohl die bilateralen Beziehungen zwischen Israel und Deutschland auf politischem, wirtschaftlichem, technologischem, sozialem und kulturellem Gebiet äußerst intensiv und ausgezeichnet sind, gelingt es von deutscher Seite nicht, nüchtern mit Israels Politik umzugehen. [...] die politische Klasse in Deutschland [weigert sich beharrlich], Israel als einen normalen Nationalstaat und das israelische Volk als ein Volk wie jedes zu betrachten. Gerade diese Normalisierung der Lage des europäischen Judentums war das erklärte Ziel der zionistischen Bewegung. Theodor Herzl und seine Mitstreiter wollten durch die Gründung eines jüdischen Staates einen Nationalstaat schaffen, der gleichberechtigt in der internationalen Staatenwelt dem jüdischen Volk ein normales Leben wie jedem anderen Volk garantieren sollte, um dadurch dem latenten Antisemitismus den Boden zu entziehen. Dieses Ziel des Zionismus ist seit 54 Jahren realisiert. Die letzte große Aufgabe dieser Nationalbewegung besteht darin, dem palästinensischen Volk sein Selbstbestimmungsrecht zuzugestehen. (56)

Die wiederholt formulierte Bedrohung des Staates Israel wird immer wieder als Begründung für die radikale Vergeltungspolitik Scharons angegeben. Die bedrohte Situation des Staates Israel ist jedoch nur schwer nachzuvollziehen, wenn man sich vor Augen führt, dass

- Israel eine Atommacht ist,
- sein Militärhaushalt dreimal so groß ist wie von allen benachbarten arabischen Staaten zusammen,
- in seine Armee bis heute mehr als 100 Milliarden Dollar amerikanischer und deutscher Militärhilfe für modernste Rüstungstechnologie geflossen sind,
- Israel atomare, biologische und chemische Waffen besitzt und nicht bereit ist, dem Atomwaffensperrvertrag beizutreten,
- Israel der weltweit drittgrößte Waffenhändler nach den USA und Großbritannien ist,
- Israel die viertstärkster Armee der Welt hat.

An dieser Stelle kann ich nur noch einmal an die Aussage Moshe Zuckermanns erinnern:

Jeder Krieg, der zum Ziel hat, Israel sein Existenzrecht abzusprechen, hätte zur Folge, dass der gesamte Nahe Osten in Schutt und Asche liegen würde.

Erstens: Wer wollte das tatsächlich in Betracht ziehen? Zweitens: Palästina ist ein am Boden liegendes 3. Welt-Land. Es hat nicht den Funken einer Möglichkeit, Israels Existenzrecht ernsthaft in Frage zu stellen. Die palästinensischen Selbstmordattentate in Israel sind für die betroffenen Menschen unbestritten schrecklich. Dennoch muss man sie als Verzweiflungsaktionen eines seit Jahrzehnten unterdrückten, ohnmächtigen und gedemütigten Volkes und nicht als ernsthafte Bedrohung des Staates Israel einstufen. Die brutale israelische Politik und die daraus resultierende Perspektivlosigkeit der Palästinenser führen zu diesen Aktionen. Beseitigte man den Grund für diese Verzweiflungsakte, nämlich die israelische Besatzung, so wäre dies der entscheidende Schritt auf dem Weg zum Frieden.

Trauma kontra Leben?

Die Traumatisierung des jüdischen Volkes durch seine beispiellose Erfahrung im Holocaust ist verständlich und nachvollziehbar. Auch die hieraus hervorgegangene Übersensibilisierung und der tendenzielle Verfolgungswahn der Juden sind erklärlich. Er muss jedoch trotz aller Plausibilität ein Ende finden, wenn er auf Kosten von Abertausenden unschuldiger Frauen, Kinder und alter Menschen in einen blindwütigen Vernichtungskrieg, wie Norbert Blüm es zu Recht nannte, mündet. Da ich einleitend von „dem jüdischen Volk an sich" gesprochen habe, möchte ich an dieser Stelle unmissverständlich darauf hinweisen, dass der Vernichtungskrieg gegen die Palästinenser weder vom gesamten jüdischen Volk betrieben noch befürwortet wird. Diesen betreibt die israelische Regierung unter Leitung von Ariel Scharon, die sich in ihrem Vorgehen allerdings auf die traumatisierte Erfahrung des jüdischen Volkes beruft. Nur in diesem Bezug habe auch ich an dieser Stelle vom gesamten jüdischen Volk gesprochen.

Den unverhältnismäßigen Verfolgungswahn der Israelis erkennt auch der bekannte jüdische Publizist Richard Chaim Schneider. In seinem Beitrag für die Süddeutsche Zeitung beschreibt er ihn folgendermaßen:

Egal, ob die Vorwürfe stimmen oder nicht - entscheidend ist, dass bei Juden dieser Eindruck entstanden ist [dass Antisemitismus ein entscheidender Faktor bei der europäischen Berichterstattung über den

Nahostkonflikt ist, Anmerk. d. A.]. Die Folge: eine generelle Ablehnung jeglicher Israel-Kritik, selbst wenn sie sachlich berechtigt ist. Sie wird inzwischen per se als „antisemitisch" begriffen, der jüdische Reflex, sich stets gleich bedroht zu fühlen, ist derzeit stärker ausgeprägt als sonst und bewirkt, dass auch in Europa die emotionale Schärfe der Auseinandersetzung um den Nahostkonflikt wächst. (05.04.2002) (57)

Deutsche Kollektivreflexe

Ein Merkmal für eine Auseinandersetzung, deren „emotionale Schärfe wächst", ist das Verlassen einer sachlichen und nüchternen Basis. Im vermeintlichen Kampf für die „political correctness" steckt die Gefahr, eine andere gefährliche Strömung in Gang zu bringen. Eine solche gesellschaftliche Entwicklung, in der im Namen des „moralisch Anständigen" eine kollektive Hetzkampagne veranstaltet wird, ist meines Erachtens nach wesentlich bedrohlicher als die Diskussion von wunden Punkten (obwohl die bekanntermaßen auch weh tun können). Uwe Knüpfer bestätigt diese Auffassung in seinem Kommentar zur Antisemitismusdebatte „Furchtbar einig" (Auszüge):

[...] Besorgniserregender aber als die Sprüche und Motive der Herren Karsli und Möllemann ist der Kollektivreflex der deutschen Öffentlichkeit auf diese Affäre.

Jemand wie Karsli, hieß es, habe in einer guten deutschen Partei nichts zu suchen. Kaum jemand traut sich, dieser Behauptung zu widersprechen. Warum? Aus Angst vor Klassenkeile oder davor, selbst als verdeckter Antisemit enttarnt zu werden?

Diese Angst ist so unberechtigt nicht, hat die Antisemitismus-Keule doch auch Jürgen Möllemann erwischt. Von Möllemann kann man halten, was man will: er ist gewiss kein Antisemit.

Wenn es ihn treffen kann, kann es jedermann treffen. Wer verspürt da nicht den Reflex, den Kopf einzuziehen? Bloß jetzt nichts Falsches sagen! Dieser Reflex hat in Deutschland Geschichte.

Wenn aber einer wie Karsli in einer guten deutschen Partei wie der FDP keine Heimat finden darf, wo denn dann? Bei Al Kaida? Oder soll er gleich nach drüben gehen, nach Syrien, wo er einst hergekommen ist? Übrigens hat man Herrn Karsli, bevor er den Grünen den Rücken kehrte, weithin für einen zivilisierten Menschen gehalten.

Was tun wir, was beweisen wir, wenn wir jemandem den Teppich unter den Füßen wegziehen, der im Vorgehen der israelischen Regierung gegen Palästinenser „Nazi-Methoden" erkennt? Aus der Perspektive palästinensischer Flüchtlingscamps verschwimmt nun mal der Unterschied zwischen israelischen Besatzern im Westjordanland und dem Vorgehen der Wehrmacht in Nordafrika.

Wir hier in Friedensdeutschland nehmen eine andere Perspektive ein. Für uns ist ein solcher Vergleich ungeheuerlich und unhistorisch. Die Last der deutschen Schuld hat uns in einer Weise sensibilisiert, die Menschen mit Wurzeln in anderen Kulturkreisen fremd ist. Doch Demokrat zu sein heißt auch, solche Unterschiede wahrnehmen und aushalten zu können.

Deutschen ist es auferlegt, bedachtsamer mit jüdischen Empfindungen umzugehen als andere. Doch daraus darf keine Verpflichtung entstehen, jemanden aus der Gemeinschaft der Demokraten auszugrenzen, der seine Kritik an israelischer Politik in andere Worte kleidet, als es Deutschen zusteht. Der Affäre Karsli folgte ein kollektiver Ruf, der schaudern lässt: Verurteilt ihn!

Über diese Bereitschaft zur geistigen Gleichschaltung vieler Deutscher sollte der Zentralrat der Juden in Deutschland heftiger erschrecken als über Karsli und Möllemann. (58)

Ich denke, die Unverhältnismäßigkeit zwischen Anlass (meinen Äußerungen) und öffentlicher Reaktion (niederschmetternder Hetzkampagne bis zum Rufmord) wird hier noch einmal sehr deutlich.

Noch ein rechtsradikaler Friedensaktivist?

Uri Avnery hat sich in einem Interview eingehend zur Antisemitismusdebatte um den „Fall Karsli" geäußert. Es wurde übrigens von der berüchtigten „Jungen Freiheit" geführt. Die Tatsache, dass ein allseits anerkannter und verehrter Mann wie Uri Avnery mit dem Blatt spricht, wirft vielleicht auch noch einmal ein anderes Licht auf die damals unisono propagierte Einstufung, dass man seine eigene rechtsradikale Gesinnung zu erkennen gibt, wenn man mit dieser Zeitung ein Interview führt...

Da Uri Avnery viele wesentlichen Diskurselemente in der Antisemitismusdebatte anspricht, möchte ich das Interview sehr ausführlich wiedergeben. Vor allem seine Kritik am Zentralrat der Juden bestätigt meine eigene Auffassung und belegt den Grund für die von den Herren Spiegel und Friedman geführte Hetzkampagne gegen mich:

Wir wollen keine Sonderrolle

Uri Avnery über Antisemitismus und die Kritik an Israel

von Moritz Schwarz

Herr Avnery, in Deutschland ist durch ein Interview unserer Zeitung mit dem syrischstämmigen Landtagsabgeordneten Jamal Karsli ein bereits schwelender Streit um die Frage, welche Kritik an der Politik Israels erlaubt ist, ausgebrochen. Der Streit ist inzwischen vor allem in Gestalt einer Auseinandersetzung zwischen dem FDP-Politiker Jürgen Möllemann und dem stellvertretenden Vorsitzenden des Zentralrates der Juden in Deutschland, Michel Friedman, eskaliert. Die Frage, die derzeit in Deutschland diskutiert wird, lautet: Darf man Israel kritisieren und wenn ja, in welchem Maße?

Avnery: Man darf Israel nicht nur kritisieren, meiner Ansicht nach muß man es sogar tun. Israel ist ein Staat wie jeder andere, und wir sind ein Volk wie jedes andere. Wir wollen keine Sonderrolle. Denn jede Art von Sonderbehandlung beinhaltet schließlich schon eine Form von Antisemitismus.

Eine positive Sonderbehandlung jüdischer Angelegenheiten ist also ein Ausdruck von Antisemitismus?

Avnery: Natürlich, denn solch eine Sonderbehandlung geschieht schließlich, weil wir Juden anders angesehen werden, als andere Menschen. Das lehne ich ab.

Es gibt allerdings auch Kritik, die nicht mehr statthaft ist. Wo beginnt also der Antisemitismus in der Debatte?

Avnery: Die Frage ist, von welchem Standpunkt aus übt man Kritik. Bejaht man etwa das Existenzrecht Israels oder zielt die Kritik darauf, dies Israel abzusprechen. Wenn man sein Land liebt, dann muß es auch gestattet sein, die Politik seiner Regierung zu kritisieren.

Antisemitisch wäre demzufolge Kritik, die Israel als Staat bekämpft?

Avnery: Sie denken da in einem verhängnisvollen Dualismus. Man sollte nicht zwischen Israel und Palästina wählen, weil meiner Ansicht nach die wahren Interessen Israels und Palästinas beinahe identisch sind: Beide Völker brauchen den Frieden! Und die große Mehrheit unseres Volkes ist auch bereit, die besetzten Gebiete zurückzugeben, Jerusalem zu teilen und einem Palästinenser-Staat zuzustimmen. Ariel Scharon genießt zwar als Person das Vertrauen der Mehrheit der Israelis, gleichzeitig jedoch mißbilligt die Mehrheit die inhaltlichen Elemente seiner Politik. So gab es etwa vor wenigen Tagen in Tel Aviv eine Demonstration mit 70.000 Menschen, die für eine Rückgabe der besetzten Gebiete votierten.

Ihre Familie ist 1933 aus Deutschland geflohen, Sie selbst haben als Zehnjähriger die Stimmungsmache der Nationalsozialisten gegen die deutschen Juden erlebt. Es gibt also eine „Form der Kritik", die den Tatbestand des Antisemitismus erfüllt.

Avnery: Natürlich gibt es auch Antisemitismus, aber ich warne davor, das mit Kritik an Israel gleichzusetzen. Dann wären wir, die politischen Gegner Scharons hier in Israel übrigens auch alle Antisemiten. Nein, Antisemitismus hat Merkmale, die klar erkennbar sind, Kritik an Israel zu üben, gehört allerdings nicht dazu.

Sondern?

Avnery: Antisemitismus ist eine Art Geisteskrankheit, die man instinktiv erkennt. Wir alle kennen klassische Beispiele solcher antisemitischer Propaganda. Außerdem vergessen all jene, die nur allzu leichtfertig überzogene Antisemitismus-Vorwürfe austeilen, die Gefahr, daß dann die wahren Antisemiten unerkennbar werden.

Jürgen Möllemann wirft Michel Friedman vor, dessen überzogene Antisemitismus-Vorwürfe verursachten erst Antisemitismus.

Avnery: So formuliert, kann das leicht zu der Schlußfolgerung führen, die Juden seien selbst Schuld am Antisemitismus ...

Möllemann zielt nicht auf die Juden, sondern auf den Mißbrauch des Antisemitismus-Vorwurfes.

Avnery: Ich habe das auch nicht so verstanden, ich meine nur, diese Formulierung ist gefährlich.

Der Deutsch-Syrer Jamal Karsli warf - damals noch Abgeordneter der Grünen - der israelischen Armee während der Operation "Schutzschild" in Transjordanien vor, „Nazi-Methoden" anzuwenden. Daraufhin wurde er erstmals des Antisemitismus geziehen. Zu Recht?

Avnery: Ich lehne jede Funktionalisierung des Holocaust zu politischen Zwecken unbedingt ab. Man kann Israel vorwerfen, es führe einen Kolonialkrieg im Westjordanland, oder man kann es der Apartheid zeihen, man kann sehr viele schwere Vorwürfe formulieren. Aber der Vorwurf „Nazi-Methoden" ins Feld zu führen, ist absurd. Der Holocaust war etwas geschichtlich Spezifisches, ihm fielen sechs Millionen Menschen zum Opfer. Diese Assoziation ist also maßlos überzogen.

Überzogen oder antisemitisch?

Avnery: Der palästinensische Intellektuelle Edward Said hat einmal gesagt, ein Araber könne sich nicht mit Israel auseinandersetzen, wenn er den Holocaust nicht versteht. Araber haben allerdings ein verständliches Problem damit, denn der Holocaust wird in der israelischen Propaganda gegen die Palästinenser verwendet: Das führt natürlich leicht zur arabischen Gegenreaktion, den Holocaust zu verharmlosen oder zu leugnen. Mit europäischem Antisemitismus hat das allerdings nichts zu tun.

Das heißt, die deutschen Kritiker spiegeln „ihren" europäischen Antisemitismus auf den Syrer Karsli, der tatsächlich „nur" typisch arabische Ressentiments hat?

Avnery: Ich weiß nicht, ob es im Fall des Herrn Karsli so ist oder nicht, denn ich kenne ihn nicht, aber ich kann es mir vorstellen. Ein Indiz wäre, daß die Formel, „Israel benutze ‚Nazi-Methoden'" sehr häufig in arabischen Ländern zu hören ist, und Herr Karsli schließlich syrischer Abstammung ist.

Wären Sie kein Israeli, sondern ein nicht-jüdischer Deutscher, würden Sie bei Ihren Ansichten mit dem Vorwurf des Antisemitismus, des Rechtspopulismus und braunen Gedankenguts überschüttet werden.

Avnery: Ich glaube, Deutschland hat seine Vergangenheit noch nicht überwunden, daher dieser ungesunde Zustand, der jede normale Diskussion über den Palästina-Konflikt in Deutschland unmöglich macht. Wenn ich Deutscher wäre, würde ich die Atmosphäre in meinem Land ablehnen, und ich hoffe, ich hätte den Mut, auch dann zu sagen, was ich hier und heute als Israeli vertrete.

Jüdische Institutionen genießen in Deutschland ein hohes moralisches Ansehen, inwieweit sind sie aber von der Politik der Regierung in Jerusalem beeinflußt?

Avnery: Die israelische Botschaft in Berlin zum Beispiel ist heute schlicht eine Propagandazentrale der israelischen Regierung.

So wie das jede Botschaft ist.

Avnery: Im Prinzip ja, aber frühere israelische Botschafter hatten durchaus eigene Meinungen, mit denen sie auch nicht hinter dem Berg gehalten haben.

Dem Zentralrat der Juden in Deutschland werfen Sie „totale Einseitigkeit" vor.

Avnery: Ja, der Zentralrat ist leider eine Filiale der israelischen Botschaft in Berlin. Allerdings war auch das nicht immer so. Zu Zeiten Ignatz Bubis' wurde noch Kritik an der israelischen Politik geübt. Doch der jetzige Zentralrat scheint ebenfalls nur ein Propagandainstrument der Regierung Scharons zu sein. Soweit ich weiß, haben diese Leute keinerlei Beziehung zu liberalen Strömungen in Israel, geschweige denn zur israelischen Friedensbewegung.

Das heißt, Sie halten das Wirken des Zentralrates für geradezu unheilvoll, weil er den Deutschen unter Ausklammerung der gesamten gesellschaftlichen Breite ein falsches Bild von Israel vermittelt?

Avnery: Das ist leider richtig. Ich werde zum Beispiel immer wieder von liberalen jüdischen Kreisen nach Deutschland eingeladen, nie jedoch vom Zentralrat. Allerdings ist das nicht nur ein deutsches Phänomen, sondern in vielen Ländern so. Stets schweigen die organisierten jüdischen Gemeinden über die Politik der israelischen Regierung, was de facto einer Zustimmung gleichkommt. Das ist auch nicht verwunderlich, denn die israelischen Botschaften wirken bei den Wahlen stark in die Gemeinden hinein. Wer also die israelische Regierungspolitik deutlich kritisiert, der hat später bei den Wahlen in den Gemeinden keine Chance.

Sie sagten, Ignatz Bubis habe die Regierung in Jerusalem kritisiert.

Avnery: Dennoch gibt es natürlich selbständigere und unselbständigere Vorsitzende. Bubis gehörte zu ersteren, zumindest in der ersten Zeit.

[...] Allerdings hätte doch jede deutsche Partei die Möglichkeit, die wirkliche Situation in Israel und Palästina zur Kenntnis zu nehmen. Doch haben sie alle Angst davor, als antisemitisch bezeichnet zu werden. Schließlich ist diese Befürchtung allerdings auch begründet, wie die Affäre um die FDP leider zeigt.

Deutsche Politiker sind häufig nicht auf die Moral, sondern auf die Einhaltung einer „political correctness" fixiert. Zum Beispiel, was den angeblich richtigen Ton gegenüber Israel betrifft. Jeder Akteur

in Deutschland ist dabei bemüht, eine jüdische Stimme zu finden, die ihm für sein Verhalten „Absolution" erteilt. Statt sich selbst den Herausforderungen zu stellen und sich um eine eigene Moral zu bemühen, sucht man Juden, die man befragen kann, und ist damit moralisch entlastet. Als Beispiel für diese deutsche Feigheit können Sie wahrscheinlich auch dieses Interview betrachten.

Avnery: Das ist in der Tat eine ungesunde Atmosphäre, die man auslüften muß, und ich kann nur hoffen, daß die Affäre Möllemann/Karsli wenigstens dazu beiträgt, eine Diskussion über diese Probleme in Deutschland zustande zu bringen.

Geben Sie allerdings Gedankenfreiheit, dann wird diese Freiheit unweigerlich auch von echten Antisemiten genutzt werden. Auf diesen Einwand muß man vorbereitet sein.

Avnery: Natürlich, aber das muß man in Kauf nehmen.

Haben Sie Verständnis dafür, daß das die Juden in Europa kritischer sehen als Sie, der Sie in Israel leben?

Avnery: Ich verstehe das sehr gut, schließlich ist meine Familie selbst 1933 aus Deutschland geflohen, und es ist auch richtig, auf der Wacht zu sein. Aber ich glaube dennoch, daß dieses Phänomen im Europa von heute - wohl in der Erinnerung an die Vergangenheit - überschätzt wird. Der Antisemitismus ist heute keine wirkliche Gefahr mehr in Europa. Hinter jeder Ecke Antisemiten zu sehen, ist weder hilfreich noch gesund.

Sie nennen die Regierung Scharon „rechtsradikal". Ist das nicht auch wieder eine Stigmatisierung?

Avnery: Nein, das ist eine politische Beschreibung, denn in dieser Regierung arbeiten mindestens drei Minister, die ganz offen die Idee der ethnischen Säuberung propagieren. Und ich glaube nicht, daß Ariel Scharon von dieser Geisteshaltung weit entfernt ist.
(31. Mai 2002) (59)

Die Antisemitismusdebatte im NRW-Landtag

Auch der Düsseldorfer Landtag hat sich im Zuge der Antisemitismusdebatte mit dem Thema auseinander gesetzt. Die entsprechende Plenarsitzung vom 06.06.2002 möchte ich in Auszügen wiedergeben und kommentieren. Alle Parteien waren sich einig:

„Antisemitismus in jeder Form ist abscheulich, menschenverachtend und für jeden aufrechten Demokraten ein echter Gräuel." (so der Fraktionsvorsitzende der SPD). Des weiteren wurde darauf hingewiesen: „Dabei hat das alles nichts damit zu tun, dass man an der aktuellen Politik der israelischen Regierung und auch an Ministerpräsident Ariel Sharon keine Kritik üben kann. Im Gegenteil, vielleicht muss man diese Kritik sogar üben – und viele tun es (Als ich dazu klatschte, rief ein Abgeordneter der SPD wörtlich (!!): ‚Pfui! Der muss gerade klatschen! Schmeißt den hier raus!' Ich denke, Äußerungen wie diese lassen tief blicken und sprechen daher für sich.).

Aber das ist Kritik an einer Regierung und nicht Kritik am Staat Israel und an seinen Menschen."

Ungerührt wurden erneut falsche Tatsachen unterstellt. Diese Methode der Diffamierung ist klassisch und infam. Sie wurde schon von Arthur Schoppenhauer in seiner Schrift „Zur Logik und Dialektik" analysiert. Es handelt sich dabei in erster Linie um das „Siebte Strategem", die Erweiterung, die Schoppenhauer folgendermaßen beschreibt: „Die Behauptung des Gegners wird über ihre natürliche Grenze hinausgeführt, also in einem weiteren Sinne genommen als er beabsichtigt, oder sogar ausgedrückt hat, um sie sodann in solchem Sinne bequem zu widerlegen." Ich erinnere noch einmal an meine umstrittene Aussage: „Die israelische Armee wendet Nazi-Methoden an". Habe ich damit Kritik am ganzen Staat Israel oder gar an seinen Bürgern geübt? Mitnichten - ich habe ausschließlich an einem bestimmten Vorgehen der israelischen Armee Kritik geübt, niemals aber das Existenzrecht des Staates Israel in Frage gestellt oder gar seine Bevölkerung diskreditiert. Nichts liegt mir ferner als das! Das wäre tatsächlich Antisemitismus, den ich ebenso verachte, wie jeder demokratisch und liberal denkende Deutsche. Aus dem Grunde empfinde ich es als unverschämte und inakzeptable Unterstellung, mich als antisemitisch und noch dazu rechtsradikal zu bezeichnen! Betrachtet man die Ziele, für die ich mich jahrzehntelang eingesetzt habe, und die aufgeführten Um-stände, unter denen ich eine vielleicht miss zu verstehende Äußerung gemacht habe, so ist das Ausmaß der Auswirkungen ungeheuerlich.

Doch zurück zur Landtagsdebatte: Die Vorsitzende der Landtagsfraktion der Grünen äußerte sich sehr aufschlussreich zur vermeintlichen Meinungsfreiheit: „Man kann und man muss in diesem Land fast alles sagen dürfen. Ja. Uns Grünen ist die Meinungsfreiheit ein hohes Gut. Aber es ist die Frage, wie man das sagt und ob man damit auch der Wahrheit und der historischen Verantwortung, die wir Deutsche haben, gerecht wird." Sehr interessant! Das ist eine schöne Form von Meinungsfreiheit! Das nämlich ist zensierte Meinungsfreiheit! Und wer bitte schön, soll denn darüber entscheiden, wie man was zu sagen hat? Die Grünen vielleicht? Wollen sie sich zum Verwalter von Wahrheit und Unwahrheit aufschwingen? Herzlich willkommen in der Demokratie, kann ich da nur sagen.

Der damalige Ministerpräsident Wolfgang Clement (SPD) ging in Punkto Unverschämtheit noch weiter: Er forderte, „schon alleine aus Gründen der politischen Hygiene" solle ich mein Landtagsmandat zurückgeben.

Der beliebte Vergleich mit den Nazis

Abschließend möchte ich eine Liste prominenter Funktionäre einfügen, die allesamt aktuelle Situationen mit der deutschen Nazivergangenheit verglichen haben. Allen voran möchte ich Paul Spiegel selber, den vermeintlichen Hüter der moralischen Werte in unserem Land, zitieren. Dass er selbst auf einen solchen Vergleich zurückgreift, überführt ihn der Doppelmoral und Heuchelei:

DIE WELT: Sie haben zur Irak-Debatte erklärt, nicht Demonstranten, sondern die Rote Armee habe Auschwitz befreit. Wollten Sie damit die aktuelle Lage mit dem Holocaust und dem Zweiten Weltkrieg vergleichen?

Paul Spiegel: Wir haben heute zwar eine andere Situation, aber sie ist vergleichbar. (13.02.03)(60)

Damit benutzt er selbst genau das, was er im Zuge des „Falls Karsli" für so ungeheuerlich hielt, dass er ganz Deutschland gegen mich aufhetzen musste: Einen NS-Vergleich! Um einen aktuellen Sachverhalt, nämlich sein Unverständnis für die deutsche Weigerung, in einen Krieg gegen den Irak zu ziehen, zu erläutern, zieht er den Holocaust ebenso als Vergleich heran, wie er es mir ein Jahr zuvor aufs Schärfste verboten hatte. Aber es kommt noch schlimmer: Im Gegensatz zu den fast unübersehbaren Parallelen des NS-Vergleichs, den ich formulierte, ist der Vergleich von Paul Spiegel sachlich noch nicht einmal richtig. Schon so manches Mal habe ich mir gedacht: Man müsste Herrn Spiegel ein Geschichtsbuch schicken. Wenn man ihm nicht unterstellen möchte, dass er die deutsche Geschichte absichtlich zur Durchsetzung seiner Interessen verdreht, dann muss man davon ausgehen, dass er schlicht keine Ahnung von der Materie hat. Denn

1. gibt es im Irak keine Konzentrationslager, die es zu befreien gilt,
2. hat Saddam Hussein vor mehr als zehn Jahren zwar Kuwait angegriffen, das ist aber wohl kaum mit der Anzettelung des Zweiten Weltkriegs durch Hitler vergleichbar,
3. war die Befreiung von Hitler durch die Alliierten ein Verteidigungskrieg, der Krieg gegen den Irak ist aber bestenfalls ein präventiver Angriffskrieg.

Hier nun die angekündigte Liste mit anderen Vergleichen aus der NS-Zeit, die belegt, dass mein rhetorischer Fehlgriff sich übergangslos in Aussagen von gemeinhin als durchaus renommiert eingestuften Menschen einfügt.

Herbst 1979: Edmund Stoiber organisiert als CSU-Generalsekretär den Wahlkampf für den damaligen Unions-Kanzlerkandidaten

Franz-Josef Strauß. Als Strauß bei einem Wahlkampfauftritt in Nordrhein-Westfalen mit Eiern beworfen wird, ruft er: Diese Leute benehmen sich „wie die schlimmsten Nazi-Typen in der Endzeit der Weimarer Republik". (zdf.de) (61)

Stoiber sorgt Ende 1979 auf einem CSU-Parteitag mit einem Nazi-Vergleich für weiteren Wirbel: „Nationalsozialisten waren in erster Linie Sozialisten."(zdf.de) (61)

Sommer 1982: Oskar Lafontaine, damals Oberbürgermeister von Saarbrücken, hält Bundeskanzler Helmut Schmidt (SPD) „Sekundärtugenden" vor, mit denen man auch ein „KZ betreiben" könne. (62)

Juni 1983: Der damalige CDU-Generalsekretär Heiner Geißler wettert im Bundestag: „Ohne den Pazifismus der 30er Jahre wäre Auschwitz überhaupt nicht möglich gewesen." Die SPD bezeichnet er einige Wochen danach als „fünfte Kolonne" Moskaus.(zdf.de) (61)

Mai 1985: Der SPD-Vorsitzende und frühere Bundeskanzler Willy Brandt sagt über CDU-Generalsekretär Heiner Geißler, dieser sei „seit Goebbels der schlimmste Hetzer in unserem Land". (Frankfurter Rundschau) (63)

Oktober 1986: Der damalige Bundeskanzler Helmut Kohl vergleicht den sowjetischen Staats- und Parteichef Michail Gorbatschow mit dem Propagandachef Joseph Goebbels.(Frankfurter Rundschau)

21. Juni 2000: In einem ZDF-Interview vergleicht Altkanzler Helmut Kohl die Boykottaufrufe der SPD wegen seiner Spendenaktion für die CDU mit dem Boykott jüdischer Geschäft in der NS-Zeit. (Frankfurter Rundschau)

09. Februar 2002: Der stellvertretende SPD-Fraktionschef Ludwig Stiegler verweist im Streit um das NPD-Verbotsverfahren CDU und FDP auf ihre „Vorläuferparteien", die Hitler verharmlost und an die Macht gebracht hätten. (Frankfurter Rundschau)

02. September 2002: Das Nachrichtenmagazin „Der Spiegel" zitiert Ex-Kanzler Helmut Kohl (CDU) mit einer Äußerung über Bundestagspräsident Wolfgang Thierse (SPD): „Das ist der schlimmste Präsident seit Hermann Göring." (Frankfurter Rundschau)

18. September 2002: Justizministerin Herta Däubler-Gmelin (SPD) gerät wegen eines Vergleichs zwischen der Politik von US-Präsident George W. Bush und den Methoden Adolf Hitlers in die Kritik. Sie „verzichtet" später auf einen Posten im Kabinett. (Frankfurter Rundschau)

23. September 2002: Der Vorsitzende der Berliner CDU, Christoph Stölzl, vergleicht den rot-grünen Sieg bei der Bundestagswahl („Sieg der Unvernunft über die Vernunft") mit dem Erfolg der NSDAP. (Frankfurter Rundschau)

18. November 2002: Der frühere SPD-Vorsitzende Oskar Lafontaine vergleicht Bundeskanzler Gerhard Schröder (SPD) wegen seiner Sparpolitik mit Reichskanzler Heinrich Brüning. Diesem wird vorgeworfen, mit seinem Kurs zum Ende der Weimarer Republik beigetragen und dem Nationalsozialismus den Weg bereitet zu haben. (Frankfurter Rundschau) (63)

12.12.2002: Ministerpräsident Roland Koch greift den Gewerkschaftsvorsitzenden Frank Bsirske (Ver.di) heftig an und vergleicht seinen Umgang mit den Reichen in der Bundesrepublik mit der Vernichtung der Juden im Dritten Reich. Reiche als „Schmarotzer" zu bezeichnen und namentlich zu nennen sei eine Stigmatisierung „mit so 'ner neuen Form von Stern an der Brust", rief er sichtlich aufgeregt. Das habe „eine schlimme Parallele zu anderen Zeiten".(Spiegel.de) (64)

Der Gebrauch und Missbrauch von Vergleichen mit der NS-Zeit verbietet sich in Deutschland offenbar lange nicht so selbstredend, dass er nur einem dummen, von Verschwörungstheorien besessenen Araber einfallen konnte, wie es die Medienkommentare erscheinen lassen wollten.

Zionismus

Bisher habe ich mich ausschließlich mit meiner umstrittenen Behauptung „die israelische Armee wendet Nazi-Methoden an“ auseinandergesetzt. Den diesbezüglichen Antisemitismusvorwurf habe ich - wie ich meine - vielfältig widerlegt.

Im Folgenden möchte ich mich meiner anderen umstrittenen Äußerung zuwenden:

... Man muss allerdings auch sagen, dass der Einfluss der zionistischen Lobby auch sehr groß ist: Sie hat den größten Teil der Medienmacht in der Welt inne und kann jede auch noch so bedeutende Persönlichkeit klein kriegen. [...] Vor dieser Macht haben die Menschen in Deutschland verständlicherweise Angst.

Ist meine Kritik am Zionismus gleichbedeutend mit Antisemitismus? Die meisten werden sagen: „Na klar, der Karsli ist doch Araber und daher per se schon Antisemit.“ Ich habe bereits in dem Kapitel „Antisemitismus“ darauf hingewiesen, dass Semiten hauptsächlich Araber sind, der Vorwurf also rein semantisch schon absurd ist. Der Zionismus ist eine Ideologie, eine politische Idee, die zur Gründung des Staates Israel geführt hat. Dass die Ideogie des Zionismus eine Folge des christlich-europäischen Antisemitismus ist, bleibt unbestreitbar. Dennoch kann man Antizionismus nicht mit Antisemitismus gleichsetzen. Es gibt viele Juden, die gegen den Staat Israel in Palästina sind. Sind sie Antisemiten? Es gab in der Geschichte des Zionismus sogar Zionisten, die dagegen waren, die „Heimstätte des jüdischen Volkes“ in Palästina zu suchen. Waren auch sie Antisemiten? Auch Israelis gehören nicht zwingend der jüdischen Religion an. Sind sie eigentlich Zionisten? Oder Antisemiten? Oder sogar beides? Der Hagalil-Journalist Max Brym definiert:

Der prinzipielle Antizionist ist jemand, der das Selbstbestimmungsrecht der Israelis ignoriert und statt dessen nur das Selbstbestimmungsrecht für die Palästinenser gelten lässt. (65)

Das ist falsch. Israel ist ein Faktum! Um es noch einmal deutlich zu sagen: Dass es den Staat Israel gibt, daran kann und will ich nichts ändern. Aber ich bin gegen jene gewalttätige Kolonisierungspolitik Israels, einer Apartheidspolitik, die dem ursprünglich von Theodor Herzl begründeten Zionismus entsprungen ist.

Bei der Begriffsbestimmung, was Zionismus ist, sind Philosophen und Historiker gefragt, nicht Politiker oder Medienvertreter. Aber scheinbar fürchten diejenigen, die derzeit die Macht haben, Begriffe zu definieren, eine derartige Differenzierung. Sic haben Angst, eine Begriffstrennung könne zu einer Hinterfragung der Inhalte führen. Den Zionismus jedoch dadurch jeglicher Kritik zu entheben und im Namen des Zionismus begangene Verbrechen bewusst zu verschweigen und in die Tabuisierung zu drängen, halte ich für falsch.

Wer die im Namen einer Ideologie begangenen Verbrechen tabuisiert oder zu einer Tabuisierung beiträgt, macht sich mitschuldig am Leid der Opfer. Eine Lehre, die gerade die Deutschen gelernt haben sollten.

Wenn ich also von „den Zionisten" spreche, meine ich jene Interessengruppen, die den Zionismus zu einem menschenverachtenden Instrument werden ließen, dem unzählige Menschen bereits zum Opfer gefallen sind und das für die Vertreibung eines anderen Volkes, nämlich das der Palästinenser, verantwortlich ist.

Was war passiert, dass es dazu kommen konnte? Um den Zionismus als politische Ideologie zu verstehen, möchte ich mich auf historische Spurensuche begeben und - da eine ausführliche Behandlung den hier gegebenen Rahmen sprengen würde - die Entwicklung des Zionismus grob skizzieren.

Entstehung und Zielsetzung

Auf dem ersten Zionistischen Weltkongress in Basel 1897 hatte es unter Vorsitz seines Begründers Theodor Herzl noch völlig harmlos geheißen:

Der Zionismus erstrebt für das jüdische Volk die Schaffung einer öffentlich-rechtlich gesicherten Heimstätte in Palästina. Zur Erreichung dieses Ziels nimmt der Kongress folgende Mittel in Aussicht:

1. *Die zweckdienliche Förderung der Besiedlung Palästinas mit jüdischen Ackerbauern, Handwerkern und Gewerbetreibenden.*
2. *Die Gliederung und Zusammenfassung der gesamten Judenschaft durch geeignete örtliche und allgemeine Veranstaltungen nach Landesgesetzen.*
3. *Die Stärkung des jüdischen Volksgefühls und Volksbewusstseins.*
4. *Vorbereitende Schritte zur Erlangung von Regierungszustimmungen, die nötig sind, das Ziel des Zionismus zu erreichen.* (66)

Niemand dachte in dieser Zeit im Traum an die Gründung eines jüdischen Staates. Dieses auf die bestehenden Machtverhältnisse der damaligen Zeit Rücksicht nehmende Programm der fortan firmierenden „Zionistischen Organisation" hatte zwei vorrangige Ziele:

Zum Einen sollte es das Selbstbewusstsein der Juden als Volk stärken, zum anderen sollte es jene Kräfte für den Zionismus gewinnen, die die Macht hatten, den Juden eine gesicherte Zukunft bieten zu können. Der Historiker Hermann Meier-Cronemeyer meint dazu :

Für Herzl freilich stellte Punkt 4 den Kern des Programms dar, worunter er die Erlangung eines „Charter" (Konzession) verstand, es schwebten ihm dabei die Garantieerklärungen vor, welche im Zeitalter des Merkantilismus die werdenden Kolonialmächte privaten Gesellschaften wie den diversen Indien-Compagnien gegeben hatten. (66)

Der Zionismus Theodor Herzls verstand sich also in erster Linie als Bewegung auf der Suche nach Einfluss bei den Mächtigen, um dem jüdischen Volk eine gesicherte Zukunft bieten zu können. Die Mächtigen waren in dieser Zeit vor allem die Engländer, Franzosen, die Russen und Deutschen, die die Welt mit ihrer Kolonialpolitik unter sich aufteilten. Erstere waren es schließlich auch, die den Juden die ersten Garantien zusicherten. Zunächst offerierte der englische

Kolonialminister Joseph Chamberlain Uganda als Kolonialgebiet. Herzl war geneigt, diese Offerte anzunehmen, doch scheiterte dieser Vorschlag spätestens auf dem 2. Zionistischen Weltkongress 1902 an dem Veto der russischen Zionisten.

*Tatsächlich war das Palästina, das Herzl entwarf, kein **Juden**staat und kein Juden**staat**,* (66)

urteilt der Historiker Meier-Cronemeyer, auch wenn die „offizielle" Geschichtsschreibung in Israel dies bis heute größtenteils bestreitet.

So wenig es Herzl um eine Staatsgründung ging, so wenig war der Zionismus Herzls religiös motiviert. Herzl selbst war ein assimilierter westeuropäischer Jude, der seine religiösen Wurzeln kaum noch kannte. Israel als einen Judenstaat zu errichten, der sich in der Tradition des vor rund 3000 Jahren existierenden Königreichs Israels oder Judäas sieht, wie das von Avi Primor in „Europa, Israel und der Nahe Osten" (1999) behauptet wird, schwebte Herzl mitnichten vor. Herzl sah lediglich den nach einer Phase der jüdischen Emanzipation und Gleichberechtigung wieder erstarkenden Antisemitismus in Europa aufkommen und versuchte, dieser Entwicklung mit einer nationalen Bewegung Einhalt zu gebieten. Für ihn war die „Judenfrage" eine nationale Frage und keine religiöse. Sie war nur dadurch zu lösen, dass die in der Diaspora verstreuten Juden eine von der Weltgemeinschaft akzeptierte „nationale Heimstätte" bekamen. Palästina bot sich aufgrund seiner Geschichte zwar an, war aber nicht die einzig in Betracht gezogene Möglichkeit.

In seiner Utopie „Altneuland" stellt Herzl klar :

Wir sind kein Staat [...] wir sind einfach eine Genossenschaft, eine große Genossenschaft, innerhalb derer es wieder eine Anzahl kleiner Zweckgenossenschaften gibt. (66)

In dieser Zweckgemeinschaft sollte es nach Herzls Vorstellung „keine eisernen Regeln, keine unbeugsamen Grundgesetze, überhaupt nichts Hartes, Steifes, Doktrinäres" geben, sondern eher eine Art jüdischer „Commonwealth". Herzls Vorstellung von einer jüdischen Nation basierte also auf voneinander unabhängigen Gemeinschaften.

Dass aus dieser Vision schließlich doch ein Staat Israel entstanden ist, der eine Apartheidspolitik gegenüber den Palästinensern betreibt und in den vergangenen Jahren gegen weit über 70 Resolutionen der Völkergemeinschaft (UNO) verstoßen hat, ist vor allem zwei Einflüssen zu „verdanken":

- dem Einfluss der verschiedenen Strömungen innerhalb der Zionistischen Organisation, deren Spektrum von orthodox-religiös bis sozialistisch, von pazifistisch bis militaristisch reichte, und
- dem Einfluss Großbritanniens auf das Gebiet Palästinas, dessen Aufteilung nach dem Zusammenbruch des Osmanischen Reiches die Briten und Franzosen 1916 im Sykes-Picot-Abkommen unter sich ausmachten, und das die Briten 1920 als Mandatsgebiet für sich beanspruchten.

Beginn der Okkupation Palästinas

Der Einfluss der Briten in Palästina ist in dieser Entwicklung als besonders schwerwiegend zu bewerten, da sie als vom Völkerbund ermächtigte Mandatsträger eine Verantwortung für dieses Gebiet übernahmen, ohne sich dieser Verantwortung jemals bewusst gewesen zu sein; ganz einer ehemaligen Kolonialmacht entsprechend. Als der britische Kolonialminister Lord Balfour 1917 den Juden eine Garantieerklärung für die Besiedlung Palästinas unterschrieb, aus der die Zionistische Bewegung nach und nach eine Garantie für die Errichtung eines jüdischen Staates in Palästina ableitete, war diese Erklärung nicht das Papier wert, auf dem sie stand. Denn auch den Arabern versprach er im britischen Mandatsgebiet einen Staat. Als man auf Seiten der Zionistischen Organisation schließlich erkennen musste, dass es keine Garantien für Palästina seitens der Großmächte geben würde, sah man die einzige Möglichkeit in der Erreichung des angestrebten Ziels darin, eine Siedlungspolitik zu betreiben, die die Landnahme für das jüdische Volk vorantreiben würde. Die miserablen Agrarverhältnisse im Land, gefördert durch das britische Steuersystem, das Bodenverbesserungen quasi bestrafte, während es

Bodenspekulationen Tür und Tor öffnete, unterstützten den jüdischen Bodenerwerb.

Noch 1921, auf dem Zionistenkongress in Karlsbad, wandte sich der jüdische Schriftsteller und Philosoph Martin Buber gegen die von Chaim Weizmann, David Ben Gurion und Wladimir Jabotinsky vertretende aggressive jüdisch-nationale Okkupationspolitik in Palästina. Buber plädierte für eine Neuinterpretation des Zionismus als politischer Bewegung und für eine Abkehr vom Herrschaftsnationalismus in Palästina:

Aber dieser nationale Wille ist nicht gegen eine andere Nationalität gerichtet. Das jüdische Volk, seit zweitausend Jahren in allen Landen eine vergewaltigte Minderheit, wendet sich nun, da es wieder als Subjekt seiner Geschicke in die Weltgeschichte eintritt, mit Abscheu von den Methoden des Herrschaftsnationalismus ab, dessen Opfer es so lange war. Nicht um ein anderes Volk zu verdrängen oder zu beherrschen, streben wir in das Land zurück, mit dem uns unvergängliche historische und geistige Bande verknüpfen und dessen heute so dünn bevölkerter Boden, zumal bei intensiver und folgerichtiger Bewirtschaftung, Raum genug für uns und die ihn gegenwärtig bewohnenden Stämme bietet.

Unsere Rückkehr nach Erez Israel, die sich in den Formen einer stetig zunehmenden Einwanderung vollziehen muss, will kein fremdes Recht beeinträchtigen. In einem gerechten Bund mit dem arabischen Volke wollen wir die gemeinsame Wohnstätte zu einem wirtschaftlichen und kulturell blühenden Gemeinwesen machen, dessen Ausbau jedem seiner nationalen Glieder eine ungestörte autonome Entwicklung sichert. Unsere Kolonisation, die der Rettung und Erneuerung unseres Volkstums allein gewidmet ist, hat ja nicht die kapitalistische Ausbeutung eines Gebietes zum Ziel und dient nicht irgendwelchen imperialistischen Zwecken, ihr Sinn ist die schaffende Arbeit freier Menschen auf gemeinschaftlicher Erde. In diesem sozialen Charakter unseres nationalen Ideals liegt die mächtige Bürgschaft für unsere Zuversicht, dass zwischen uns und dem arbeitenden arabischen Volke eine tiefe und dauernde Solidarität der wirklichen Interessen sich offenbaren wird, die alle von den Ver-

wirrungen des Augenblicks erzeugten Gegensätze überwinden muss. Aus dem Bewusstsein dieser Verbundenheit wird sich in den Angehörigen beider Völker eine im öffentlichen und persönlichen Leben betätigte Gesinnung gegenseitiger Achtung und gegenseitigen Wohlwollens ausbilden. Dann erst wird wahrhaft sich in geschichtlicher Größe die Wiederbegegnung der zwei Völker vollziehen. (66)

Chaim Weizmann, Nachfolger Theodor Herzls an der Spitze der Zionistischen Organisation und späterer erster Staatspräsident Israels, gründete 1929 die „Jewish Agency", eine Zionisten wie Nichtzionisten umfassende Körperschaft, die in erster Linie einen Zweck verfolgte: Geld für die Bodenkäufe in Palästina zu sammeln und die Einwanderung pragmatisch zu forcieren. In der Geschichte des Zionismus erwies sich die „Jewish Agency" als das effektivste Instrument zur Kolonialisierung Palästinas. Hatten sich Ende des Ersten Weltkriegs knapp 58.000 Hektar Palästinas in jüdischem Besitz befunden, so wuchs die Fläche durch ausgedehnte Bodenkäufe vor allem im Jesreel-Tal, in der Haifa-Bucht und im Hule-Tal Obergaliläas bis 1934 auf 120.000 Hektar, das waren 4,7 Prozent des Mandatsgebietes. Bis 1948 zur Staatsgründung Israels kamen weitere jüdische Bodenkäufe im Umfang von mehreren 20.000 Hektar hinzu. Mit dem Bodenerwerb reifte auch die Idee von einem jüdischen Staat in Palästina heran.

Erste Konflikte

Spannungen zwischen Christen, Moslems und Juden blieben nicht aus. Angeheizt von einer doppelzüngigen Politik der Briten, die den Arabern mehrmals einen eigenen Staat in Aussicht stellte, dabei aber eigene Interessen in der ölreichen Region verfolgte, zeichnete sich schon bald auf beiden Seiten ein Nationalismus ab, der nur wenig Spielraum für die andere Seite übrig ließ.

Jedoch war auch damals der Grundstein für die unüberwindbare Kluft zwischen arabischen und jüdischen Interessen noch nicht gelegt. In der zionistischen Partei des Brit Shalom (Friedensbund) dachte man offen darüber nach, statt einen nationalen Antagonimus zu nähren, eine palästinensische Politik des „Binationalismus" zu entwickeln. Regelrecht als Verräter wurden die Anhänger des Brit Shalom betitelt, als einer ihrer Fürsprecher Ernst Simon, erklärte, es sei wichtiger gegen den jüdischen als gegen den arabischen Chauvinismus zu kämpfen.

Auch die 1930 gegründete zionistische Mapai-Partei (ein Vorläufer der heutigen israelischen Arbeitspartei), konkretisierte diese „Binationalität". Einer ihrer Führer, Berl Kaznelson, äußerte sich dazu :

Denn was ist ein bi-nationaler Staat? [...] Doch wohl nur ein Staat, in dem zwei Völker wohnen, die in ihrer Freiheit und in ihrer Selbständigkeit gleichgestellt sind, in dem eine Nation nicht die andere unterdrückt. Der ganze Begriff ‚bi-national' hat nur dann einen Sinn, [...] wenn er sich in politisch-juristischen Normen ausdrückt, die die Grundsätze der politischen Gleichheit der beiden Völker garantieren. (66)

Nach dem Ausbruch von Gewalttätigkeiten zwischen Arabern und Juden berief die britische Regierung im April 1936 eine Königliche Untersuchungskommission unter Lord Peel ein, die im Juli 1937 ihren Bericht veröffentlichte und die Teilung Palästinas in einen jüdischen und einen arabischen Staat vorschlug, wobei die Briten sich die Kontrolle über den Korridor zwischen Jaffa und Jerusalem vorbehalten wollten. David Ben Gurion, der seit 1921 Generalsekretär der Arbeiterbewegung Histadrut und seit 1930 Führer der Mapai-Partei war, beteuerte vor der Untersuchungskommission:

.... Wir sagen nicht, dass wir in Palästina einen jüdischen Staat errichten wollen. Wäre Palästina ein leeres Land, könnten wir von einem Judenstaat reden [...] Ein Staat könnte den Wunsch in sich schließen, die Araber beherrschen zu wollen. Der zweite Grund gegen einen Judenstaat ist, dass eine getrennte politische Einheit bedeutet, nicht angeschlossen an eine andere. Für die Lösung eines jüdischen Problems, für unsere freie nationale Zukunft ist es nicht notwendig, dass Palästina einen selbständigen Staat bildet, und wir werden nur zu glücklich sein, wenn das jüdische Nationalheim [...] ein Glied einer großen Einheit werden würde, nämlich der englischen

Völkergemeinschaft. Der dritte Grund sind die heiligen Stätten in Palästina, die der ganzen Welt heilig sind, und wir sind nicht bereit, und es liegt nicht in unserem Interesse, für sie verantwortlich gemacht zu werden. (66)

Trotzdem akzeptierten die Juden den Peel-Plan, auch wenn das jüdische Gebiet lediglich 20 Prozent des Mandatsgebiets umfasste. Die Araber lehnten den Plan ab. Die „Jewish Agency" und das britische Parlament einigten sich auf einen Bevölkerungsaustausch nach griechisch-türkischem Vorbild.

Schnell wurde Kritik am Peel-Plan auch aus der zionistischen Bewegung laut. Der schmale Küstenstreifen zwischen Obergaliläa und Tel Aviv, dazu noch geteilt durch den Korridor von Jaffa nach Jerusalem, sei erstens nicht zu verteidigen und zweitens zu klein, um dem Druck der einwandernden verfolgten Juden aus dem Ausland stand zu halten. Schnell war klar, der sogenannte Bevölkerungsaustausch laufe auf eine Vertreibung hinaus und dieser Judenstaat schaffe die Voraussetzungen für eine „nichtfriedliche Weiterentwicklung".

Der Judenstaat wird im Zeichen der Feindschaft zu den Arabern geboren. Er wird ein Staat mit viel Militarismus und wenig realer Macht sein. (66)

Selbst in der Mapai-Partei formierte sich der Widerstand gegen den Peel-Plan, darunter auch bei Berl Kaznelson und Golda Meir.

Auf dem Zionistenkongress 1937 gab es bereits eine beträchtliche Opposition gegen den britischen Plan, deren Zorn sich teilweise auch in gewalttätigen Aktionen äußerte. Vor allem der Sozialist Wladimir Jabotinsky, der Mitte der zwanziger Jahre in Paris die Union der Revisionisten-Zionisten als militärisch straff organisierte Sonderföderation innerhalb der Zionistischen Organisation aufgebaut hatte, zeigte seine Antipathien gegen die Briten und ihren Teilungsplan.

Ich halte [...] die Verdrängung der Araber aus Palästina in jeder Form für absolut unmöglich; Palästina wird immer ein Nationalitätenstaat bleiben – was mir vollständig genügt unter der Bedingung, dass die Juden zur Mehrheit werden.

Nur eine jüdische Majorität lasse die Araber klein beigeben, - und eine legale Legion; jüdisches Militär also. Nur eines helfe – Macht! Dazu war Jabotinsky jedes Mittel recht. Er gründete 1931 die nationale militärische Miliz „Etzel“, die auch als Irgun bekannt wurde. Unter ihrem Kommandanten David Raziel griff Ezel zum offenen Terror gegen Briten und Araber und forcierte die illegale Einwanderung. 1943 wurde Menachem Begin sein Kommandeur. 1948 wurde „Etzel“ in die nationalen Streitkräfte integriert. Begin gründete die Cheirut-Partei, den Vorläufer des Likud.

Auch die Haganah, die halbillegale zionistische Militärorganisation, die ebenfalls nach der Gründung des Staates Israel in den israelischen Verteidigungsstreitkräften aufging, suchte unheilige Allianzen: 1937 hatte sich ein Abgesandter der Haganah, Feiwel Polkas, mit Adolf Eichmann im Berliner Weinlokal „Traube“ getroffen. Die SS kam zu der Überzeugung, dass man sich in nationaljüdischen Kreisen über die radikale deutsche Judenpolitik nicht unerfreut zeige, weil dadurch in absehbarer Zeit die Juden in Palästina die Mehrheit gewinnen könnten. Eichmann meinte, auf die Repräsentanten der Juden in Deutschland könne Druck ausgeübt werden, dass sie ausschließlich die Auswanderung nach Palästina unterstützten. Dass die Nationalsozialisten die Vernichtung jüdischen Lebens als Endziel ins Auge fassten und nicht nur an Vertreibung dachten, sahen Jabotinsky und seine Gefolgschaft nicht.

Wir haben viele virtuelle Freunde unter denen, die wir für Feinde halten, (66)

meinte Jabotinsky, schon früh erkannt zu haben. Auch von der polnischen Regierung, die „Etzel“ mit Waffen und Übungsmöglichkeiten versorgte, konnten die Militaristen Hilfe erwarten. Jizchak Jesernizki, der später im Untergrund den Namen Schamir annehmen sollte und zweimal (1983/84 und 1986 bis 1992) als Ministerpräsident die Geschicke des Staates Israel lenkte, erläuterte die Verbindung zu Polen:

Es war ein politisches Abkommen. Sie halfen uns aus antisemitischen Motiven. Wir sagten zu ihnen: Wenn ihr die Juden los werden wollt, müsst ihr der zionistischen Bewegung helfen. (66)

Der Holocaust

Der zweite Weltkrieg und die von den Nationalsozialisten an den Juden begangenen Gräueltaten veränderten alles: Das Verhältnis der Juden zur Staatsgründung, das Einwanderungsverhalten der Juden in Palästina und die Haltung der Zionisten, beides zu beeinflussen.

In einem Gedicht des Palmach-Kommandeurs Yitzhak Sadeh für eine junge abgezehrte Frau, der in einem deutschen Vernichtungslager auf ihre Hüfte die Worte „Nur für Offiziere" eingebrannt worden waren und die mit Hilfe der illegalen Einwanderung nach Palästina kam, schreibt Sadeh:

Ich umarme meine Schwester und sage ihr, dass es hier Platz für dich gibt. Hier lieben wir dich. Für mich bist du schöner als jede Schönheit, heiliger als alles Heilige [...] Du wirst meine Braut sein, unsere Mutter. Vor diesen meinen Schwestern knie ich nieder, und wenn ich mich erhebe, fühle und weiß ich, dass ich für diese meine Schwestern stark und mutig bin, ich werde sogar grausam sein. Für dich - alles - alles. (66)

Aus einer säkularisierten Bewegung wurde eine Bewegung mit messianischem Sendungsbewusstsein. Die Staatsgründung Israels wurde zu einem Akt religiöser Selbstverpflichtung, der die Moral sich unter zu ordnen hatte.

1953 schrieb der aus Köln gebürtige ethische Sozialist Georg Landauer, der seit den 20-er Jahren in der Führungsriege der Zionistischen Organisation wichtige Aufgaben übernommen hatte, an einen Freund:

Das Wort Zionismus ist gewiss immer ein Mantel für ganz verschiedenartige, ganz entgegengesetzte Bestrebungen gewesen, so verschieden, wie die Antriebe und Herkünfte des Zionismus es waren, heute ist es der Deckmantel des Einen geworden: für Aktionen und Gesinnungen, bei denen Menschlichkeit und Unmenschlichkeit, Schutz von Verfolgten und Verfolgungen von Wehrlosen, Recht und Unrecht gleiche moralische Deckung, gleiche nationale Verbrämung finden, gleiche Loyalität, Solidarität und Disziplin beanspruchen und genießen – eine Unseresgleichen noch unfass-

bare Aushöhlung der Sittlichkeit, die uns inspiriert und unsere Seelen erfüllt hat. (66)

Wie kam es zu diesem Wandel im Selbstverständnis des Zionismus, dass selbst einer ihrer frühen Vorkämpfer diese Veränderung nicht verstehen konnte?

Beginn der ethnischen Säuberung

Am 29. November 1947 ratifizierte die UN-Vollversammlung mit Zweidrittelmehrheit in New York einen Teilungsplan für Palästina. Der Plan sah vor, dass 56 Prozent des 26.700 Quadratkilometer großen Mandatsgebietes für die Schaffung eines jüdischen Staates zur Verfügung stehen sollten. Das entsprach 15.100 Quadratkilometer, obwohl die zionistischen Institutionen seit Beginn der planmäßigen Bodenpolitik im ausgehenden 19. Jahrhundert nur 182.000 Hektar der Gesamtfläche, also gerade mal 1820 km², erworben hatten. In diesem Gebiet hätten 558.000 Juden und 407.000 Araber gelebt.

Am 14. Mai 1948 rief David Ben Gurion in Tel Aviv den Staat Israel aus, einen Tag, bevor das britische Mandat in Palästina endete. Im Grunde war der Zionismus, der über Jahrzehnte diesen Moment vorbereitet hatte, formal erfüllt.

Alle dachten, dass das Wort ‚Staat' einen Neuanfang bedeuten würde nach all dem, was in Europa geschehen war, nach den ‚Unruhen' der Araber und den Schikanen der Briten. Jetzt werden die Juden einen eigenen stabilen Staat haben. Ein ganzes Volk hing dieser einen Idee nach – die Juden werden einen Staat haben. (67)

Von dieser Idee beseelt, wurden moralische Bedenken kurzerhand über Bord geworfen. Die Idee reifte in den Köpfen der Zionisten, an den Arabern, die sich während des Zweiten Weltkriegs auf die Seite der Achsenmächte geschlagen hatten, für die sechs Millionen ermordeten Juden in Europa Rache zu nehmen. Schon 1942 hatte David Ben-Gurion den Bedrängten versprochen:

Liebe Brüder und Schwestern, die Ihr in den Ghettos der Nazis gequält werdet, wir werden unser Bestes geben, Euch zu rächen. Wir werden nicht rasten, bis wir Euch aus dem Nazi-Inferno und der Fäulnis der Diaspora gerettet haben. Wir werden Euch alle in unsere Heimat bringen, die aufgebaut und erlöst wird. (67)

Die Vertreibung und Flucht der Palästinenser fand in fünf Wellen statt. Zwischen Dezember 1947 und März 1948 verließen vor allem Angehörige der Mittelschicht – rund 75.000 Menschen – das Land. In der zweiten Woge zwischen April und Mai 1948 folgten noch einmal 200.000 bis 300.000 Menschen. Diese Welle nutzte die zionistische Führung zu ethnischen Säuberungen in der Gewissheit, auf keinerlei arabischen militärischen Widerstand zu treffen. Stolz berichtet der ehemalige Kommandeur der Militärorganisation „Etzel", Menachem Begin, den „lokalen arabischen Faktor" völlig ausgeschaltet zu haben. Das „völlige Ausschalten" zeigte sich vor allem in dem Massaker von Deir Yassin, an das sich der spätere israelische Ministerpräsident Begin als damaliger Befehlshaber erinnerte:

Ich möchte zum Ausdruck bringen, dass die Eroberung von Deir Yassin und seine Besetzung eine Etappe in unserem Generalplan darstellt. Ich habe keine Einwände dagegen, dass Sie die Operation ausführen unter der Voraussetzung, dass Sie das Dorf halten können. (67)

Ab dem 15. Mai 1948, also kurz nach der israelischen Staatsgründung und dem Abzug der Briten aus dem ehemaligen Mandatsgebiet versuchten arabische Armee-Einheiten, „die zionistischen Banden [...] im Spaziergang" zu vernichten. Doch die seit 1947 schon weite Teile des Landes kontrollierende Haganah hatte keine Probleme, den arabischen Angriff abzuwehren. Die Folge: Weitere ethnische Säuberungen folgten in der Phase von Juni bis September 1948. So zum Beispiel die Vertreibungen in den Ortschaften Ramla und Lydda, an denen Militärs wie Yigal Allon und der spätere israelische Ministerpräsident Yitzhak Rabin, der im November 1995 von einem rechtsradikalen Juden ermordet wurde, maßgeblich beteiligt waren. In seinen Memoiren erinnert sich Rabin:

Wir gingen nach draußen, Ben-Gurion begleitete uns. Allon wiederholte seine Frage: ‚Was soll mit der Bevölkerung geschehen?' Ben-Gurion bewegte in einer Geste die Hand hin und her, die sagen sollte

‚Vertreibt sie!' Allon und ich berieten uns. Ich stimmte zu, dass es wichtig war, die Bewohner zu vertreiben. Wir brachten sie zu Fuß zur Straße nach Bet Horon in der Annahme, dass die [Arabische] Legion sich verpflichtet sähe, sich ihrer anzunehmen, und dabei logistische Schwierigkeiten auf sich nehmen würde, die ihre Kampfkraft schwächen und es uns damit leichter machen würde [...] Die Bevölkerung Lods [Lydda] ging nicht freiwillig. Es gab keinen Ausweg, als Gewalt anzuwenden und Warnschüsse abzufeuern, um die Bewohner den zehn bis 15 Meilen langen Weg bis zu dem Punkt zurücklegen zu lassen, wo sie auf die Legion treffen würden. (67)

Die vierte Welle fiel in die Monate Oktober/November 1948, in der die Haganah die letzten Teile Galiläas eroberte. Unter Einsatz von Terror, Gewalt und Plünderungen sollte der sogenannte „Gräuelfaktor" für einen „freiwilligen" Rückzug der arabischen Bevölkerung aus den „besetzten Gebieten" sorgen. Die letzte Flüchtlingswelle nach Ausbruch des Junikriegs 1967 setzte eine Völkerwanderung von 300.000 Personen in Gang. Dass es sich dabei nicht um einen freiwilligen Rückzug der Araber gehandelt hat, sondern dass es in Israel immer wieder zum politischen Kalkül gehörte, das Land ethnisch zu säubern, ist an verschiedenen Stellen der Geschichte nachzulesen. Angehörige der späteren Regierung Menachem Begins, zu der der damalige Landwirtschaftsminister Ariel Scharon gehörte, warnten Ende 1980 die Repräsentanten der arabischen Bevölkerung Israels vor einer „Wiederholung der Tragödie von 1948". Sie rieten denjenigen, „denen es hier nicht gefällt, sie können ja ein Taxi nehmen und über die [Allenby-] Brücke [nach Jordanien] fahren, wir werden ihnen sogar nachwinken." Auch Benjamin Netanjahu unterstrich 1997 noch einmal, dass für die Flüchtlinge von damals weder an eine Rückkehr nach Israel noch in die palästinensischen Autonomiegebiete gedacht wurde.

Messianischer Neozionismus

Die Kontinuität in der politischen Haltung ist sicherlich auch dadurch zu erklären, dass es trotz der verschiedenen Richtungen innerhalb der israelischen Parteien und Blöcke immer wieder dieselben Hardliner waren, die sich politisch durchzusetzen wussten. Dazu zählten vor allem die Militärs, denen seit der Staatsgründung eine immer größer werdende Rolle zufiel. Menachem Begin, Ariel Scharon, Yitzhak Rabin, Shimon Peres, Yitzhak Shamir und Ehud Barak sind nur einige Namen, die die Geschichte des Staates Israel sowohl als Militärs als auch als Politiker prägten. Dabei waren sie alle der Überzeugung, zum Wohle des Staates Israel zu handeln, indem sie eine Politik betrieben, die totalitäre Züge aufweist. Sie alle waren der Überzeugung, dass die Sicherheit des Staates, die Parteiinteressen und ihr eigenes politisches Überleben über dem Gesetz und Moral stehen.

An die Stelle arabischer Dörfer und Ortschaften traten entweder jüdische Siedlungen oder – zur Spurenverwischung – neu angelegte Wälder. Bis 1955 verdoppelte sich die israelische Bevölkerung, gespeist aus sefardischen Juden und Juden Osteuropas.

Wir nutzten die Häuser jener Araber, die das Land verließen, für die Unterbringung der Immigranten, (67)

schrieb Golda Meir 1975 in ihren Memoiren. Von den knapp 400.000 Einwanderern zwischen Mai 1948 und Mai 1950 wurden etwa 120.000 in Gebäuden untergebracht, die ehemals Arabern gehört hatten. Bis Ende 1970 wuchs Israel um 1,4 Millionen Menschen.

Die Verdrängungspolitik wurde ideologisch in einen messianischen Neo-Zionismus gepresst. Dieser verdrängte den „herkömmlichen" Zionismus, der seine Legitimation seit der Staatsgründung eigentlich eingebüßt hatte, nach und nach.

Ende der 70er Jahre glaubten fast 50 Prozent der jüdischen Bevölkerung daran, dass es „etwas" Übernatürliches gebe, das die Geschichte des jüdischen Volkes steuere. So lässt sich erklären, dass bei den Wahlen 1988, 1992 und 1996 die religiösen Parteien dramatische Stimmengewinne verbuchen konnten. Treibende Kraft im religiös motivierten Zionismus waren die Siedler. Einer ihrer Führer, Moshe Levinger, propagierte:

Frieden ist kein Ziel an sich; es ist ein sehr wichtiges und positives Instrument, um die Bahn des Lebens zu organisieren und eine Vision zu erfüllen. Aber jetzt sind der Fortschritt des Volkes Israel im Lande Israel – seine Unabhängigkeit, der Prozess der Erlösung des Volkes Israel im Lande Israel – wichtiger als hypothetischer Frieden. Wenn wir diese Ziele erreichen, wird die ganze Welt Frieden haben.(67)

Die „wilde" Siedlung im messianischen Bewusstsein als Mittel staatlicher territorialer Gewalt setzte sich mehr und mehr durch, so dass sich schon Golda Meir vor territorialen Kompromissen für Volksentscheide einsetzte. Ende 1974 wurde der „Block der Glaubenstreuen" (Gush Emunim) gegründet, der die politische Landschaft nachhaltig verändern sollte. Als Menachem Begin 1977 das Amt des Ministerpräsidenten antrat, gab es auf der Westbank 34 israelische Siedlungen mit rund 5000 Bewohnern. 1983 im Jahr seines Rücktritts, waren es 107 Siedlungen mit etwa 26.000 Bewohnern. Unbestritten stand Menachem Begin, unter dessen Führung 1973 der rechtsnationalistische Likud-Block entstand, unter starkem Einfluss von Gush Emunim. Aber auch die Arbeitspartei konnte sich des religiösen Einflusses der Siedler nicht erwähren. So ließ es sich der amtierende Generalstabschef Ehud Barak im Wahlkampf 1992 nicht nehmen, vor Repräsentanten der „Zentralen Rabbiner-Lehranstalt" deren Sorgen vor einer Auflösung von Siedlungen zu zerstreuen.

Zevulun Hammer, bereits verstorbenes Mitglied der national-religiösen Partei „Mafdal" und in der Regierung Netanjahu stellvertretender Ministerpräsident, sagte über Gush Emunim:

Gush Emunim [hat] eine andere permanente Realität geschaffen. Die Basis dafür war die Erziehung einer Generation der gestrickten Kippot, die zu ihren Pflichten Thora und Arbeit sowie den Dienst am Staat durch den Dienst beim Aufbau des Militärs zählte. [...] Die Verbindung zwischen gestrickten Kippot und Sicherheit des Staates ist hergestellt – mehr religiöse Offiziere sehen ihre Berufung in einem längeren Militärdienst, denken an die Sicherheit als einen Teil der persönlichen und nationalen Verwirklichung. (67)

Immer wieder gab es arabische Friedensinitiativen. So war auch Nahum Goldmann, der Präsident des Zionistischen Weltkongresses von Ägyptens Präsident Nasser 1970 nach Kairo eingeladen worden, um Chancen für die Beendigung des Abnutzungskrieges auszuloten. Golda Meir lehnte diese Initiative Goldmanns ab. 80 prominente israelische Persönlichkeiten unterschrieben einen Brief, der ihre Ablehnung kritisierte. Der religiös motivierte Neo-Zionismus passte also selbst eingefleischten liberalen Zionisten nicht.

Die Verbindung des rechts-nationalen Zionismus mit einem religiösen Messianismus ist die „unheilige" Allianz, unter der die gesamte Region bis heute leidet. Ariel Scharon, heutiger Ministerpräsident Israels und Chef des Likud-Blocks, sagte bei seiner Amtseinführung vor der Knesset am 7. März 2001:

Die Regierung, die ich leite, wird die Flagge des Zionismus hochhalten - bei der Bildung, der Eingliederung von Einwanderern und der Besiedlung. Ich glaube von ganzem Herzen, dass der Staat Israel kein höheres Gut hat als seine Bürger, als das jüdische Volk. Wir werden die Beziehungen und Verbindungen zu den Juden der Diaspora sowie die zionistische Unterweisung in unserem Schulwesen verstärken. Wir werden darauf hinarbeiten, Massen jüdischer Einwanderer nach Israel zu bringen und sie im Land einzugliedern. (67)

Spätestens nach den Ereignissen in Jenin im April 2002 weiß die Weltgemeinschaft, was Scharon mit der „Flagge des Zionismus" meint. Sie ist zur Flagge der Zerstörung geworden. Eine blutgetränkte Flagge, die ohne Rücksicht auf das in ihrem Schatten begangene Leid hochgehalten wird.

Diesen Zionismus lehne ich strikt ab. Denn er ist der Grundstock aller Gewalt in Palästina.

Wenn ich also den Zionismus kritisiere, kritisiere ich nicht seine Entstehung, sondern seinen Verlauf. Ich kritisiere, die Legitimation einer verbrecherischen Politik aus einem historisch-religiösen Sendungsbewusstsein abzuleiten. Ich kritisiere, den fehlgeleiteten Zionismus nicht verhindert zu haben, sei es von außen, durch die Völkergemeinschaft, oder von innen durch eine kritische Hinterfragung. Und ich kritisiere diejenigen, die diesen Zionismus unterstützen.

Die zionistische Lobby

Meine Kritik an der zionistischen Lobby transportiere die schlimmsten klassischen antisemitischen Klischees, diagnostizierte der Zentralrat der Juden. Dazu möchte ich zunächst folgendes sagen: Den klassischen Antisemitismus kann es gar nicht mehr geben. Er bezog sich nämlich fast zweitausend Jahre lang auf die hilf- und machtlose Minderheit der Juden in beinahe allen Ländern Europas.

Wie vollständig die Ohnmacht der Juden war, ergibt sich schon daraus, dass während des Holocaust auch nicht das Geringste in der Weltpolitik geschehen ist, um das tragische Los der Juden in Europa zu verbessern, geschweige denn es abzuwenden. Nur und ausschließlich vor diesem Hintergrund der politischen Machtlosigkeit ist der klassische Antisemitismus überhaupt möglich. Nur dann ist die Behauptung, die Juden hätten Macht, ein Mythos, also klassisch antisemitisch. Spätestens seit 1967, aber ganz sicher während der letzten zwei Jahre, ist die Situation Israels und die Juden betreffend total anders. Nicht nur, dass Israel über eine der stärksten Armeen der Welt verfügt, es ist auch politisch unglaublich mächtig und einflussreich. Dies ergibt sich aus der denkbar engsten Freundschaft mit der allerstärksten Macht der Welt überhaupt, den Vereinigten Staaten. An dem Zustandekommen dieser Freundschaft hat die Arbeit der [amerikanischen, Anm. d. A.] Lobbyorganisation AIPAC einen grossen Anteil. Wie eng die Zusammenarbeit ist, wird sichtbar dadurch, dass nach Bushs grosser Nah-Ost-Rede am 24. Juni 2002 der damalige Minister Rivlin mit den Worten reagierte: ‚Diese Rede hätte von einem Leiter der Likud Partei (der Partei des Premier Ariel Sharon) geschrieben sein können.' (Ha'Aretz 25.06.02) Ariel Sharon brüstete sich noch vor einigen Wochen damit, dass die neuesten Pläne der USA den Nahen Osten betreffend, die sogenannte ‚Road Map', stark von ihm beeinflusst wäre. Wenn nun heutzutage, wo der Staat Israel eine wirklich einflussreiche Macht geworden ist, Shimon Peres es wagt zu sagen, dass Kritik an Israel dem Antisemitismus gleichzustellen sei, dann ist das nicht weit von einem Verbrechen. (68)

So äußert sich Dr. Hajo G. Meyer, ein jüdischer Auschwitz-Überlebender, zum mittlerweile inflationär gewordenen Antisemitismusvorwurf und belegt, warum zumindest der klassische Antisemitismus gar nicht mehr existieren kann.

Eben diese Tatsache, dass sich die Situation der Juden in den letzten Jahren weltweit entschieden verändert hat, wird in der öffentlichen Antisemitismusdebatte meist nicht bedacht. Der Grund, warum Antisemitismus zu Recht von allen Gesellschaftsschichten verpönt ist, warum er für jeden sozial und demokratisch denkenden Menschen selbstverständlich als indiskutabel betrachtet wird, ist die frühere Hilflosigkeit und die Ohnmacht der Juden, die sich aus ihrem Minderheitenstatus, den sie lange Zeit überall auf der Welt innehatten, ableitete. Aus dem Gedanken, dass die Diaspora Antisemitismus erzeugt, weil jede Minderheit den Hass der Mehrheit auf sich zieht, ist schließlich die Idee für den Staat Israel hervorgegangen. Diese Idee und damit der Staat Israel, der sich tapfer gegen unterschiedliche Übermächte verteidigte, stießen bei einem großen Teil der christlichen Weltbevölkerung auf Solidarität. So wie man eben als sozial denkender Mensch quasi per se Sympathie für unterdrückte Minderheiten hat. Diese Attribute – unterdrückt, verfolgt, bedroht - treffen jedoch mittlerweile weder auf den Staat Israel noch auf zahlreiche Vertreter des Judentums, besonders nicht auf die jüdischen Protagonisten der deutschen Antisemitismusdebatte des Jahres 2002, die Herren Spiegel und Friedman, zu. Sie sind Funktionäre in gesellschaftlich machtvollen Positionen, die über ungeheure Einflussmöglichkeiten in Politik und Gesellschaft verfügen. Ich erinnere an dieser Stelle noch einmal an die Positionen, die Michel Friedman damals innehatte :

1. stellvertretender Vorsitzender des Zentralrats der Juden
2. Mitglied im Fernsehrat des ZDF
3. prominentes CDU-Mitglied
4. eine eigene Talkshow in der ARD (Friedman - Die Sendung)

5. eine eigene Talkshow im hessischen Fernsehen (Vorsicht Friedman!)
6. Präsident des Europäischen Jüdischen Kongresses (EJC)

Die überproportionale Macht der Herren Friedman und Spiegel sowie die Angst der Deutschen vor der Antisemitismuskeule wird von ihnen einseitig zu Gunsten der israelischen Regierung genutzt, um nicht zu sagen missbraucht. Dieser Sachverhalt wird mittlerweile von immer mehr Menschen erkannt. Die Folge ist, dass sich sowohl in der Bevölkerung als auch im öffentlichen Leben die anfängliche Sympathie mit einem bedrohten und hilflosen Volk in berechtigte Kritik und Aggressionen gegenüber einer sakrosankten Übermacht verwandelt. Nur traut sich kaum jemand, sie öffentlich zu äußern, da die Angst vor Repressalien noch immer überwiegt. In einer Demokratie muss es aber möglich sein, Funktionsträger mit derartigen Einflussmöglichkeiten wie die der Herren Spiegel und Friedman zu hinterfragen und auch zu kritisieren. Es darf nicht sein, dass Menschen einer bestimmten Bevölkerungsgruppe per se außerhalb einer kritischen Betrachtung gestellt werden. Eine solche Sonderbehandlung ist quasi ein Freibrief für Korruption und Machtmissbrauch.

Die AIPAC

Kehren wir noch einmal zu meiner Aussage zurück: „Man muss allerdings auch sagen, dass der Einfluss der zionistischen Lobby auch sehr groß ist: Sie hat den größten Teil der Medienmacht in der Welt inne ...“. Dies ist keine antizionistische Verschwörungstheorie eines fanatischen Arabers, wie es allenthalben dargestellt wurde, sondern schlicht eine Tatsache. Der Einfluss der zionistischen Lobby in den USA namens AIPAC (American Israel Public Affairs Committee) wird offen zur Schau gestellt und ist zumindest in den USA jedermann bekannt. Von dieser zionistischen Lobby habe ich in dem Interview mit der Jungen Freiheit gesprochen. Uri Avnery beschreibt das Vorgehen der AIPAC und schildert sowohl Umfang als auch Missbrauch ihrer Macht:

[...] das jüdische Establishment bemüht sich geradezu darum, zu beweisen, dass es das Land kontrolliert. Alle paar Jahre „eliminiert" die jüdische Lobby einen amerikanischen Politiker, der nicht die israelische Regierung bedingungslos unterstützt. Das geschieht nicht im Geheimen, hinter den Kulissen, sondern als öffentliche „Exekution". Erst vor kurzem geschah dies gegenüber der afroamerikanischen Kongressfrau Cynthia Mc Kinney, einer jungen, aktiven, intelligenten und sehr sympathischen Frau. Sie wagte es, die Sharon-Regierung zu kritisieren, unterstützte die Palästinenser und – was noch schlimmer ist – die israelischen und jüdischen Friedensgruppen. Das jüdische Establishment fand eine Gegenkandidatin, eine praktisch unbekannte afroamerikanische Frau, steckte eine Menge Geld in diese Kampagne und besiegte Cynthia. Dies geschah in aller Öffentlichkeit, ja mit Pauken und Trompeten, um ein Exempel zu statuieren. Jeder Senator und alle Kongressleute sollten erfahren, dass wer Sharon kritisiert, soviel wie politischen Selbstmord begeht. (69)

In seinem Artikel „Zwei Seelen“ widmet sich Avnery noch einmal ausführlich der Macht und dem Einfluss der zionistischen Lobby in den USA:

Zwei Seelen

von Uri Avnery

Man muss Mitleid mit diesem Mann haben, mit Bush. Als er - mehr zufällig - gewählt wurde, war er ein Lokalpolitiker ohne irgendwelche internationale Erfahrung. Es wäre ihm wahrscheinlich sehr schwer gefallen, die Hälfte aller Staaten der Welt auf dem Atlas zu lokalisieren.

Seitdem gondelt er wie ein Schlafwandler in der Welt herum, mal hierhin mal dorthin, manchmal hört er auf einen seiner Mitarbeiter, manchmal auf einen anderen. Er bewegt sich in Kreisen, oder im Zickzack, Mal vorwärts, mal rückwärts.

Er sagt zu Sharon: Zieh dich sofort zurück! – „ich wiederhole: sofort!". Und wenn Sharon ihm ins Gesicht lacht, erklärt er ihn zu einem „Mann des Friedens". Er ruft nach einer internationalen

Konferenz und erledigt sie, bevor sie geboren wurde. Er fantasiert von der „Vision" eines palästinensischen Staates und demütigt täglich den Führer der Palästinenser. Er bringt sich selbst und seine Regierung in einen üblen Ruf.

Was geschieht hier eigentlich? Nun, Bush wird von zwei mächtigen Kräften in gegensätzliche Richtungen gezerrt. Auf der einen Seite gibt es den innenpolitischen Druck. Die jüdische Lobby ist natürlich eine der stärksten in den USA. Die jüdische Gemeinde ist außerordentlich gut organisiert nach strengen, autoritären Richtlinien. Ihre wahlpolitische und finanzielle Macht wirft einen langen Schatten auf die zwei Häuser des Kongresses. Hunderte von Senatoren und Mitglieder des Repräsentantenhauses wurden mit Hilfe von jüdischen Spenden gewählt. Widerstand gegen die Direktiven der jüdischen Lobby käme politischem Selbstmord gleich. Sollte die AIPAC eine Resolution einbringen, mit der die Zehn Gebote abgeschafft werden sollen, dann würden 80 Senatoren und 300 Kongressleute dies sofort unterzeichnen. Diese Lobby erschreckt selbst die Medien und sichert so ihre starke Verbundenheit mit Israel. [...] (08.06.2002) (70)

Die von mir angesprochene Existenz der AIPAC und auch ihr Einfluss sind also wahrlich kein Geheimnis. Zu dem Zitat möchte ich anmerken, dass ich die verwendete Bezeichnung „jüdische Lobby“ für falsch halte und ich persönlich ausschließlich die „zionistische Lobby“ kritisiere. Außerdem weise ich in aller Deutlichkeit darauf hin, dass ich nichts gegen Lobbyarbeit an sich habe. Wenn eine Interessengruppe jedoch eine solche Macht erlangt, wie die der zionistischen Lobby in den USA, dass Senatoren und Kongressabgeordnete nur noch Marionetten in den Fingern ihrer Funktionäre sind, dann ist das ein Thema, dass man nicht nur ansprechen darf, sondern - wie ich meine - auch sollte. Denn sie liefert die Begründung für die kritiklose pro-israelische Haltung der USA im Nahostkonflikt und die damit erst möglich gemachte Unterdrückung der palästinensischen Bevölkerung. Sie ist so mächtig, dass der Staat Israel es sich leisten kann, UNO-Resolutionen einfach mit Füssen zu treten. Ariel Sharon selbst hat damit geprahlt, die USA mache letztendlich dass, was sie, die israelische Regierung, wolle. Ein Beleg für die Richtigkeit dieser zunächst unglaublich überheblich und übertrieben wirkenden Aussage sind die mittlerweile mehr als 70 (!) Vetos, die die USA zugunsten von Israel bei der UNO eingelegt haben.

Ich habe also nichts anderes behauptet, als das, was öffentlich bekannt ist und woraus auch keines der Mitglieder der AIPAC einen Hehl macht. Im Gegenteil, sowohl die AIPAC brüstet sich auf ihrer Homepage (www.aipac.org) geradezu mit ihrer Macht, und wie bereits erwähnt, auch Ariel Sharon trägt seine Macht gegenüber Bush protzend vor sich her. Und davor haben die Menschen natürlich Angst. Besonders dann, wenn wie geschehen, in regelmäßigen Abständen demonstriert wird, was mit einem Politiker passiert, der sich nicht dem Willen der AIPAC beugt.

Auch die renommierte Fachzeitschrift „Blätter für deutsche und internationale Politik“ befasst sich in der 6. Ausgabe des Jahres 2002 sehr ausführlich mit der zionistischen Lobby in den USA. Dort kann man nachlesen, wie groß der Einfluss z.B. allein durch die Anzahl der US-israelischen Mitarbeiter in Schlüsselpositionen der amerikanischen Regierung ist. Zu den Herausgebern der Blätter gehören

- der international bekannte und renommierte Philosoph Dr. Jürgen Habermas,
- der langjährige Präsident der Akademie der Künste in Berlin, Dr. Jens Walter,
- der ehemalige Chefredakteur des „Spiegel" und ehemalige Leiter der Ständigen Vertretung der Bundesrepublik in der DDR, Günter Gaus, bekannt auch durch die Fernseh-Interview-Serie „Zur Person",
- sowie mehrere renommierte jüdische Intellektuelle.

Dies möchte ich anmerken, um erneute Spekulationen darüber, dass ich irgendwelche dubiosen Quellen zitieren könnte, von vorn herein im Keim zu ersticken.

In der folgenden Zusammenstellung der verschiedenen Artikel zur zionistischen Lobby in den USA wird das Thema historisch aufgearbeitet, und meine oben zitierte Behauptung wird durch Zahlen, Fakten und Zitate belegt:

Einfluss des Zionismus in den USA und der Welt

Die hier genannten Fakten sind bedeutsam, um die extrem einseitige Politik der USA für Israel und gegen die palästinensischen Christen und Muslime zu verstehen.

Der Einfluss des politischen Zionismus auf die US-amerikanische Politik reicht lange zurück. Bereits zur Zeit der Rothschilds wurde der von den Zionisten für Ihre rassistischen Ziele missbrauchte Davidstern auf der Dollarnote über den amerikanischen Phoenix (1841 durch den Adler ersetzt) platziert. Jahrzehnte später wird allein schon durch die aufgestellten Politiker deutlich, wer die USA beherrscht.

Folgende US-Israelis arbeiteten in den USA unter Clinton

Quelle: »Die Juden, die Clintons Hof beherrschen« (Maariv, Tel Aviv, Sep. 2, 1994) (71)

- *Madelein Albright - (Außenministerin)*
- *Robert Rubin - (Finanzminister)*
- *William Cohen - (Verteidigungsminister)*
- *Alan Greenspan - (Präsident der US-Notenbank)*
- *Dan Glickman - (Landwirtschaftsminister)*
- *George Tenet - (Chef des Geheimdienstes CIA)*
- *Samuel Berger - (Chef des Nationalen Sicherheitsrates)*
- *Evelyn Lieberman - (Chefin von Radio "Stimme Amerikas")*
- *Stuart Eisenstat - (Unterstaatssekretär für Europa)*
- *Charlene Barshefsky - (US-Handesbeauftragte)*
- *Susan Thomases - (Chefin des Büros der Präsidentengattin)*
- *Gene Sperling - (Vorsitzender des Nationalen Wirtschaftsrates)*
- *Ira Magaziner - (Chef der Nationalen Gesundheitsfürsorge)*
- *Peter Tarnoff - (Vizeaußenminister)*
- *Alice Rivlin - (Mitglied im Wirtschaftsrat)*
- *Anet Yellen - (Mitglied im Wirtschaftsrat)*

- *Rahm Emanuel - (Politischer Berater des Präsidenten)*
- *Don Sosnik - (Präsidentenberater)*
- *Jim Steinberg - (Vizevorsitzender im Nationalen Sicherheitsrat)*
- *Robert Weiner - (Koordinator der Drogenpolitik)*
- *Jay Footlik - (Verbindungsmann zu den Jüdischen Gemeinden der USA)*
- *Robert Nash - (Chef für Präsidentenangelegenheiten)*
- *Jane Sherburne - (Rechtsanwältin des Präsidenten)*
- *Mark Penn - (Asienexperte im Nationalen Sicherheitsrat)*
- *Sandy Kristoff - (Chef der US-Gesundheitsbehörde)*
- *Robert Boorstine - (Kommunikationsbeauftragter)*
- *Keith Boykin - (Kommunikationsbeauftragter)*
- *Jeff Eher - (Präsidentenassistent für besondere Aufgaben)*
- *Tom Epstein - (Berater für das Gesundheitswesen)*
- *Judith Feder - (Mitglied im Nationalen Sicherheitsrat)*
- *Richard Feinberg - (Vizevorsitzender in Veteranenangelegenheiten)*
- *Hershel Gober - (Vizepräsident des Ernährungs- und Gesundheitsministeriums)*
- *Steve Kessler - (Berater im Weißen Haus)*
- *Ron Klein - (Assistent des Erziehungsministers)*
- *Margaret Hamburg - (Direktorin für Presseangelegenheiten)*
- *Karen Alder - (Direktorin für politische Angelegenheiten im Außenministerium)*
- *Samuel Lewis - (Mitglied im Nationalen Sicherheitsrat)*
- *Stanley Ross - (Mitglied im Nationalen Sicherheitsrat)*
- *Dan Schifter - (Direktor des Friedencorps)*
- *Eli Segal - (Vizestabschef im Weißen Haus)*
- *Jack Lew - (Vizedirektor für Etat und Verwaltung)*
- *James P. Rubin - (Unterstaatssekretär)*

- *David Lipton - (Unterstaatssekretär im Finanzministerium)*
- *Lanny P. Breuer - (Sonderberater des Präsidenten)*
- *Richard Holbrook - (Verbindungsmann mit besonderen Aufgaben bei der NATO)*
- *Kenneth Apfel - (Chef des Rentenministeriums)*
- *Joel Jlein - (Vizeberater im Weißen Haus)*
- *Sidney Blumenthal - (Sonderberater für die Präsidentengattin)*
- *David Kessler - (Chef des Ernährungsministeriums)*
- *Seth Waxman - (Generaljustitiar im Weißen Haus)*
- *Mark Penn - (Meinungsforscher für den Präsidenten)*
- *Dennis Ross - (Sondergesandter für Nahostangelegenheiten)*
- *Howard Shapiro - (Chefberater für das FBI)*
- *Lanny Davis - (Sonderberater für das Weiße Haus)*
- *Sally Katzen - (Vorsitzende für die Etatverwaltung)*
- *Kathleen Koch - (Chefin für Bewerbungsangelegenheiten im FBI)*
- *John Podesta - (Vizechef im Stab des Weißen Hauses)*
- *Alan Blinder - (Vizevorsitzender der US-Bundesbank)*
- *Janet Yellen - (Ratsvorsitzender der Wirtschaftsberater)*
- *Ron Klain - (Stabschef für den Vizepräsidenten Al-Gore)*
- *Joseph Liebermann (vorgeschlagener Vize-Präsident Al-Gore´s)*

(Barbara Streisand und Steven Spielberg haben Al Gore's Wahlkampf mit 15 Mio. US$ unterstützt)

„Der jüdische Weltkongreß verfügt über beträchtlichen politischen und wirtschaftlichen Einfluß und besitzt bei allen politischen Entscheidungen in den USA ein Mitspracherecht." Das sagte Israel Singer, Generalsekretär des Jüdischen Weltkongreß. (Quelle: M. Wolffsohn, Die Deutschlandakte, edition ferency bei Bruckmann, München 1995, S. 343.)

Bürger mit israelischer Staatsbürgerschaft stellen in den USA einen Bevölkerungsanteil von etwa 3 Prozent.

Die Schlüsselstellungen der US-Administration werden etwa zu weit mehr als der Hälfte (einige Quellen behaupten bis zu 90 Prozent) von Israelis gestellt.

Gleich zwei extrem Israel freundliche Außenminister der USA fielen durch besonders rassistische Äußerungen in der Öffentlichkeit auf: So antwortete Albright auf die Frage eines Journalisten über die 500.000 gestorbenen Kinder aufgrund des US-Embargos gegen Irak: „Alles in allem denken wir, daß es das wert ist." Diese Aussage sollte in der CBS-Sendung 60Minutes ausgestrahlt werden, wurde dann aber aufgrund von politischem Druck zensiert (Die wahre Geschichte des Golfkrieges, arte 17.1.2001).

Noch bekannter ist die Aussage des ehemaligen US-Außenministers Kissinger, der sagte: „Das Öl ist zu wichtig, um es den Arabern zu überlassen". Es ist nicht bekannt, daß einer dieser Politiker, die mit allen Ihren Möglichkeiten den Zionismus immer unterstützt haben, für diese verbalen rassistischen Entgleisungen jemals zur Rechenschaft gezogen wurde.

Der Konfliktforscher Christian Hacke sagte bei einer Vortragsreihe an der ETH Zürich im Sommersemester 1999: „Keine andere Interessengruppe innerhalb des amerikanischen Regierungssystems nimmt so nachhaltig Einfluss auf die Formulierung der Außenpolitik wie die israelische", und im gleichen Vortrag gab er zu: „Mit Blick auf den Gesamtkonflikt haben die Israelis bis heute, überspitzt ausgedrückt, im Kern den Palästinensern nur die Souveränität über die Müllabfuhr zugestanden." [...]

Nach Clinton setzte eine derart massive und zudem offene Parteinahme der USA für Israel ein, wobei jegliche Menschenrechtsverbrechen und Völkerrechtsvergehen Israels uneingeschränkt gedeckt wurden, wie es in den letzten Jahrzehnten kaum beobachtet werden konnte.

Fast scheint es, als wenn die US-Administration das von Muslimen schon immer behauptete zionistische Gesicht nun ganz offen im Namen der neuen Weltordnung aufzeigen.

Diese extrem einseitige pro-israelische Haltung, bei der die USA selbst gegenüber ihren Verbündeten den Anschein der Vermittlerrolle verloren haben, ist allerdings nicht allein mit dem 11. September zu erklären. Daher stellt sich die Frage: Warum ist George Walker Bush so extrem pro-israelisch, dass er sogar den Verlust des Ansehens der USA bei seinen Verbündeten und weltweit die Zunahme des Antiamerikanismus in Kauf nimmt?

Der Schlüssel zur Antwort auf diese Frage liegt in dem Maß der israelischen Einflussnahme auf die Politiker und damit die Politik der USA. Genauso wie bereits bei Clinton dargestellt, steht der Anteil israelisch geprägter Politiker auch in Bushs Umgebung in keinem Verhältnis zum Bevölkerungsanteil der Amerika-Israelis.

[...] Israelische Staatsbürger im Weißen Haus und direkter Umgebung, die im folgenden aufgelistet werden sollen:

- ***Richard Perle**, außenpolitischer Berater Bushs, Vorsitzender des Pentagon's Defense Policy Board. Perle wurde aus dem Büro von Senator Henry Jackson in den Siebzigern entlassen, nachdem die National Security Agency (NSA) ihn bei der Weiterleitung von hochgeheimen Dokumenten an die israelische Botschaft überführt hatte. Später arbeitete er für die israelische Waffenschmiede Soltam.*
- ***Paul Wolfowitz**, stellvertretender Verteidigungsminister mit guten Beziehungen zum israelischen Militär.*
- ***Robert Satloff**, Berater des U.S. National Security Council*
- ***Dov Zekheim**, Staatssekretär für Verteidigung und Rechnungsprüfung, einer der wenigen, welche ihre israelische Staatsbürgerschaft offen zugeben.*
- ***Douglas Feith**, Staatssekretär für Verteidigung und politischer Berater im Pentagon.*
- ***Elliott Abrams**, Berater des National Security Council, schon zu Reagans Zeiten im Außenministerium tätig, damals involviert in die Bekämpfung der Sandinisten in Nikaragua.*

- ***Marc Grossman**, Staatssekretär im Innenministerium. Grossman ist einer der vielen jüdischen Offiziellen aus der Clinton Regierung, die Bush in eine höherer Position versetzt hat.*

- ***Richard Haass**, Leiter der politischen Planung im Außenministerium, gleichzeitig Vorsitzender des Nationalen Sicherheitsprogramms und Senior Fellow im Rat für Außenbeziehungen (Council on Foreign Relations CFR). Stammt aus der Zeit des Bushvaters und war einer der Mitinitiatoren der Irakbombardierung*

- ***Henry Kissinger**, einer der vielen altgedienten Berater des Pentagon Advisors. Kissinger sitzt im Defense Policy Board des Pentagon. Über den ehemaligen Außenminister und seine vielen Verstrickungen mit Israel wurden schon viele Bücher geschrieben, in den auch behauptet wird, dass er neben den chilenischen Diktatoren auch Slobodan Milosevic beraten hat. Es gibt Stimmen, die ihn als "Ariel Sharon" der USA bezeichnen.*

- ***James Schlesinger**, ein weiterer der vielen Berater des Pentagon, auch Schlesinger sitzt im Pentagon's Defense Policy Board.*

- ***Robert Zoellick**, U.S. Handelsstaatsrat, eine Position vergleichbar einem Kabinettmitglied. Er setzte sich für die Bombardierung des Irak, die Besetzung des Landes und die Installierung einer besser kontrollierbaren pro-US-Regierung im Irak ein.*

- ***Mel Sembler**, Präsident der Export-Import Bank of the United States, welche insbesondere die finanziellen „Beziehungen" zu den Ländern regelt, die finanzielle Probleme haben.*

- ***Ari Fleischer**, offizieller Sprecher des Weißen Hauses für die Bush-Regierung, einer der wenigen, die ihre israelische Staatsbürgerschaft offen zugeben.*

- ***Joshua (Josh) Bolten**, Bushs Chief Policy Director*

- ***Steve Goldsmith**, Berater des Präsidenten insbesondere in Fragen der jüdischen Innenpolitik der USA, gilt als persönlicher guter Freund des Jerusalemer Bürgermeisters Ehud Olmert*

- ***Adam Goldman**, verantwortlich für die Beziehungen des weißen Hauses mit der jüdischen Gemeinschaft in den USA*
- ***Joseph Gildenhorn**, Wahlkampfhelfer Bushs und Koordinator der Wahlkampffinanzen, ehemals Botschafter in der Schweiz*
- ***Christopher Gersten**, früherer Executive Director der Republican Jewish Coalition*
- ***Daniel Saul Goldin**, Leiter der NASA, National Aeronautics and Space Administration. Übernommen von der Clinton Regierung, Golding wird regelmäßig von der israelischen Presse als Freund des Landes gepriesen.*
- ***Mark Weinberger**, Staatsrat im Finanzministerium*
- ***Samuel Bodman**, stellvertretender Handelsminister.*
- ***Bonnie Cohen**, Staatssekretär im State for Management.*
- ***Ruth Davis**, Direktorin des Foreign Service Institute,*
- ***Lincoln Bloomfield**, Staatssekretär im Verteidigungsministerium*
- ***Jay Lefkowitz**, leitender Mitarbeiter im Finanzministerium*
- ***David Frum**, ehemaliger Schreiber der Reden des Weißen Hauses, er erfand die Floskel „Achse des Bösen", bestehend aus Iran, Irak und Nordkorea, outete sich dann und nahm seinen Hut, um als nunmehr berühmter Autor Bücher zu schreiben.*
- ***Ken Melman**, rechte Hand des wichtigsten politischen Beraters Karl Rove*
- ***Brad Blakeman**, Steuerberater des Präsidenten*
- ***Alan Greenspan** - nach wie vor Präsident der US-Notenbank*

(Jerusalem Post 24.2.2002) (72)

[...]

Obwohl obige Belege schon einen eindeutigen Charakter haben, ist ein Zitat des Israelischen Ministerpräsidenten Sharon (immerhin die Nummer eins des Zionistenstaates) der endgültige Beweis, dass die Zionistische Herrschaft über die USA kein Hirngespinst antisemiti-

scher Verschwörungstheoretiker ist: Anfang Oktober 2001 sagte Sharon zu Peres:

„Jedes Mal wenn wir etwas tun, erzählst Du mir, Amerika wird dies oder das tun ... Ich will Dir etwas sehr klar sagen: Mach dir keine Sorgen über amerikanischen Druck auf Israel. Wir, die jüdischen Leute, kontrollieren Amerika, und die Amerikaner wissen es."

Dieses Zitat wurde von zahllosen durchaus seriösen Medien (z.B. dem TV-Sender Phönix) aufgegriffen, von Sharons Sprechern später auf Nachfragen nicht bestätigt, aber auch nicht dementiert.

Die Israel-Lobby in den USA

Israels langer Arm nach Washington

von Urs Gehriger

Die amerikanische Israel-Lobby behindert seit Jahren den Friedensprozess in Nahost - und setzt sich damit über die Mehrheit der jüdischen US-Bürger hinweg.

Die US-Bevölkerung bekommt dieser Tage einen Werbespot der düsteren Sorte ins Haus geliefert. Zur besten Sendezeit wird mit bedrohlichem Unterton vor dem «Terroristen» Yassir Arafat gewarnt. «Israel will Frieden, aber Arafat will immer noch kein Israel», erklärt eine sonore Stimme, untermalt von dramatischen Klängen. «Arafat ruft Jihad, Jihad, Jihad», geht es im gleichen Ton weiter. Und schliesslich wird ein ganzes Volk verteufelt: «Jetzt zeigen Palästinenser sogar Unterstützung für Saddam Hussein; ein Diktator, der die USA und Israel hasst.»

Hinter dem Anti-Arafat-Werbespot steht Aipac, die einflussreichste aussenpolitische Lobby in den USA. Das «American Israel Public Affairs Committee» ist eine private jüdische Organisation und verfolgt seit seiner Gründung vor 50 Jahren dasselbe Ziel: die US-Regierung für eine uneingeschränkte Unterstützung für Israel zu gewinnen. Die Israel-Lobby leistet ihre Arbeit derart erfolgreich, dass sie seit längerem im Ruf steht, die US-Nahostpolitik entscheidend zu beeinflussen.

Wenn die Aipac ihren eindrücklichen Propaganda-Apparat (60 000 Mitglieder und ein Jahresbudget von 19,5 Millionen Dollar) in Bewegung setzt, ist ihr der Erfolg so gut wie sicher. So ist Aipac dafür verantwortlich, dass Israel seit gut zwei Jahrzehnten jährlich 3 Milliarden Dollar aus den Schatullen Washingtons erhält - mehr als irgendein anderes Land auf der Welt. Auch in der Uno und anderen Foren engagiert sich die Israel-Lobby mit Effizienz. Dass die USA im Uno-Sicherheitsrat regelmässig Massnahmen gegen die israelische Siedlungs- und Unterdrückungspolitik verhindern, ist vor allem Aipac zu verdanken.

[...]

Die Falken bestimmen den Kurs

Seit Ende der 60er-Jahre ist die Führung der Israel-Lobby in den Händen von orthodoxen Juden und radikalen Zionisten. Diese erzkonservative Elite hat sich wiederholt tatkräftig gegen die offizielle Politik Israels und der USA engagiert.

Prominentestes Beispiel sind die Friedensverhandlungen mit den Palästinensern.

Aipac war von Beginn an gegen das 1993 von Yitzhak Rabin und Yassir Arafat unterzeichnete Oslo-Abkommen. [...]

Der dezidierte Widerstand der Israel-Lobby gegen den Friedensprozess ist besonders bemerkenswert, weil er in keiner Weise die Stimmung unter den amerikanischen Juden repräsentiert.

Selbst nach dem 11. September fanden gemäss einer Umfrage der New Yorker «Jewish Week» 85 Prozent der amerikanischen Juden, die USA sollten sowohl auf Israel als auch auf die Palästinenser mehr Druck ausüben, um sie zurück an den Verhandlungstisch zu bewegen. Diese Gesinnung wird von Aipac schlichtweg ignoriert.

«Es zählt nicht, was 6 Millionen amerikanischer Juden denken, sondern was die grössten jüdischen Organisationen für richtig befinden», fasst der Journalist Jonathan J. Goldberg die Diskrepanz zwischen Willen und Politik in der jüdisch-amerikanischen Gesellschaft zusammen (J. J. Goldberg, Jewish Power, Addison- Wesley 1996).

Bush wird Israels bester Freund

Seit der Wahl von George W. Bush und Ariel Sharon ist Aipac wieder zurück an vorderster Front. Besonders seit dem 11. September setzt die Lobby Washington unter Druck, Arafat als politischen Partner zu ignorieren.

[...]

Indem George W. Bush Israel in seinem «Krieg gegen den palästinensischen Terror» freie Hand lässt, erfüllt der US-Präsident jedoch die wichtigste Forderung der Israel-Lobby.

«Bush ist der beste Freund, den Israel je hatte im Weissen Haus», meint denn auch Mortimer Zimmermann, ein führendes Mitglied der amerikanischen Israel-Lobby.

Den Schulterschluss George W. Bushs mit Israel hatte die Lobby nicht erwartet.

Jüdische Organisationen sahen in seinem Vater den antiisraelischsten Präsidenten der letzten Jahrzehnte - ein Mann, der mehr am Öl interessiert war als am Schicksal Israels.

Ein Grund für die neue Nähe zu Israel liegt in der neokonservativen Führungsriege, die mit Bush nach Washington gezogen ist. Ihr gehören verschiedene jüdische Spitzenpolitiker an, allen voran Vize-Verteidigungsminister Paul Wolfowitz und der Pentagon Berater Richard Perle.

[...]

Eine perfekt geölte Spendenmaschine

Mit Kompetenz und vollen Kassen gewinnt die jüdische Lobby 80 Prozent der Kongressabgeordneten für die Interessen Israels.

Das Fundament für den Erfolg der Israel-Lobby legt das «Fussvolk» der Aipac [...]

[Dies kann] jederzeit aufgeboten werden, um Kongressmitglieder von den Anliegen Israels zu überzeugen. Der Schlüssel zum Erfolg ist Geld. «Die Israel-Lobby ist eine ethnische Spendenmaschine», schreibt Michael Lind in einer Analyse für das renommierte briti-

sche «Prospect»-Magazin. Die Lobby setzt im ganzen Land auf höchst effiziente Weise Kampagnengelder ein, «um auch dort gezielt Kongressmitglieder zu beeinflussen, wo wenig jüdische Wähler wohnen».

Ein typisches Beispiel von exzellentem Lobbying ist der heutige Senatsvorsitzende Tom Daschle. Als der Demokrat 1986 erstmals für den Senat kandidierte, war seine Einstellung gegenüber Israel indifferent. Aipac entschloss sich, Daschle zu «kultivieren», wie es im Lobbyjargon heisst. Die Lobby finanzierte ein Viertel von Daschles Wahlkampagne, die rund zwei Millionen Dollar kostete. In den folgenden Wahlkämpfen erhielt Daschle von Aipac wiederum ähnliche Summen. Die hohen Investitionen zahlten sich aus. Während Daschle die Leiter im Senat emporstieg, wurde er zu einem zuverlässigen Vorkämpfer für die Interessen Israels.

Auf diese Weise wurden in den letzten Jahrzehnten Hunderte von Abgeordneten beider grossen Parteien mit Spenden und intensivem Lobbying für die Interessen Israels gewonnen. (Ein Überblick über die einzelnen Spenden findet sich auf der Website der Federal Election Commission, www.fec.doc.)

In der Hauptstadt ergänzt die Aipac-Zentrale mit 130 hoch motivierten Experten die Arbeit des «Fussvolks». Wenn im Kongress ein Geschäft auf der Agenda steht, das für Israel von Relevanz ist, verschicken sie an alle Abgeordneten einen «Talking Point Report», in dem die Anliegen der Lobby knapp zusammengefasst sind. Zwecks Kontrolle führt Aipac eine detaillierte Liste über das Abstimmungsverhalten jedes einzelnen Kongressmitglieds. Zögernde Parlamentarier erhalten vor den Abstimmungen eine spezielle «Behandlung», meist ein direktes Gespräch, bei dem mit Nachdruck an die Interessen Israels erinnert wird. Wie effizient die hartnäckige Arbeit der Israel-Lobby ist, weiss William Quandt, Mitglied des Nationalen Sicherheitsrates unter den Präsidenten Nixon und Carter: «70 bis 80 Prozent aller Kongressabgeordneten stimmen in den für Israel relevanten Fragen nach den Anweisungen von Aipac.»

Hoenleins Draht ins Weiße Haus

Unterstützt wird die Arbeit von Aipac durch die zweite große jüdische Lobby, die so genannte Präsidentenkonferenz (Conference of Presidents of Major American Jewish Organizations), einem Bündnis von 51 jüdischen Organisationen. Zwischen den beiden Lobbys herrscht strikte Arbeitsteilung: Während sich Aipac auf den Kongress konzentriert, ist die Präsidentenkonferenz auf das Lobbying in der US-Regierung spezialisiert.

Die Arbeit der Präsidentenkonferenz wird dominiert von ihrem Chef, Malcolm Hoenlein.

Der Abkömmling einer jüdisch-orthodoxen Familie aus Philadelphia wurde von der Zeitung «Forward» als einflussreichster jüdischer Amerikaner bezeichnet.

Ein hoher US- Diplomat beschrieb ihn sogar als die einflussreichste Privatperson in der amerikanischen Außenpolitik.

Dank seiner energischen Art und seiner profunden Nahostkenntnis öffnete er die Türen zu allen Abteilungen der US-Regierung. Täglich steht Hoenlein mit dem Außenministerium, einem Präsidentenberater oder einem Botschafter in Kontakt, um die US-Politik auf Israel-Kurs zu bringen.

Wie die Aipac-Führung verfolgt auch Hoenlein eine dezidiert konservative Politik.

Offiziell gibt sich der 56-Jährige zwar moderat und allen israelischen Regierungen verpflichtet. Seine Sympathie für Ariel Sharon und die Likud-Partei ist in Washington jedoch ein offenes Geheimnis.

Keinen Hehl macht Hoenlein aus seiner Ablehnung israelischer Kompromisse gegenüber den Palästinensern.

Jahrelang sammelte er Geld für Bet El, eine der umstrittensten Siedlungen im Westjordanland. Sein Engagement für die Siedler rechtfertigt er so: «Juden haben das Recht, in Judäa und Samaria, dem alten jüdischen Heimatland, zu leben - genauso wie sie das Recht haben, in Paris oder Washington zu leben.»
[...]

Der Zionismus kostet die USA im 21. Jh. rund 6 Milliarden Dollar jährlich an „Entwicklungshilfe" und Waffenhilfe. Diese Summe entspricht fast einem Drittel der gesamten amerikanischen Auslandshilfe im Verlauf des letzten halben Jahrhunderts und dem Betrag, den die USA in ihrem Kampf gegen die Drogen aufgewendet haben.

Im Februar 2002, während der größten Krise in der Region seit Jahrzehnten wurde Israel nicht davon abgehalten, sich über Merrill Lynch und UBS Warburg eine Euro-Anleihe über 400 Millionen zu beschaffen. Der Verkauf lief reibungslos. Die Käufer gehen davon aus, dass notfalls - wenn es brennt - hier die Amerikaner zahlen werden, eine wirklich komfortable Sicherheit.

Im Januar 2001 vereinbarten die USA und Israel, dass die Militärhilfe längerfristig verstärkt wird. Bis 2008 soll die Militärhilfe um jährlich 60 Millionen Dollar auf den Spitzensatz von 2,8 Milliarden Dollar im Jahr 2008 steigen.

Kein Staat erhält so viel US-Militärhilfe wie das Land unter dem Davidstern.

Offiziell schenkt der amerikanische Kongress Israel jedes Jahr mehrere Milliarden Dollar.

Das ist jedoch nur ein Bruchteil der Wahrheit. Ein Report von William Hartung vom World Policy Institute belegt, dass Israel bereits in den 90er Jahren jährlich über zehn Milliarden US-Dollar Steuergelder erhält.

Die meisten Zuwendungen sind jedoch versteckt und verklausuliert, so dass sie in der offiziellen Statistik nicht direkt mit Israel in Verbindung gebracht werden.

Beispielsweise wird Israel regelmäßig ein Kredit von 2,5 Milliarden Dollar gewährt, damit das Nahostland zusätzlich Waffen von amerikanischen Herstellern kaufen kann.

Die ‚Kreditschuld' wird dann jeweils im Nachsatz eines obskuren Legislaturpakets gestrichen. Außerdem kann Israel gewisse Waffensysteme bis zu 85 Prozent unter dem Marktwert ‚einkaufen'.

Eine Milliarde Dollar pro Jahr erhält Israel zusätzlich unter dem Posten ‚US-Wirtschaftshilfe'.

Im März 1993 listete David Yohanna in der Chicago Tribune sämtliche US-Zuwendungen auf, die Israel in diesem Jahr erhalten sollte. Die Summe betrug 11,3 Milliarden Dollar, obwohl damals nur 3 Milliarden im US-Haushaltsbudget ausgewiesen wurden.

[...]

Die israelische Dominanz über die Medien

In den westlichen Demokratien hat sich neben den drei vom Wähler legitimierten Kräften (Legislative, Exekutive, Judikative) zunehmend eine vierte Kraft etabliert, die als „Medien" bezeichnet wird.

Teilweise sind diese Medien derart mächtig, dass sie alle anderen drei Kräfte überwiegen können.

Fatalerweise unterliegen die Medien im Namen der sogenannten Meinungsfreiheit fast keiner Kontrolle und sind in keinsterweise demokratisch legitimiert.

Das wird umso tragischer, wenn die mächtigsten Medien ausschließlich von einer Interessengruppe dominiert werden.

Hierbei kann das besondere Engagement der US-amerikanischen Meinungsbildung einseitig für Israel durchaus leicht nachvollzogen werden.

Im folgenden werden die Unternehmen aufgelistet, die allesamt israelische Staatsbürger zu Vorstandsvorsitzenden, Leitern bzw. Gründern haben. Diese Personen beherrschen in den USA die Medien:

Western Publishing, ABC, 20th Century Fox, Paramount Comm., WALT DISNEY Co., NBC, Newsweek, Washington Post, Columbia Pictures, New York Post, Dow Jones, Wall St. Journal, EMI Records, Capitol Records, TIME/WARNER Comm., CBS Head Entertainment Division, RCA, SONY, Paramount pictures, u.v.a.m.

Sicherlich wäre es selbst ein von Muslimen auf jeden Fall abzulehnender Rassismus, wenn allein die Zugehörigkeit zu einer Volks-

gruppe oder Nationalität zur Ablehnung durch Muslime führen würde.

Wenn aber die massive Ansammlung von Macht allein in der Hand einer Interessengruppe ohne jegliche Kontrolle und ohne demokratische Legitimität und zudem, ohne das tatsächliche Volk zu repräsentieren, zu der Unterstützung der zionistischen Appartheitspolitik führt, dann ist es zumindest zu erwähnen und auf die damit verbundene Gefahr nicht nur für das eigene Volk hinzuweisen.

(22.04.2002)

Israelischer Einfluss auf den US-Wahlkampf

Mit Spenden von rund 6,5 Millionen Dollar zählen die Lobbyisten des jüdischen Staats laut dem Center for Responsive Policy zu den größten Geldgebern in der amerikanischen Politik. Koordiniert vom American Israel Public Affairs Comittee (Aipac), weibeln mehr als 40 gut finanzierte Gruppen und Organisationen in Washington für die Interessen Israels. Konsequenz dieser Bemühungen ist eine überparteiliche Einigkeit, die man sonst selten findet. Kritik an Israel hört man im Kapitol, wenn überhaupt, nur hinter vorgehaltener Hand. Besonders einflussreich sind die Israel-Lobbyisten unter Abgeordneten aus Staaten mit hohem jüdischen Bevölkerungsanteil. So findet sich der ansonsten «linke» New Yorker Senator Charles Schumer plötzlich im gleichen Boot mit Exponenten des rechten republikanischen Flügels. Ginge es nach ihnen, hätte Präsident Bush Außenminister Colin Powell gar nicht in den Nahen Osten schicken dürfen. Proisraelische Bollwerke finden sich auch um Vizepräsident Dick Cheney und Verteidigungsminister Donald Rumsfeld. Dessen Stellvertreter Paul Wolfowitz trat gar als Redner an der Demonstration in Washington auf, während Powell noch in der Region für Frieden warb. Unterstützung erhalten die Freunde Israels neuerdings von einer Gruppe, die bisher dem jüdischen Staat skeptisch gegenüberstand: den christlichen Fundamentalisten. Sie sind überzeugt, Gott habe das «Heilige Land» den Juden versprochen, die es nun gegen den «muslimischen Vormarsch» verteidigen müssten. Laut

Gary Bauer, dem ehemaligen Präsidentschaftskandidaten der religiösen Rechten, übt seine Bewegung «beträchtlichen Druck» auf Regierung und Kongress aus, für Marshall Wittmann vom Washingtoner Hudson Institute eine «wichtige Veränderung der Dynamik», welche die Republikaner zur «stärkeren Pro-Israel-Partei» gemacht habe.

(22.4.2002) (73)

Süddeutsche Zeitung

Israels engste Freunde in den USA sitzen in den beiden Häusern des Kongresses, die im kommenden November teilweise neu gewählt werden. Dies erhöht den Einfluss der wohlhabenden jüdischen Lobby, die nicht mit Wahlspenden geizt.

Zur jüngsten Jahresversammlung des American Israel Public Affairs Committee (AIPAC), der wohl mächtigsten jüdischen Lobby in Washington, erschienen 50 von 100 Senatoren, fast 100 Kongress-Abgeordnete und mehr als ein Dutzend Minister der Regierung von Präsident George Bush.[...]

(02.05.2002) (74)

Wie all diese unterschiedlichen Artikel belegen: Es geht nicht darum, dass oder ob irgendein Zeitungsredakteur oder anderer Funktionär jüdischen Glaubens ist, es geht um die systematische und organisierte Machtkonzentration einer Interessengruppe, die ihre Interessen offen deklariert und ihre diesbezügliche Macht ebenso offen demonstriert. Es geht um die Macht, die einflussreichste Regierung der Welt, nämlich die amerikanische, zu Gunsten der menschenverachtenden rassistischen israelischen (ich sage bewusst nicht jüdischen!) Politik zu beeinflussen.

Die World Zionist Organisation (WZO)

Die komplexen Strukturen innerhalb der World Zionist Organisation (WZO) sowie zwischen der WZO und anderen jüdischen Organen werden in dem Unterstützungsschreiben des israelischen Politologen Dr. Uri Davis anschaulich beschrieben:

Uri Davis: Jamal Karsli ist nicht Antisemitisch

Jeder Versuch, Jamal Karsli als antisemitisch zu verleumden, weil er eine Verbindung zwischen der WZO (World Zionist Organisation) und der israelischen Regierung beklagte und dabei die Existenz einer ‚jüdischen Verschwörung' andeutete, ist schlichtweg lächerlich.

Es gibt keine ‚jüdische Verschwörung'. Aber es gibt definitiv eine formale und erklärte Verbindung, möglicherweise eine nach europäischem Gesetz illegale Verbindung, zwischen der israelischen Regierung und der WZO, die man sich auf jeden Fall einmal näher anschauen und eventuell auch offiziell untersuchen sollte.

Es ist wichtig, die drei unterschiedlichen legalen Organe auseinander zu halten:

1. *Jüdische Gemeinden in der ganzen Welt, die zum Teil in die WJC (World Jewish Organization) integriert sind*
2. *Die WZO (World Zionist Organization) und ihre unterschiedlichen Instrumente wie die Jewish Colonial Trust, den Jewish National Fund, den Foundation Fund – United Israel Appeal (UIA), die Jewish Agency for Israel (JA) und andere*
3. *Den Staat Israel*

Der Staat Israel ist ein Mitgliedsstaat der Vereinten Nationen, dessen aufeinander folgende Regierungen an schwerwiegenden Verletzungen der Resolutionen des Sicherheitsrates der UN schuldig sind, wie z.B. die Resolutionen des UN-Sicherheitsrats bezüglich der Illegalität der israelischen Annexion von Jerusalem und der Illegali-

tät der israelischen Siedlungspolitik. Staaten, die die Resolutionen des UN Sicherheitsrats verletzen, gelten nach der üblichen politischen Bezeichnung als „Schurkenstaaten".

Es gibt wenig Zweifel, dass die gegenwärtige Regierung Israels unter der Leitung eines als Kriegsverbrecher bekannten Mannes namens Ariel Scharon ein Schurkenstaat ist und als solcher mit internationalen Sanktionen bestraft werden sollte, wie sie die UN verhängt haben.

Die WZO und ihre unterschiedlichen Instrumente sind mit der Regierung des Staates Israel durch strategische Gesetze und Verpflichtungen verbunden, die vom israelischen Parlament (der Knesset) kurz nach der Gründung des Staates 1948 gesetzlich vereinbart wurden. Dies sind hauptsächlich:

- *World Zionist Organization (WZO) / Jewish Agency for Israel (JA) Gesetz von 1952*
- *Jewish National Fund (JNF) Gesetz von 1953*
- *Verpflichtung zwischen der israelischen Regierung und der WZO / JA von 1954 (welche, der Wiederherstellung der Jewish Agency folgend, durch eine neue Verpflichtung zwischen der israelischen Regierung und der wiederhergestellten Jewish Agency for Israel 1979 ersetzt wurde)*
- *Verpflichtung zwischen der israelischen Regierung und der JNF von 1961.*

Laut dem WZO / JA Gesetz von 1952, Artikel 4 (geändert 1976) erkennt der israelische Staat die WZO und die JA als autorisierte Agenten an, im Staat Israel an der Entwicklung und Besiedelung des Landes, an der Aufnahme von Immigranten aus der Diaspora und an der Koordination der Aktivitäten von jüdischen Institutionen und Organisationen, die in Israel in dieser Hinsicht aktiv sind, fortwährend zu arbeiten.

Außerdem verpflichtet die Konstitution der WZO die Organisation zur ‚Versammlung der jüdischen Menschen in ihrer historischen Heimat, Eretz Israel, durch jüdische Immigration aus allen Ländern'

(WZO, Konstitution, Artikel 2); die Aufgaben der wieder hergestellten JA (außer den Aktivitäten und Möglichkeiten, deren Erfüllung der israelischen Regierung gesetzlich auferlegt sind) schließen die jüdische Immigration (aliyah) nach und die Aufnahme von jüdischen Immigranten (olim) in Israel ein; soziale Fürsorgedienste in Verbindung mit jüdischer Immigration und Aufnahme; Gesundheitsdienste in Verbindung mit jüdischer Immigration und Aufnahme; Förderung der regionalen Entwicklung und Aufbau von Arbeitsämtern in Randgebieten für die Aufnahme jüdischer Immigranten (olim) und für ihre soziale und ihre das Gemeinschaftsgefühl betreffende Integration in städtischen und ländlichen Gebieten und die Aufnahme in landwirtschaftlicher Umgebung; Unterbringung jüdischer Immigranten. (Vereinbarung für die Wiederherstellung der JA, Artikel 1C, 1994)

Mit anderen Worten, es gibt nicht nur eine legale Verbindung zwischen der Regierung des Staates Israel und der WZO und seiner unterschiedlichen Instrumente, sondern diese formal legale Verbindung wird von der israelischen Regierung dazu benutzt, um die illegale Politik in den Gebieten der Erschließung und Besiedelung AUSSCHLIEßLICH FÜR JUDEN umzusetzen.

Hinsichtlich dieser Verbindung muss auf Folgendes hingewiesen werden:

- *Der offizielle Name der JA lautet auf hebräisch Jüdische Agentur für das Land Israel (Eretz Israel, designiertes ‚Groß Israel', namentlich das Gebiet, das in der Bibel den Menschen aus Israel angeblich von Gott versprochen wurde), während der offizielle Name der JA in englisch Jewish Agency for Israel ist (der den israelischen Staat mit den Grenzen des Waffenstillstands von 1949 andeutet)*

- *Die Zwecke der JA beziehen sich in hebräisch auf aliyah (jüdische Immigration) und olim (jüdische Immigranten), während die offizielle englische Übersetzung sich auf Immigration und Immigranten bezieht und so den Bezug auf Juden auslässt.*

Es braucht wohl nicht extra erwähnt zu werden, dass nur als Juden klassifizierte Menschen vom israelischen Gesetz als ‚olim' anerkannt werden, also jüdische Immigranten.

Die Doppelbödigkeit verheimlicht, da nach einer Untersuchung der Wahlkreise die Mehrheit der Öffentlichkeit außerhalb Israels nicht hebräisch spricht, die Tatsache der Apartheid im Staat Israel als einem jüdischen Staat im Sinne der politischen zionistischen Bedeutung der Bezeichnung, wo 93 % des Gebiets des Staats Israel vor 1967 per Gesetz ***NUR FÜR JUDEN*** *reserviert sind.*

In diesem Zusammenhang sollte auch darauf hingewiesen werden, dass die israelische Apartheids-Gesetzgebung in Bezug auf Grundbesitz und Besiedelung im negativen Sinn radikaler ist als die südafrikanische, die während der Blütezeit ihrer Apartheidsregierung 87 % des Landes (im Vergleich zu Israels 93%) per Gesetz NUR FÜR WEISSE reserviert hatte.

Die Behauptung, es gäbe keine Verbindung zwischen der israelischen Regierung und der WZO ist schlichtweg lächerlich. Es gibt eine förmliche offizielle Verbindung, welche als negativ einzustufen ist.

Die Behauptung, es gäbe keine Verbindung zwischen der WZO und dem World Jewish Congress ist ähnlich lächerlich. Sie sind beide Mitglieder der World Jewish Restitution Organization (zusammen mit Agudath Israel World Organization, American Gathering of Jewish Holocaust Survivors, American Jewish Joint Distribution Committee, B'nei B'rith (hebräisch: Söhne des Bundes) International, Center of Organizations of Holocaust Survivors in Israel, Conference on Jewish Material Claims Against Germany, Joint European Delegation, and Jewish Agency for Israel).

Rassendiskriminierung, wie sie im Artikel 1 der UN Konferenz über die Ausrottung aller Formen der Rassendiskriminierung von 1966 definiert ist (jede Unterscheidung, Ausschließung, Verweigerung oder Bevorzugung, die auf einer Rasse, Hautfarbe, Abstammung sowie auf nationaler oder ethnischer Herkunft beruht, die die Absicht oder den Zweck hat, die Anerkennung, das Vergnügen oder die

Wahrnehmung einer gleichgestellten Beziehung, der Menschenrechte und der grundsätzlichen Freiheit in politischer, ökonomischer, sozialer, kultureller oder andere Bereiche des öffentlichen Lebens betreffender Hinsicht, zu annullieren oder zu verschlechtern) ist nach internationalem und EU Gesetz illegal.

Im Rahmen der oben aufgeführten Gesetze und Verpflichtungen hat Israel zusammen mit der WZO, JA, JNF und anderen beginnend mit der ethnischen Säuberung der Mehrheit der einheimischen palästinensischen Bevölkerung des Gebietes, das während des Krieges 1948-49 unter israelische Kontrolle kam, der Zerstörung der ländlichen und städtischen Ortschaften, etwa 400 im ganzen, durch die Zerstörung des Lagers in Jenin in der besetzten West Bank 2002 (Kriegsverbrechen und ein Verbrechen gegen die Menschlichkeit gemäß internationalem Recht) eine Politik der Rassendiskriminierung gegen die einheimische Bevölkerung von Palästina und die palästinensischen Araber durchgeführt.

Basierend auf den bisherigen Ausführungen bitte ich Jamal Karsli und jeden anderen Bürger der europäischen Union, der sich zu den Werten der allgemeinen Erklärung der Menschenrechte bekennt, ihre zuständigen Regierungen zu unterstützen und eine Untersuchung der Steuerbefreiung der WZO und seiner unterschiedlichen Organe zu verlangen, ein Status, der diesen Organisationen von vielen, wenn nicht allen Ländern der EU gewährt wird.

Es gibt keinen erdenklichen Grund, warum die illegale israelische Besiedelung in Palästina auf Basis der Apartheid „NUR FÜR JUDEN" oder die Bepflanzung von JNF Wäldern, die die Ruinen palästinensischer Dörfer verstecken sollen, deren Bewohnern aus dem Gebiet, das in dem Krieg 1948-49 unter israelische Kontrolle kam und deren Recht auf Rückkehr und auf ihren Grundbesitz in Israel durch das berüchtigte ‚Eigentum Abwesender Gesetz' von 1950 auf illegale Weise verweigert wird, ethnisch gesäubert wurden, mit europäischen Steuergeldern finanziert werden sollte.

Jamal Karsli ist nicht antisemitisch. Jamal Karsli ist ein mutiger Mann, der es angesichts von Gräueltaten ablehnt zu schweigen. Als

Bürger der demokratischen Republik Deutschland und als Abgeordneter des Landtags Nordrhein Westfalen tritt Jamal Karsli zu Recht dafür ein, dass sein Land, Deutschland, sich nicht an den Kriegsverbrechen beteiligt, einschließlich der Verbrechen, die durch die Schurkenregierung in Israel begangen werden. Verschlimmert werden diese Verbrechen durch die Versuche der Botschaft des Staates Israel, der Büros der WZO und bestimmter Angehöriger des World Jewish Congress, legitime Kritik an der israelischen Politik und der Regierung zu unterdrücken, indem diejenigen, die ihre Stimmen zu legaler Verurteilung und zum Protest erheben, als antisemitisch verleumdet werden.

Diese hässlichen Versuche, kritische öffentliche Debatten zu terrorisieren bis sie verstummen sowie die Solidarität mit den Palästinensern und berechtigte Proteste gegen die fortdauernde israelische Besetzung und die berechtigte Verurteilung der andauernden Verbrechen der israelischen Regierung gegen die einheimische palästinensische arabische Bevölkerung als antisemitisch zu verleumden, werden fehlschlagen.

Für seinen Mut und seine Integrität sollte Jamal Karsli bewundert werden - nicht verfolgt.(75)

Jude, Israeli, Zionist? Von der Wichtigkeit, zu differenzieren

Ich denke, Macht und Einfluss der zionistischen Lobby, wie ich sie in dem Interview mit der Jungen Freiheit erwähnt habe, sind nun ausreichend belegt. Mir ist es in diesem Zusammenhang erneut wichtig, zu differenzieren und folgende gern vermischten Begriffe auseinander zu halten: Juden, Zionisten, Israelis. Es gibt viele Juden, die keine Zionisten sind, es gibt zionistische, orthodoxe, liberale usw. Juden. D.h. wenn ich eine zionistische Lobby kritisiere, heißt das nicht, dass ich die Religionsangehörigen des Judentums anspreche, sondern die (jüdischen und nichtjüdischen) Vertreter der zionistischen Idee.

Zionismus ist eine Ideologie, keine Religion. Und diese Idee hat zum Ziel, den Großstaat Israel in Palästina expansiv anzusiedeln. Die zionistische Lobby, wie in oben zitiertem Artikel dargelegt, besteht hauptsächlich aus radikalen Zionisten, die eindeutig nicht „die Juden insgesamt" repräsentieren. Im Gegenteil, es wird sogar beklagt, dass die zionistische Lobby nicht die Stimmung unter den amerikanischen Juden repräsentiert und dass eine große Diskrepanz sowohl zu der Haltung der amerikanischen Juden als auch der Haltung und den Zielen der israelischen Friedensaktivisten und der AIPAC besteht. Kritisiert man also die zionistische Lobby, so hat das rein GAR NICHTS mit Kritik an „den Juden" insgesamt zu tun. Meine Vorwürfe gelten ausschließlich der Ideologie des Zionismus, dessen Ziel der Großstaat Israel ist und der dabei die Vertreibung der Palästinanser, ja die ethnische Säuberung Palästina, einkalkuliert. Dagegen und gegen die weiten Kreise, die die zionistische Lobby zur Erreichung ihres Ziels ziehen, habe ich mich gewandt, niemals gegen „die" Juden.

Michel Warschawski, Leiter des Alternative Information Center in Jerusalem, setzt sich mit der Gleichsetzung von Antizionismus mit Antisemitismus, die die Grundlage meiner Diffamierung war, in einem auf der Homepage der für soziale und ökologische Gerechtigkeit kämpfenden Organisation Attac erschienenen Artikel auseinander und stellt fest: „Antizionismus ist nicht Antisemitismus":

Semantische Verschiebungen...

Wie jeder andere Rassismus negiert der Antisemitismus (oder die Judenfeindlichkeit) den Anderen in seiner Identität und in seiner Existenz. Der Jude ist, egal was er tut, egal was er denkt, Hassobjekt bis hin zur Ausrottung, nur weil er Jude ist. Der Antizionismus hingegen ist eine politische Kritik an einer politischen Ideologie und Bewegung; er greift nicht eine Menschengruppe an, sondern stellt eine bestimmte Politik in Frage. Wie kommt man dann dazu, die politischen Ideen des Antizionismus mit der rassistischen Ideologie des Antisemitismus gleichzusetzen? Eine europäische Gruppe zionistischer Intellektueller hat die Lösung gefunden, indem sie das Unter-

bewusste ins Spiel bringt und ein Konzept einführt, mit dem man alles beweisen kann: nämlich das der 'semantischen Verschiebung'. Wenn man den Zionismus anklagt oder auch Israel kritisiert, dann geht es einem, manchmal unbewusst, nicht um die Politik einer Regierung (der Regierung Sharon) oder um den kolonialistischen Charakter einer politischen Bewegung (des Zionismus) oder, mehr noch, den institutionalisierten Rassismus eines Staates (Israel), sondern um die Juden. Wenn man sagt: 'Die Bombardierungen der Zivilbevölkerung sind Kriegsverbrechen', oder: 'Die Kolonisierung ist eine flagrante Verletzung der Vierten Genfer Konvention', meint man in Wirklichkeit: 'Das jüdische Volk ist verantwortlich für den Tod von Jesus Christus' und 'Tod den Juden'! Natürlich kann man auf ein solches Argument nichts erwidern, denn jede Antwort wird, vielleicht unbewusst, zur Verteidigung des Antisemitismus. Das Argument der Bedeutungsverschiebung und der Rückgriff auf das Unterbewusste in der politischen Polemik beendet jede Möglichkeit der Debatte... (76)

Bei meiner Kritik an der zionistischen Lobby wurden offenbar ähnlich falsche Assoziationen geweckt, nämlich die Assoziation zu Juden. Diese (unbewusste?) Assoziation in der Rezeption meiner Kritik an der zionistischen Lobby führte zu der (unzulässigen) Gleichsetzung von Zionisten und Juden und so zu der Beschuldigung, ich sei antisemitisch. Juden und Zionisten sind jedoch nicht per se gleichzusetzen! Die Medienpädagogin Sabine Schiffer weist in ihrem überaus interessanten Artikel „Antisemitismus. Zur Bestimmung eines diffusen Begriffs“ auf diesen wichtigen Unterschied hin:

Nehmen wir als Beispiel das Cliché von den „judendominierten Medien“: es kann durchaus sein, dass irgend ein Zeitungsredakteur jüdischen Glaubens ist und auch eine bestimmte Position gegenüber Israel vertritt. Na und? Was soll das beweisen? Es gibt genügend Redakteure nicht jüdischen Glaubens, die die gleiche Position vertreten, und umgekehrt jüdische und/oder israelische Journalisten, die eine gegenteilige Position Israel gegenüber vertreten. An dieser Heterogenität sieht man, dass das Merkmal „Religion“ in diesem Zusammenhang völlig irrelevant ist. [...] Auch muss beim Erwähnen einer "zionistischen Lobby" genau geklärt werden, wer damit gemeint ist. In den USA ist das vor allem die christlich-fundamentalistische Gruppierung der Neo-Konservativen um Richard Perle. Dass diese Gruppe mit ihrer pro-israelischen Politik zudem in letzter Konsequenz antijüdische Ziele verfolgt, können sie bei Billy Graham, Dean Sherman und F.W. Engdahl nachlesen. Auch hier erweist sich das Merkmal ,Religion' als irrelevant. Antisemitisch ist also nicht, eine zionistische Lobby zu erwähnen, sondern nur, wenn damit die Juden als generische Klasse gemeint sind.

Frau Schiffer hat die komplexen Zusammenhänge und irrelevanten Merkmale zwischen den betroffenen Gruppierungen erkannt und differenziert: Wenn ich eine in der Medienbranche mächtige zionistische Lobby anspreche, geht es mir nicht darum, ob ein Redakteur jüdischen Glaubens ist oder nicht. Entscheidend ist in diesem Zusammenhang, ob er die zionistische Idee vertritt oder nicht. Und das gilt unabhängig von seiner Glaubensausrichtung. Es gibt auch Christen, die die zionistische Idee fördern, die ich kritisiere. Ebenso kritisiere ich die amerikanische Regierung für ihre einseitige Unterstützung der israelischen Regierungspläne. Im Falle der zionistischen Lobby hat die Erwähnung des Zionismus also eine wesentliche Relevanz für den Tatbestand, den ich bekämpfen möchte: Ich kämpfe gegen die Menschenrechtsverletzungen des israelischen Militärs in Palästina. Und diese menschenrechtsverachtenden Militäroperationen werden auf der philosophischen Basis eben dieser zionistischen Idee durchgeführt. D.h. die zionistische Idee ist das Ziel, zu dem die von mir kritisierte Vorgehensweise der Politik Ariel Scharons sowie die Tabuisierung der Kritik an Israelis an sich führen soll. Sie ist dennoch absolut nicht antisemitisch oder antijüdisch, da es sowohl unzählige Juden als auch unzählige Israelis gibt, die nicht mit der zionistischen Idee konform gehen, sondern für die gleiche Sache kämpfen wie ich selber: Für ein friedliches und gleichberechtigtes Neben- und Miteinander von Israelis und Palästinensern im Nahen Osten. Es sind die konkreten zionistischen Ziele und die damit verbundenen inhumanen Militäraktionen, gegen die ich mich wende.

Unterstützt wird diese Auffassung von Michael Warschawski, Sohn des Oberrabbiners von Straßburg und ehemaliger Talmudschüler. Er wendet sich scharf gegen die Gleichsetzung von Kritik an Israel oder Antizionismus mit Antisemitismus. Diese Gleichsetzung sei falsch. Ein Verbot von Kritik an Israel schade der jüdischen Bevölkerung. Im Folgenden zitiere ich Auszüge aus einem Vortrag, den er in Wien hielt:

Antisemitismus und Kritik an Israel oder selbst Antizionismus gehören zu zwei vollkommen unterschiedlichen Kategorien. Antisemitismus ist ein Ausdruck von Rassismus, das bedeutet die Ablehnung des Anderen, in diesem Fall der Juden, als gleiches, oder sogar als menschliches Wesen.

Antizionismus ist eine politische Ideologie, der man zustimmen kann oder nicht. Zionismus ist keine ethnische oder konfessionelle oder nationale Zugehörigkeit, es ist eine politische Philosophie. Am Anfang gehörte ihr eine winzige Minderheit der Juden an und erst nach dem Aufstieg Hitlers wurde sie zu einer beachteten Macht in Deutschland. Zionismus ist eine Philosophie, die behauptet, dass der einzige Weg, die jüdische Frage zu lösen, oder der einzige Weg Antisemitismus zu beenden, jener ist, die Juden von ihrem Status der Minderheit zu befreien, damit sie eine Mehrheit oder ein Volk werden, das getrennt von den anderen ist, an einem anderen Ort und sehr bald war dieser Ort mit historischen Begründungen in Palästina gefunden. (77)

Die Rolle der Medien

Was haben eine Fliege und ein Politiker gemeinsam? Die Antwort lautet: Beide kann man mit einer Zeitung töten! Den bitteren Realitäts- und Wahrheitsgehalt dieser Scherzfrage habe ich am eigenen Leib erfahren. Ich beobachte ihn nun häufig, da mein Blick durch den „Fall Karsli" für ähnliche „Fälle", „Affären" und „Skandale", die in den Medien abgehandelt werden, geschärft ist.

Die Gleichschaltung der Medien

Die Medien haben in unserer Gesellschaft eine ungeheure Machtfülle inne. Die Pressefreiheit, ohne Zweifel ein unabdingbarer Pfeiler unserer Demokratie, ist leider nicht so frei wie ihr Name es vermuten lässt. Die wesentliche Idee bei der Einführung der Pressefreiheit, gedacht als Kontrollinstrument der Gesellschaft, war die Pluralität der verschiedenen Medien. Durch die vielen verschiedenen Medienorgane sollte neben ihrer Kontrollfunktion gegenüber den Institutionen unserer Gesellschaft auch eine Kontrolle innerhalb der eigenen Branche, der einzelnen Medienorgane untereinander also, gegeben sein. In ihrer Gesamtheit sollten die einzelnen Medienvertreter eine Bandbreite unterschiedlichster Standpunkte und Perspektiven bieten. Diese Pluralität ist inzwischen, da die Medien weitgehend privatisiert und bis auf die öffentlich-rechtlichen weltweit von einigen wenigen Männer dirigiert werden, kaum noch gegeben. Denn die unterschiedlichen Sender, Magazine, Produktionsfirmen etc. gehen alle in einer Handvoll Großkonzerne auf, so dass zumindest die privaten Medien in ihrem Tenor weitgehend gleichgeschaltet sind. Damit ist es ihnen möglich, öffentliche Meinungen zu bilden. Von wirklicher, für die Pressefreiheit so wichtiger Pluralität kann in unserer Medienlandschaft also kaum die Rede sein. Um nicht missverstanden zu werden – ich halte die Pressefreiheit für überaus wichtig, und wenn ich die Macht der Medien kritisiere, dann vermisse ich gerade die nicht mehr vorhandene Freiheit und Unabhängigkeit in den Medien. Dadurch, dass sie weder eine gewählte Instanz sind, noch von irgendwem kontrolliert werden, ist sowohl ihr Einfluss als auch die Gefahr, die von ihrem Missbrauch ausgeht, erheblich.

In der Kampagne gegen mich waren die Medien das entscheidende Instrument: Durch sie wurde der Rufmord gegen mich getrieben, sie schrieben über mich, ohne mich vorher zu fragen und zeichneten das oben beschriebene, komplett verdrehte Zerrbild meiner Person. Sie stellten mich der Öffentlichkeit als rechtsradikalen Antisemiten dar und berichteten grundsätzlich gleichgeschaltet, einseitig negativ über mich und meine politischen Aktionen. Das tun sie, wenn sie überhaupt über meine Arbeit berichten, bis heute. Zensiert und geschnitten werden auch Publizisten, die positiv über mich berichten und sich in ihren journalistischen Beiträgen solidarisch mit mir zeigen. Diese Zeichensetzungen, die natürlich eine Signalwirkung in der Öffentlichkeit hätten und ein anderes Licht auf den „Fall Karsli" werfen würden, werden im Keime erstickt, unterbunden, nicht veröffentlicht. So erging es auch Dr. Hajo G. Meyer, einem in Deutschland geborenen Auschwitz-Überlebenden, der einen Artikel über den Missbrauch des Antisemitismus-Vorwurfs anlässlich meiner Klage gegen die Herren Friedman und Spiegel verfasst hatte. Diesen Artikel hat er zahlreichen Presseorganen zur Publikation angeboten, fand jedoch keinen Abnehmer, der bereit war, ihn zu drucken. Hier ist zunächst der Artikel in Auszügen:

Der Fall Karsli,

oder die Tabu-Grenzen der deutschen Demokratie

Am 19. Februar 2003 behandelte das Düsseldorfer Landgericht Jamal Karslis Klage gegen die beiden Vorsitzenden des „Zentralrats der Juden in Deutschland". Ein Urteilsspruch wird am 12. März erwartet.

Der NRW-Landtagsabgeordnete Karsli – ehemals Mitglied der Grünen – wurde von M. Friedman und P. Spiegel aufgrund von kritischen Äusserungen gegenüber der israelischen Politik des Antisemitismus beschuldigt.

Die Art und Weise, wie die beiden jüdischen Funktionäre ihre Beschuldigungen meinen begründen zu können, ist ein Grundkurs in dem Fach: „Wie verteidige ich jegliche Entgleisung der Regierung Israels in Sachen Menschlichkeit, Diskriminierung und militärischem Verhalten, durch Missbrauch der Gift tragenden Antisemitismus-Waffe". Es geht mir nicht darum, anhand der Begründungsschrift die dort angeführten Punkte einzeln zu kommentieren. Vielmehr werde ich mich allgemein mit dem Antisemitismus-Vorwurf in der heutigen Zeit befassen. Vorher will ich mich jedoch der von dem Rechtsanwalt der Beklagten angewandten Methode, Jamal Karsli zu beschädigen, zuwenden.

Diese Methode ist infam und klassisch. Arthur Schopenhauer beschrieb sie schon ausführlich in seiner Schrift „Zur Logik und Dialektik". Es handelt sich hier in erster Linie um das von Schopenhauer genannte „Siebte Strategem", die Erweiterung, die er auf folgende Weise umschreibt: „Die Behauptung des Gegners wird über ihre natürliche Grenze hinausgeführt, also in einem weiteren Sinne genommen als er beabsichtigt, oder sogar ausgedrückt hat, um sie sodann in solchem Sinne bequem zu widerlegen". Wir werden weiter unten sehen, wie dieser Trick von dem Anwalt der Beklagten angewandt wird. Er scheut sich dabei nicht, sogar die von anderen gemachte Erweiterung so darzustellen, als ob sie aus dem Mund des Klägers gekommen wäre.

Als Basis für weitere Betrachtungen müssen wir uns erst mit dem objektiven und nachweisbaren Wahrheitsgehalt der tatsächlich von Karsli gemachten Aussagen befassen. Ich zitiere nun aus der Begründungsschrift der Beklagten: „So hat der Kläger der israelischen Armee in seiner Pressemitteilung vom 15. März 2002 Nazi-Methoden vorgeworfen."

Nun weiss ich nicht, welche andere Bezeichnung die mehrfach aus israelischen Quellen (Ha'Aretz 26. und 28. Januar 2002 von resp. Amir Oren und Gideon Samet) belegbare Tatsache verdient, dass die israelischen Offiziere vor dem erstmaligen Einsatz israelischer Truppen in dicht von Palästinensern bewohnten Flüchtlingslagern wie z.B. Jenin, folgenden Auftrag bekamen: Sie sollten genau analy-

sieren, wie der deutsche SS-Brigadeführer und General-Major der Polizei Jürgen Stroop mit seiner 2090 Mann starken Truppe, darunter 440 Mann von der SS, in das Warschauer Ghetto eingedrungen war. Hieraus sollten sie lernen, wie man ohne viel eigene Opfer eine derartige Operation, damals für die Israelis neu, ausführt. Weil diese Aktion die Deutschen nur 16 Tote und 90 Verwundete kostete, gab es da sicher viel zu lernen. Dies alles spielte sich ab im April-Mai 1943, das Nazi Regime stand beinahe noch in voller Blüte, und die SS, die Nazi-Elite war auch mit dabei. Aus diesem Grunde wird man doch wohl die erfolgreiche Nachahmung der Taktik des Majors Stroop und seiner Truppe durch die Israelis im wörtlichsten Sinn als „Nazi-Methoden" bezeichnen dürfen.

Schon in meinem vor mehr als zwei Jahren in den Niederlanden publizierten Artikel mit dem Titel „Die Alpträume eines in Deutschland geborenen Juden", sind acht Punkte aufgeführt, die zeigen, dass die heutige israelische Regierung Methoden gebraucht, die völlig vergleichbar sind mit denen, worunter ich in meiner Jugend in Deutschland habe leiden müssen. Ich beschränke mich hier auf zwei: Zum einen war die Kollektiv-Strafe eine, auch ideologisch unterbaute, gern gebrauchte Methode der Nazis, die heutzutage auch regelmäßig von den Israelis gegenüber den Palästinensern praktiziert wird. Man denke dabei an die Zerstörung der Häuser von Angehörigen mutmaßlicher Widerstandskämpfer. Ganze Großfamilien werden dadurch obdachlos gemacht. Ist ein Kämpfer nicht auffindbar, wird eine andere von den Nazis geliebte Variante angewandt, die damals „Sippenhaft" hiess.

Eine zweite Nazi-Methode bestand darin, die Juden zu entmenschlichen.

Mark Roseman schreibt in seinem vor kurzem erschienenen Buch über die Wannsee-Konferenz: „Hitlers Sprache (wenn er über Juden sprach, H.G.M.) [war] ausserordentlich brutal und blutrünstig und überladen mit Pest- und Parasitenmetaphern". Auch diese typische Nazi-Methode der Entmenschlichung wird eifrig gebraucht von der höchsten politischen Macht in Israel. So lesen wir in der israelischen Qualitätszeitung Ha'Aretz vom 26. August 2002, dass der - damals neue - Chef des Stabes der israelischen Armee, Moshe Ya'alon, über die „palästinensische Bedrohung" sagt: „sie ist eine krebsartige Bedrohung". Dass er sich hierbei nicht versprochen hat, bestätigt sich einige Tage später in einem grossen Interview (Ha'Aretz 2. Sept. 2002), wo er über diese Bedrohung weiter sagt: „Das Merkmal dieser Bedrohung ist, dass sie unsichtbar ist, wie Krebs. ... Es gibt alle möglichen Methoden um mit Krebs umzugehen. Manche werden sagen, dass es nötig ist Körperteile zu amputieren. Aber im Augenblick wende ich selbst Chemotherapie an". In derselben Zeitung vom 30. August bestätigt auch der damalige Ministerpräsident Ariel Sharon, dass der höchste Militär des Landes die Situation über die Krebsmetapher richtig beschrieben habe.

Nun bin ich wirklich neugierig, wie nach diesen drei von mir genannten Beispielen, nämlich das Warschauer Ghetto als Lehrmittel für das Eindringen in palästinensische Flüchtlingslager oder Städte, Kollektivstrafen und die Entmenschlichung, welche alle aus dem Arsenal der Nazis stammen, die Beklagten behaupten, geschweige denn beweisen können, dass es sich bei diesen von den Israelis regelmäßig angewandten Methoden nicht um Nazi-Methoden handelt. Zum Überfluss sei erwähnt, dass diese Liste stark erweitert werden könnte.

Statt dessen möchte ich nun auf die genannte Schopenhauer-Methode eingehen, um zu zeigen, wie niederträchtig sie hantiert wird. Der von Jamal Karsli in einer Pressemitteilung gebrauchte Text war wörtlich: „...wenn gar ein Volk den Nazimethoden einer rücksichtslosen Militärmacht schutzlos ausgeliefert ist". Dass es sich beweisbar um Nazi-Methoden handelt, habe ich gezeigt. Um aber trotzdem Jamal Karsli als Antisemiten überführen zu können, musste der gemeine Trick der Erweiterung angewandt werden. Hierbei scheut sich der Rechtsanwalt der Beklagten nicht, eine von Guido Westerwelle zu eigenen Zwecken gemachte extreme Erweiterung zu zitieren, in einem Text, der Worte enthält, die von Jamal Karsli nie geäußert worden sind. Das von Westerwelle stammende und in der Begründungsschrift der Beklagten gebrauchte Zitat lautet: „Aber ein Vergleich mit der Ermordung von 6 Millionen Juden im schlimmsten Abschnitt der deutschen Geschichte ist ungeheuerlich...."

Ungeheuerlich ist zweierlei: Erstens, dass dieser Vergleich zwar von Jamal Karsli nie gemacht worden ist, ihm aber trotzdem in die Schuhe geschoben wird. Zweitens, dass die Identifikation von Nazi-Methoden mit den Gaskammern von Auschwitz durch Guido Westerwelle und durch den Autor der Begründungsschrift, der diese kommentarlos zitiert, eine posthume schwere Beleidigung von und ein grosses Unrecht an mehr als dreihunderttausend deutschen Juden ist. Hier wird nämlich geleugnet, dass alle die deutschen Juden, die nicht im Gas ihren Tod fanden, trotzdem unsäglich gelitten haben in den Jahren, bevor das Nazi-Regime zur direkten Tötung überging. Viele von ihnen sind im Exil oder auch in der Heimat freiwillig in den Tod gegangen. Dieses tut man nicht ohne unsägliches Leiden vorher. Hier rächt sich die, gerade auch in Israel gängige, Identifikation von Nazi-Regime mit Gaskammern, die dort immer wieder gebraucht wird, um Verbrechen gegen die Menschlichkeit, an Palästinensern verübt, zu verniedlichen.

Wer das Leiden der deutschen Juden unter Hitler vor dem Massenmord, der Leute, die solche guten Patrioten waren und im Ersten Weltkrieg ihr Blut für ihr Vaterland gegeben haben, leugnet oder auch nur vermindert, weiß nicht, was Würde ist, weiß nicht, was Heimat heißt, weiß nicht, was Existenzangst ist. Ich persönlich erinnere mich an all diese Gefühle und Eindrücke sehr gut. Die Erniedrigungen, die ich, lange vor Auschwitz (!), ertragen musste, wenn ich als Judenjunge mit deutschen Behörden, mit S.A.-, SS-, oder Gestapo-Funktionären zu tun hatte, sind mir noch voll gegenwärtig. Darum sticht es mir jedes Mal durch das Herz, wenn ich sehe, wie z.B. an „check points" Palästinenser von leider zu vielen, moralisch entgleisten, Menschenquälern in der Uniform des israelischen Heeres erniedrigt und misshandelt werden.

Zum Schluss müssen wir uns noch prinzipiell mit dem Antisemitismus-Vorwurf in der heutigen Zeit befassen. Wir gehen dabei wieder aus von der Begründungsschrift des Anwalts der Beklagten, die einen Artikel aus „Die Zeit" zitieren, worin Jamal Karsli, der Wahrheit entsprechend, die folgenden Worte zugeschrieben werden: .... „die zionistische Lobby habe den grössten Teil der Medienmacht in der Welt inne,... vor dieser Macht haben die Menschen in Deutschland verständlicherweise Angst". „Die Zeit" setzt dann aber ihre eigenen Betrachtungen wie folgt fort: „Damit hatte der Möllemann-Schützling die feine Linie zwischen Anti-Israelismus und Antisemitismus überschritten". Hierzu gibt es in erster Linie das Folgende zu sagen.

Diese feine Linie gibt es gar nicht mehr, seitdem Shimon Peres, der damalige Außenminister des Staates Israel, nach einem Bericht von Reuters: „Peres stellt Europäische Kritik auf Israel dem Antisemitismus gleich," (Ha'Aretz 22.04.2002), erklärt hat, dass früher Antisemitismus gegen individuelle Juden gerichtet war und dass sich heutzutage der Antisemitismus gegen den Staat Israel richte. Mit anderen Worten, er selbst hat, in seiner Funktion als Aussenminister, diese Gleichsetzung angebracht. Ironischerweise tat er das während einer Rede vor der größten pro-Israel-Lobby in den USA, der AIPAC, im April 2002. Diese Organisation ist so stolz auf ihre große Macht, dass sie auf ihrer eigenen Website gerne meldet: „Fortune-Magazin hat immer wieder AIPAC den mächtigsten Interessen-Gruppen zugeordnet". Der ehemalige US-Präsident Clinton schwärmt: „AIPAC hat seine Aufgabe auf fantastische Weise erfüllt, besser als jede andere Lobby-Organisation in dieser Stadt. ... Sie sind auf eindrucksvollste Weise effektiv". Der frühere Sprecher des Amerikanischen Parlaments, Newt Gingrich, meint zur AIPAC: „Sie sind die effektivste Gruppe von allgemeinem Interesse ... des ganzen Planeten". Trotz all diesem ist es Jamal Karsli nicht erlaubt, Bemerkungen über die grosse Macht dieser Lobby zu machen. Ihm wird vorgeworfen, dass er sich „der klassischen antisemitischen Klischees bedient".

[...] jeder, der es wagt, Kritik an dem mächtigen Israel zu äußern, [wird, Anm.d.A.] mit dem Gift des Antisemitismus-Vorwurfs zum Schweigen gebracht. Damit platziert sich Israel außerhalb der Völkergemeinschaft, da es als einziger und obendrein mächtiger Staat Kritik an seinen Taten zum Tabu erklärt hat. Gerade Deutschland, das durch seine Geschichte besonders leicht über den Antisemitismus-Vorwurf erpressbar ist, muss sich dieser Situation

bewusst werden. Es wird höchste Zeit, sich nicht länger durch nicht gerechtfertigte Vorwürfe erpressen zu lassen. Sonst würde sich die Bundesrepublik an vermutlich schon geplanten, jetzt aber massalen ethnischen Säuberungen durch Israel mitschuldig machen.

Es ist zu hoffen, dass das Gericht am 12. März zugunsten Jamal Karslis entscheidet. Andernfalls würde dies eine Einschränkung der freien Meinungsäußerung bedeuten - trotz beweisbarer Fakten, wie wir oben gezeigt haben. Dadurch käme die schöne, nach dem Zweiten Weltkrieg in Deutschland aufgebaute Demokratie in Gefahr. (78)

Findet sich ein Medienorgan, das bereit ist, tabuisierte Inhalte wie diese zu veröffentlichen, so werden sie entweder:

- *zu Sendezeiten und an Sendeplätzen gebracht, an denen nur noch ein Bruchteil der Bevölkerung zusieht/-hört (im Falle des Fernsehens und Radios) oder*
- *im Internet, so dass starke Eigeninitiative beim Leser nötig ist, damit er den Artikel durch gezielte Recherche findet oder*
- *in den wenigen wirklich unabhängigen Blättern, die weder durch Zugehörigkeit bei den Großmedienkonzernen noch durch anderweitige Verflechtungen an bestimmte Standpunkte gebunden sind.*

Zweierlei Maß

Komplett gestrichen wurde hingegen das Buch „Nach dem Terror. Ein Traktat" des kanadisch-britischen Philosophen Ted Honderich. Im Sommer 2003 teilte der Suhrkamp-Verlag mit, dass er den in seiner Jubiläumsausgabe publizierten Band nicht wieder auflegen und außerdem die Rechte an dem Buch zurückgeben werde. Was war passiert? Das Buch enthielt - unter anderem - eindeutig kritische Töne hinsichtlich der israelischen Besatzungspolitik, und so kam, was (in Deutschland) kommen musste: Micha Brumlik, Leiter des Fritz Bauer-Instituts in Frankfurt, beschuldigte Honderich in einem offenen Brief an den Suhrkamp-Verlag als antisemitischen Antizionisten. Dem Suhrkamp-Verlag warf er gleichsam vor, „philosophischen Judenhass" zu publizieren und forderte, „das Buch von

Ted Honderich unverzüglich vom Markt zu nehmen". Dieser Vorwurf erzeugte offensichtlich genügend Druck, so dass man ihm von Seiten des Verlages unverzüglich nachgab: Das Buch wurde sofort zurück-gezogen.

Die eilfertige Reaktion des Verlages belegt erneut die enormen Ausmaße der Tabuisierung jeder kritischen Diskussion der israelischen Aktionen im Nahost-Konflikt. Der mittlerweile eingebürgerte Begriff Antisemitismusdebatte ist insofern falsch, als dass eine Debatte eigentlich niemals stattgefunden hat. Und gerade darum scheint es zu gehen: Eine sachliche Diskussion soll offensichtlich nicht entstehen, denn jede beginnende Debatte wird per Zensur im Keim erstickt. Und so hat sich auch der Suhrkamp-Verlag schleunigst den Anordnungen Brumliks gebeugt, um der bereits mehrfach demonstrierten Schlagkraft der Antisemitismuskeule zu entgehen. Das Buch von Ted Honderich wird nun in neuer Übersetzung und um ein Kapitel erweitert im Abraham Melzer-Verlag herausgegeben.

Ich frage mich, wie weit das eigentlich noch gehen soll. Mit der Zensur von Honderichs Buch wurde erneut dafür gesorgt, dass die Kolonialisierungspolitik der Atommacht Israel im besetzten Palästina nicht öffentlich kritisiert wird. Es ist besonders beklagenswert, dass in Deutschland kaum jemand Anstoß daran nimmt, dass Israel seine unmenschlichen Aktionen in Palästina stets mit der Bedrohung durch die palästinensischen Attentate rechtfertigt. Honderich argumentiert in seinem Traktat nun umgekehrt, dass die Schreckenspolitik der israelischen Regierung den Widerstand der Palästinenser rechtfertige. Der sofortige Aufschrei: „Antisemitismus!" lässt sich nur folgendermaßen interpretieren: Hier wird eindeutig mit zweierlei Maß gemessen! Der palästinensische Widerstand wird durch gezielte Gehirnwäsche als Terror bezeichnet, während die völkerrechtswidrige Besatzung Palästinas, in der unschuldige Menschen ermordet werden und die Lebensgrundlagen eines ganzen Volkes zielgerichtet zerstört werden, als notwendige Verteidigungspolitik dargestellt wird. Wann gelangt Deutschland endlich wieder zu einem ausgewogenen Urteilsvermögen und verliert seinen panischen Tabuisierungsreflex, sobald es um Kritik an Israel geht?

Pro-israelische Berichterstattung

Dieselbe Einseitigkeit zeichnet die Medien auch in ihrer Berichterstattung des Nahostkonfliktes aus. Wir alle kennen die Bilder von weinenden Israelis auf den Titelseiten der großen Zeitungen, wenn wieder eines der grausamen Selbstmordattentate zu melden war. So schlimm diese Attentate sind: Gab es in vergleichbarer Form und Verbreitung Bilder über die Opfer der Massaker in Palästina? Allein die Wortwahl deutscher Journalisten offenbart die eindeutig pro-israelische Berichterstattung: Da wird von „blutrünstigen Morden" der „Terroristen aus Palästina" gegenüber „Militäraktionen", „Vergeltungsschlägen" und „Terrorbekämpfung" der Israelis geschrieben. Bei dem Selbstmordattentat wurden auf der Titelseite einer überregionalen Tageszeitung 15 tote Israelis unter einem Foto des ausgebombten blutverschmierten Busses und weinender Menschen beklagt. In einer kleinen Meldung auf einer der nächsten Seiten wurde nüchtern berichtet, dass seither 90 Palästinenser der „Vergeltung dieser Terroraktion" zum Opfer fielen. Darunter waren hochschwangere Frauen sowie mehrere Kinder und Jugendliche! Darüber schreibt kaum eine Zeitung und schon gar nicht auf der Titelseite.

Ein anderes Beispiel ist die grausame, von einer Kamera begleitete Ermordung des 12-jährigen Palästinenserjungen Mohammed al-Durra durch israelische Soldaten. Die Bilder des Jungen, der an der Netzarim-Kreuzung im Gazastreifen im Kreuzfeuer zwischen den palästinensischen Kämpfern und israelischen Soldaten in den Armen seines Vaters starb, sind um die Welt gegangen. Praktisch alle israelischen Medien gingen nach dem Zwischenfall davon aus, dass das Kind während des 30-minütigen Kreuzfeuers von israelischen Soldaten getötet wurde. Die israelische Armee entschuldigte sich für „den Unfall". 18 Monate später sendete die ARD in ihrer Reihe «Das rote Quadrat» einen Beitrag der Journalistin Esther Schapira „Drei Kugeln und ein totes Kind - Wer erschoss Mohammed al-Dura?". Der Bericht will nach Angaben der ARD durch Fotos und andere Dokumente belegen, dass nicht Israelis, sondern Palästinenser den Jungen am 30. September 2000 erschossen hatten. Die deutschen

Medien versuchten nun nachträglich den Mord auf zynischste Art und Weise zu verdrehen und die Opfer erneut zu Tätern zu machen. Die auflagenstärkste deutsche Tageszeitung „Bild" übernahm die Aussage des Berichtes unreflektiert:

Ein TV-Bericht der ARD enthüllt: Die Geschichte von Mohammeds „Märtyrer-Tod" ist falsch. Nicht israelische, sondern palästinensische Kugeln töteten den Jungen.

Wenn man sich nun vor Augen hält, wie viele Menschen die Bild-Zeitung lesen und die Botschaften des Blattes überwiegend als Tatsachen übernehmen, bekommt man ein Gefühl für die gefährliche Macht und den meinungsbildenden Einfluss der Medien. Die bekannte – und berechtigte - Angst vieler Politiker vor den Medien kommt nicht von ungefähr.

Druck aus Israel

Als einer der wenigen Sender, die relativ unabhängig und kritisch berichten, galt bislang der deutsch/französische Sender ARTE. Er zeichnet sich in der Regel durch die Analyse auch unbequemer Themen aus sowie durch kritische Reportagen, in denen die Hintergründe aus unterschiedlichsten Blickwinkeln berichtet und differenziert betrachtet werden. Am 01.04.2003 sollte der Film „Dschenin, Dschenin" des arabisch-israelischen Künstlers Muhammad Bakri auf ARTE gezeigt werden. Der von der arabisch-israelischen Friedensbewegung gern gezeigte Film porträtiert die Menschen im palästinensischen Flüchtlingslager Dschenin kurz nach dem Angriff der israelischen Armee im April 2002. Bei den Gräueltaten kamen etwa 50 Palästinenser und etwa 20 israelische Soldaten ums Leben. Der Film nimmt die Sicht der Opfer des Lagers ein, das in ein Trümmerfeld verwandelt wurde. In Israel ist er verboten. Bei ARTE sollte „Dschenin, Dschenin" im Rahmen eines Themenabends laufen. Doch dann wurde er kurzfristig durch einen anderen, schon einmal bei ARTE gezeigten Film, ersetzt. In der Presseerklärung zur Begründung der Programmänderung hiess es, die Ausstrahlung des Films sei aufgrund eines laufenden Gerichtsverfahrens verschoben worden. Damit war offenbar die Klage des Filmautors gemeint, der in Israel gegen die Zensur seines Werks klagt. Wahrscheinlicher ist jedoch, dass falsche politische Rücksichtnahmen zur Absetzung des Films geführt haben. Laut Y-net, dem Internetinformationsdienst der israelischen Tageszeitung Yedioth Achronoth, soll die französische Regierung von einer proisraelischen Lobby dazu bewegt worden sein, für die Absetzung des Beitrags zu sorgen. Auch der Autor, Muhammad Bakri, berichtet, ihm sei von einer Vertreterin des Senders erklärt worden, dass Druck auf Arte ausgeübt wurde, den Film nicht auszustrahlen. Der Druck hinge mit der israelischen Zensur des Films zusammen. Dadurch seien auch die jüdischen Gemeinden im Ausland gezwungen, den Film zu boykottieren. Der Programmdirektor von ARTE, Victor Rocaries, räumte gegenüber der FAZ ebenfalls „zahlreiche Proteste, insbesondere der jüdischen Gemeinde in Paris“ ein. Er nannte die Dokumentation hoch interessant, doch herrsche in Frankreich derzeit eine akute Krisenstimmung zwischen der jüdischen und der arabischen Gemeinde. Man wolle den Konflikt durch Ausstrahlung des Films „Dschenin, Dschenin“ nicht zusätzlich schüren. Offenbar konnte also selbst der ansonsten kritische und scheinbar unabhängige Sender ARTE dem Druck nicht standhalten, der hier ausgeübt wurde.

Ein Leserbrief in der FAZ kommentiert den Vorfall wie folgt:

Permanente Opferrolle

von Professor Dr. Juliane House

Nicht nur die jüdischen Gemeinden in Frankreich und in Deutschland haben massiv gegen die Sendung des Films "Dschenin, Dschenin" beim Arte-Themenabend zu Israel/Palästina protestiert (und sie schließlich verhindert), es gab auch massenhafte Proteste gegen diese Art von Lobbying. Viele kritisch denkende Individuen, darunter Freunde des "anderen Israel" und in Deutschland lebende Israelis, haben sich entsetzt darüber gezeigt, daß solche Eingriffe in die Freiheit der Meinungsäußerung bei uns möglich sind. Ihr einseitig diese Zensur verteidigender Kommentar bestätigt wieder einmal, daß es offensichtlich in Deutschland eine mentale Blockade gegenüber jedweder Kritik an Israel gibt. Die Aussage, daß in dem "Dschenin, Dschenin"-Film die israelische Seite nicht befragt wurde, wirkt angesichts der Tatsache, daß in den deutschen Medien Repräsentanten des Staates Israel immer wieder ausgiebig zu Wort kommen, wohingegen die palästinensische Seite kaum wahrgenommen wird, mehr als befremdlich. Und an dem Arte-Themenabend trat dann durch die Verhinderung der Ausstrahlung von "Dschenin, Dschenin" auch genau dies wieder ein: Eine palästinensische Stimme war nicht zu hören. Trotz der klugen Reflektionen der Hauptdarstellerin wurde auch in dem israelischen Film "Mein Terrorist" einseitig auf das Leid der Angehörigen der Opfer von Terroranschlägen eingegangen, palästinensische Angehörige der (weitaus zahlreicheren) Opfer der Israeli Defence Force erscheinen nicht.

Genau diese permanente Opferrolle und ihre strategische Bedeutung für die Politik der israelischen Regierung hat bei dem Arte-Abend der israelische Journalist Gideon Levy scharf kritisiert. Er hat gesagt, daß er die Sendung dieses Films für notwendig hält, daß eine Demokratie dies aushalten muß und daß die gegenwärtige Besatzungs- und Siedlungspolitik Israels zu kritisieren ist. Könnten deutsche Journalisten nicht auch einmal Position beziehen? (79)

Ein gutes halbes Jahr später, genauer am 14.10.2003, hat sich in dieser Hinsicht leider nichts verändert: Erneut stand an diesem Abend ein äußerst interessanter Beitrag bei ARTE auf dem Programm. Der Verheißungsvolle Titel „Kritik an Israel-ein Tabu?“ ließ mich kurzfristig hoffen, das die „heißen-Eisen-Themen“ nun noch endlich öffentlich behandelt und diskutiert werden. Meine Hoffnung wurde jedoch je zerstört - und mein Buch erscheint damit aktueller denn je - als der Sender erneut, ohne Angaben von Gründen - weder im Teletext noch auf der Homepage - die Sendung absetzte. Ich habe beim Zuschauerdienst des Senders nach den Gründen gefragt. Bis heute habe ich leider keine Antwort erhalten.

Nur ein „bedauerlicher Vorfall“?

Ein weiteres Beispiel für die selektive Berichterstattung der deutschen Medien ist das Schweigen über den tragischen Tod der US-amerikanischen Friedensaktivistin Rachel Corrie. Die 23-jährige Studentin, die der Friedensgruppe International Solidaritiy Movement (ISM) angehörte, wurde am 16. März 2003 in Rafah im Gazastreifen von einem israelischen Bulldozer überfahren, als sie gegen die illegale Zerstörung eines palästinensischen Hauses protestierte. Die ISM ist ein loser Zusammenschluss von Menschen aus aller Welt, die versuchen, der Zivilbevölkerung in Palästina beizustehen. Sie berufen sich auf die 4. Genfer Konvention, die den Schutz der Zivilbevölkerung bei gewaltsamen Auseinandersetzungen regelt.

Hier eine Zeugenaussage zu Rachel Corries Ermordung, die vom Palestine Monitor stammt:

Rachel Corrie, 23 Jahre alt, aus Washington, wurde ermordet, als sie versuchte, einen israelischen Armeebulldozer daran zu hindern, ein palästinensisches Haus abzureißen. Andere Ausländer, die bei ihr waren, sagten aus, dass der Fahrer des Bulldozers sah, dass Rachel da war und trotzdem damit fortfuhr, das Haus einzureißen. Zunächst schleuderte er Sand und Schutt auf sie, dann stieß der Bulldozer sie zu Boden und fuhr über sie hinweg. Dabei brach er ihr die Arme, die Beine und den Schädel. Rachel Corrie wurde zu einem Krankenhaus gebracht, wo sie später verstarb. Ein anderer Friedensaktivist wurde auch bei diesem Übergriff verletzt und liegt seitdem im Krankenhaus. (80)

Ein Bericht des ISM Medien Koordinators Michael Shaikh in Beit Sahour lieferte mehr Details:

Die Konfrontation der ISM dauerte schon seit mehr als 2 Stunden an, als Rachel dazukam. Rachel und die anderen hatten sich ganz klar als unbewaffnete internationale Friedensaktivisten zu erkennen gegeben. Die israelische Armee versucht, das Gedenken an sie zu entwürdigen, indem sie behauptet, Rachel sei durch einen Unfall ums Leben gekommen, als sie nämlich versucht habe, vor dem Bulldozer vorbeizulaufen. Augenzeugen indes berichten, dass dies nicht stimmt. Rachel saß dem Bulldozer zunächst im Weg. Er fuhr an sie heran. Als der Bulldozerfahrer sich weigerte, anzuhalten oder zur Seite zu fahren, stieg sie auf einen kleinen Schutthaufen. Sie trug eine leuchtende Jacke und schaute direkt zu dem Bulldozerfahrer, der weiterfuhr. Der Bulldozer fuhr weiter und begrub sie unter einem Haufen von Dreck und Schutt. Nachdem sie aus dem Blickwinkel des Fahrers verschwunden war, fuhr der Bulldozerfahrer weiter, bis er genau über ihr war. Der Fahrer hob nicht die Schaufel, so dass sie durch die Schaufel regelrecht zerdrückt wurde. Dann fuhr der Fahrer rückwärts, und 7 andere ISM-Aktivisten rannten zu ihr und gruben sie aus. Sie wurde mit einem Krankenwagen zum Al-Najar-Krankenhaus gebracht, wo sie starb. (81)

„Das ist ein bedauerlicher Vorfall," sagte der Sprecher der israelischen Armee Capitain Jacob Dallal. Die israelische Armee sowie die Siedlermilizen sind seit September 2000 für den Tod von 2181 Palästinensern verantwortlich. Rachel Corrie ist nicht die erste Ausländerin, die von der israelischen Armee ermordet worden ist. Es starben auch der deutsche Arzt Harald Fischer, der italienische Kameramann Rafaele Ciriello und der britische UN-Mitarbeiter Iain Hook. Am 05.04 2003 wurde ein weiterer ISM-Aktivist, Brian Avery, vom Maschinengewehr eines israelischen Panzers ins Gesicht getroffen. Er liegt seither mit zerfetztem Antlitz schwer verletzt in einem Krankenhaus.

Die Eltern von Rachel Corrie nahmen öffentlich Stellung zum Tod ihrer Tochter. Sie veröffentlichten außerdem Auszüge aus Rachels „Brief aus Palästina", den sie ihnen am 7. Februar 2003 schrieb, zwei Wochen nach ihrer Ankunft im Gaza-Streifen.

Wir durchgehen nun eine Zeit des Trauerns und Nochherausfindens der Einzelheiten hinter dem Tod von Rachel im Gaza-Streifen. Wir haben alle unsere Kinder dazu erzogen, die Schönheit der globalen Gemeinschaft und Familie zu schätzen, und sind stolz, dass Rachel ihre Überzeugungen leben konnte. Rachel war erfüllt von Liebe und einem Pflichtgefühl für ihre Mitmenschen, wo immer sie auch lebten. Und, sie hat ihr Leben gegeben, um diejenigen zu schützen, die sich nicht selber schützen können.

Rachel schrieb uns aus dem Gaza-Streifen, und wir möchten den Medien gerne ihre Erfahrungen in ihren eigenen Worten in dieser Zeit mitteilen.

Danke.

Craig and Cindy Corrie, Eltern von Rachel Corrie 16. März 2003

Auszüge aus einer Email von Rachel vom 7. Februar 2003:

I*ch bin nun seit zwei Wochen und einer Stunde in Palästina, und ich habe immer noch kaum Worte, um zu beschreiben, was ich sehe. Es ist für mich am schwierigsten, daran zu denken, was hier geschieht, wenn ich hier sitze und in die Vereinigten Staaten schreibe - etwas über das so gut wie sichere Portal zum Luxus. Ich weiß nicht, ob viele der Kinder hier je gelebt haben ohne Panzergranatenlöcher in ihren Wänden und die Türme einer Besatzungsarmee, die sie ständig vom nahen Horizont bewacht. Ich glaube, obwohl ich mir nicht ganz sicher bin, dass selbst die kleinsten dieser Kinder verstehen, dass das Leben anderswo nicht so aussieht wie hier. Ein Achtjähriger war, zwei Tage bevor ich hier ankam, von einem israelischen Panzer erschossen worden, und viele der Kinder murmeln mir seinen Namen zu, „Ali" -- oder zeigen auf die Plakate mit ihm an den Wänden. [...]*

Nichtsdestoweniger, ich denke darüber nach, dass kein umfangreiches Lesen, Besuchen von Bildungsveranstaltungen, Sichten von Dokumenten und mündliche Überlieferung mich auf die Realität der Situation hier hätte vorbereiten können. Ihr könnt es euch nicht vorstellen, wenn ihr es nicht selbst gesehen habt, und selbst dann wird es euch immer bewusst, dass eure Erfahrung nicht die ganze Realität ist: was gäbe es für Schwierigkeiten, der sich die israelische Armee gegenüberstehen sähe, falls ein unbewaffneter US-Staatsbürger erschossen würde, und was ist mit der Tatsache, dass ich Geld habe, um Wasser zu kaufen, wenn die Armee Brunnen zerstört, und natürlich der Tatsache, dass ich die Möglichkeit habe, wegzugehen. Keiner in meiner Familie ist beim Autofahren von einem Raketenwerfer aus einem Turm am Ende einer größeren Straße in meiner Heimatstadt erschossen worden. Ich habe ein Heim. Mir ist es erlaubt, das Meer zu sehen. Offensichtlich ist es für mich ganz schwie-

rig, für Monate oder Jahre ohne einen Prozess festgehalten zu werden (dies, weil ich eine weiße US-Bürgerin bin, im Gegensatz zu so vielen anderen). Wenn ich zur Schule oder Arbeit gehe, kann ich relativ sicher sein, dass kein schwer bewaffneter Soldat auf halbem Wege zwischen Mud Bay und dem Stadtzentrum von Olympia an einem Checkpoint wartet -- ein Soldat mit der Macht zu entscheiden, ob ich meinen Geschäften nachgehen darf, und ob ich nach Hause gehen darf, wenn ich fertig bin. So, wenn ich Empörung fühle bei der Ankunft und dem kurzen und unvollständigen Eintreten in die Welt, in der diese Kinder leben, frage ich mich umgekehrt nach dem, wie es für sie sein würde, wenn sie in meiner Welt ankämen.

Sie wissen, dass Kinder in den Vereinigten Staaten normalerweise damit leben müssen, dass ihre Eltern nicht erschossen worden sind, und sie wissen, dass sie manchmal das Meer zu sehen bekommen. Aber wenn ihr erst einmal das Meer gesehen habt und an einem stillen Platz wohnt, wo Wasser für selbstverständlich gehalten und nicht in der Nacht durch Bulldozer gestohlen wird, und wenn ihr erst einmal einen Abend verbracht habt, an dem ihr euch nicht gefragt habt, ob die Mauern eures Hauses plötzlich einfallen könnten, wobei ihr aus dem Schlaf geholt werdet, und wenn ihr erst einmal Menschen getroffen habt, die nie jemanden verloren haben - wenn ihr erst einmal die Realität einer Welt erfahren habt, die nicht von mörderischen Türmen, Panzern, bewaffneten "Siedlungen" und jetzt einer gigantischen Metallwand umgeben ist, dann frage ich mich, ob ihr der Welt vergeben könnt für all die Jahre eurer Kindheit, die verbracht wurde im Existieren - einfach Existieren - im Widerstand gegen den ständigen Würgegriff der viertgrößten Militärmacht - gestützt durch die einzige Supermacht der Welt - bei ihrem Versuch, euch aus eurem Haus zu entfernen. Dies ist etwas, worüber ich mich bei diesen Kindern wundere. Ich frage mich, was passieren würde, wenn sie es wirklich wüssten.

Im Nachhinein zu all diesem Gefasel, ich bin in Rafah, einer Stadt von etwa 140.000 Menschen, ungefähr 60 Prozent von ihnen sind Flüchtlinge [...]. Gegenwärtig baut die israelische Armee eine vierzehn Meter hohe Mauer zwischen Rafah in Palästina und der Grenze, die das Niemandland von den Häusern entlang der Grenze abschneidet. Sechshundert und zwei Häuser sind nach Angaben des Rafah Bevölkerungsflüchtlingskomitees völlig mit dem Bulldozer plattgemacht worden. Die Anzahl der Häuser, die teilweise zerstört wurden, ist größer.

Heute als ich über die Trümmer ging, wo einst Häuser standen, riefen mir ägyptische Soldaten von der anderen Seite der Grenze zu, "Geh! Geh!" weil ein Panzer kam. Es folgte ein Winken und "wie heißt du?". Es gibt in dieser freundlichen Neugier etwas Störendes. Sie erinnerte mich daran, wie wir bis zu einem gewissen alle Kinder sind, die neugierig gegenüber anderen Kindern sind: Ägyptische Kinder, die einer Fremden zuriefen, die in die Fahrspur der Panzer ging. Palästinensische Kinder, die aus den Panzern beschossen werden, wenn sie hinter den Mauern hervor luchsen, um zu sehen, was da vor sich geht. Internationale Kinder, die mit Transparenten vor Panzern stehen. Israelische Kinder in den Panzern anonym, gelegentlich schimpfend -- und auch gelegentlich winkend -- viele gezwungen, hier zu sein, viele einfach aggressiv, in die Häuser schießend, wenn wir weggehen.[...]

Es besteht auch die Notwendigkeit der ständigen Präsenz über Nacht an einem Brunnen am Stadtrand von Rafah, da die israelische Armee die zwei größten Brunnen zerstört hat. Nach Angaben der städtischen Wasserbehörde lieferten die Brunnen, die letzte Woche zerstört wurden, die Hälfte von Rafahs Wasserbedarf. Viele der Gemeinden haben Internationale gebeten, bei Nacht anwesend zu sein beim Versuch, Häuser abzuschirmen vor weiterem Abriss. Nach etwa zweiundzwanzig Uhr ist es sehr schwierig, sich bei Nacht zu bewegen, weil die israelische Armee jeden auf den Straßen als Widerstandskämpfer behandelt und auf sie schießt. Daher sind wir klar zu wenig.

Ich glaube weiterhin, dass meine Heimatstadt, Olympia, eine Menge gewinnen und eine Menge anbieten könnte, indem es sich entschließe, eine Verpflichtung gegenüber Rafah in Form einer Partnerschaftsgemeinde-Beziehung zu machen. [...] Ich fange gerade an zu lernen von dem, was ich als eine intensive Anleitung erwarte, über die Fähigkeit von Menschen, sich gegen alle Widrigkeiten zu organisieren und gegen alle Widrigkeiten zu widerstehen.

Nur die allerwenigsten Medien berichteten in Deutschland über Rachels Corries gewaltsamen Tod durch einen israelischen Bulldozer (es waren n-tv, netzeitung und in einem anderen Artikel versteckt die Süddeutsche Zeitung). Warum war das schreckliche Ereignis den meisten Medien keine Zeile wert? Wäre ein Bericht zwangsläufig zu israelisch-kritisch? Ist das Thema ein zu „heisses Eisen“, an dem man sich gewaltig die Finger verbrennen könnte? Offensichtlich schweigt man Vorkommnisse wie diese lieber tot.

Verpflichtung zum Maulkorb

Die selektive Berichterstattung der Medien im Nahostkonflikt wird in dem hoch interessanten Beitrag „Was die Medien in Deutschland verschweigen“ von Dr. Victoria Waltz analysiert:

Wussten Sie, dass die deutschen Journalistlnnen in der Region, natürlich akkreditiert in Israel, eine Verpflichtung unterschreiben, nichts gegen die Interessen und die Sicherheit Israels zu schreiben? Ahnen Sie, dass das einer Selbstverpflichtung zum Maulkorb gleichkommt? Würden Sie denken, daß deutsche Journalisten und Medien derart ‚käuflich' oder einschüchterbar sind, dass sie Tatsachen unterschlagen, zu späten Nachtzeiten senden, ja alles tun, um die Wahrheit nicht allzu schrecklich zu übermitteln und sowieso eher aus israelischen denn aus palästinensischen Quellen schöpfen und damit weder dem Neutralitätsgebot noch dem Informationsgebot nachkommen? Nicht, weil man aus dem Faschismus nichts gelernt hätte, sondern weil man nicht zulassen will, was nicht sein darf?

In Palästina ist die Hölle los, jedes Kind weiß inzwischen, dass es nur eine Lösung geben kann: Rückzug der Israelis aus allen besetzten Gebieten und zwei Staaten in den Grenzen von 1947/48, was schon einen palästinensischen Verzicht auf 2/3 des einst von ihnen belebten Landes Palästina bedeutet. Und was tun unsere Medien und unsere Politiker? Sie fordern seit einem Jahr Gewaltverzicht von den

Palästinensern, zu allererst von denen also, die vor allem ihr Recht auf Unabhängigkeit nach mehr als 50 Jahren einklagen, sie, die nicht für den deutschen Massenmord an den europäischen Juden verantwortlich sind. Sind Regierung und Medien derart verstrickt und selbst imperial gepolt, dass es auch ihnen im Nahen/Mittleren Osten nur um die Sicherung des Schmier-Öls für die europäische/amerikanische Wohllebens-, Industrie- und Rüstungsmaschinerie geht - koste es was es wolle?

Die PalästinenserInnen fragen sich heute, wo bleiben die deutschen JournalistInnen, warum kommen sie zu keiner unserer Pressekonferenzen? Warum erfahren die Deutschen am allerwenigsten in ihren normalen Informationsquellen etwas über die Beweggründe, Hintergründe der Palästinenser, über die groß angelegten Menschenrechtsverletzungen und Genfer Konventionsverletzungen jetzt und seit 50 Jahren, auch während des sogenannten Friedensprozesses bis zur Intifada? Warum sehen wir nur weinende Israelinnen, aber niemals palästinensische Trauernde und Verzweifelte? Gibt es sie nicht auch? Warum hören wir nie etwas über die Beweggründe der Selbstmordattentäter? Weil sie immer gleich erschossen werden, damit sie gar nicht erst sprechen können, aus welchem Lager und welchem Teil Palästinas sie ursprünglich kommen, was ihren Vätern, Müttern, Geschwistern und Freunden, so lange sie zurückdenken können, geschah und in den letzten 50 Jahren? Warum auch erfahren wir nicht in den Abendnachrichten, dass in Italien 100.000 Menschen für Palästina auf die Strasse gingen? Warum hören wir kaum eine fundierte Kritik und zweifelnde, Partei nehmende Stellungnahme gegen Unrecht, während in den europäischen und auch den amerikanischen Medien Hintergründe und Aufdeckungen jede Menge zu erhalten sind: Clintons Wahlkampf durch die Israelische Arbeiterpartei mitfinanziert, Bushs Wahlkampf durch den Likud Block - fast die Hälfte der amerikanischen Regierungsmitglieder sind Doppelstaatler, Israelis und Amerikaner, Peace Now berichtet über die Tätowierungen von palästinensischen Gefangenen und schreit: sind wir Nazis geworden? Spielen Regierung und Medien das Spiel Sharons mit?

Sharon weigert sich, internationale Beobachter ins Land zu lassen - soll niemand [über seine systematische Vernichtung der Palästinenser, Anm. d.A.] berichten können?

Warum hören wir davon fast nichts? Warum wird nicht Empörung ganz laut? Warum wird auch auf Interventionen und Hinweise der ZuhörerInnen oder LeserInnen nicht reagiert? Warum interviewt niemand palästinensische Menschen und Persönlichkeiten, um der Wahrheit wenigstens ein wenig näher zu kommen, oder höchstens 'mal Hannan Ashrawi, und manchmal auch erst nachts um 24 Uhr? Und wenn die Journalisten inzwischen Angst bekommen haben, haben sie nicht Telefon und Internet wie andere Menschen auch und können sie sich nicht rundum informieren? Wollen die Headquarters die Nachrichten gar nicht, wie man sich erzählt unter JournalistInnen im Lande? Machen sie sich nicht mitschuldig? (82)

Die Informationen stammen aus einem Gespräch der Nahostexpertin und Dozentin an der Universität Dortmund Dr. Viktoria Waltz mit dem damaligen palästinensischen Umweltminster Dr. Jusuf Abu Saflye aus Beit Lahla, Gazastreifen am 10.03.2002.

Die Liste der oben angeschnittenen Fragen an die Medienvertreter unseres Landes, die ihrer Verpflichtung zu Meinungsfreiheit und neutraler Berichterstattung offensichtlich nicht nachkommen, kann ich in Bezug auf die gegen mich gerichtete Medienkampagne fortsetzen:

Warum wurden immer nur die negativen Dinge über mich berichtet? Warum fast immer nur die Fotos von mir gezeigt, auf denen ich düster und grimmig aussehe? Ich weiß, dass den Redaktionen auch andere Bilder von mir vorliegen. Warum wurde nie über die unzähligen, von mir organisierten friedenspolitischen Aktionen geschrieben, warum nie über meinen jahrelangen Einsatz für Frieden, für die Menschenrechte, für Migranten und Asylbewerber? Ein freier Journalist, der im Verlauf des „Falls Karsli" ein ausführliches exklusives Interview mit mir machte, rief mich eine Woche, nachdem wir uns intensiv miteinander unterhalten hatten, an. Er erzählte mir, dass er das Interview verschiedenen deutschen Medien angeboten hatte. Sie waren allesamt nur unter einer Bedingung bereit, es zu veröffentlichen: Die positiven Dinge über mich sollten gestrichen werden....

Ähnlich frustrierend bis erschütternd verlief die mediale Berichterstattung meines Israelbesuchs: Warum war meine Reise nach Israel im Juli 2002 so gut wie keiner deutschen Zeitung auch nur eine Zeile wert? In Israel hingegen war mein Besuch ein viel beachtetes Ereignis. Ich habe dort drei Fernsehinterviews und mehrere Radio- und Zeitungsinterviews, u.a. mit der auflagenstarken Zeitung Haa'retz gegeben. Ist es etwa selbstverständlich, dass ein in Syrien geborener deutscher Abgeordneter einen Besuch in Israel abhält? Die ignorante Reaktion der deutschen Medien legt den Schluss nahe. Die einzige deutsche Berichterstattung meiner Reise zeichnete sich hingegen wieder durch eine derart massive Verdrehung der Tatsachen aus, dass es einen in die Verzweiflung treibt. Wo ist die Stimme der israelischen Linken und der im Nahen Osten überaus präsenten Friedensbewegung in den deutschen Medien, die der aktuellen israelischen Politik ebenfalls sehr kritisch gegenüber stehen? Warum hört man hierzulande immer weniger von Uri Avnery, von Shraga Elam, von Felicia Langer und von Dr. Hajo Meyer? Sind sie die neuen Opfer der deutschen Zensur?

Zusammenfassend muss ich festhalten, dass sich sowohl die Berichterstattung als auch die Themenauswahl in Punkto Nahostkonflikt in anderen Ländern von der deutschen deutlich unterscheidet. Allein aufgrund dessen, was die deutschen Medien nicht kommunizieren, kann man sie fraglos als äußerst israelfreundlich und unkritisch bezeichnen.

Die vielen Fragen nach den „warum?“ gehen zunehmend in die Gewissheit über, dass hinter den verschiedenen Mosaiksteinchen auffällig einseitigen Verhaltens der Medien ein zielgerichtetes System steckt. Beweisen lässt sich nichts, vermuten um so mehr.

ANHANG

Quellennachweis

(1) www.juergenwmoellemann.de

(2) www.muslimcity.net/Artikel/ErichFried/hauptteil_erichfried.html.
Erich Fried, geboren am 6. Mai 1921 in Wien. wurde nach eigenen Angaben durch den deutschen Einmarsch 1938 "von einem österreichischen Oberschüler in einen verfolgten Juden verwandelt." Der Vater wurde von der Gestapo ermordet, daraufhin floh Fried nach London, von wo aus er seiner Mutter und 70 anderen Personen zur Flucht verhalf. Der Dichter von Weltrang wurde später zu einem der schärfsten Kritiker der israelischen Politik in Palästina. In seinen Gedichten setzte er sich mit dem Nahostkonflikt immer wieder kritisch auseinander.

(3) www.landtag.nrw.de, „Landtag intern" vom 06.12.1999

(4) www.karsli.de

(5) meine Pressetexte und Reiseberichte sind alle nachzulesen unter: www.karsli.de

(6,7,8,9,10,) ebenda

(11) www.uni-kassel.de/fb10/frieden/aktuell/Export-Richtlinien.html

(12) www.muslimcity.net/Artikel/ErichFried/hauptteil_erichfried.html

(13) www.amnesty.de

(14) ebenda

(15) www.uni-kassel.de/fb10/frieden/regionen/Israel/levy.html

(16) Jürgen Möllemann. Klartext

(17) Ludwig Watzal: aus „Normalität und Verantwortung" in der Berliner Republik (2002) 4

(18) Reutlinger Generalanzeiger 19.3.2003, nachzulesen auf der attac homepage unter www.staytuned.at/sig/32930.html

(19) ai-Journal Februar 2002: Eine schwierige Geschichte - Deutsche und die Menschenrechtsarbeit zu Israel von Volkmar Deile. Unter: www.amnesty.de, berichte, länder, Israel und die besetzten gebiete

(20) www.karsli.de

(21) ebenda

(22) TAZ, 04.04.2002

(23) Homepage des Landtagsabgeordneten Joachim Schulz Tornau: www.schuto.de/karsli.htm

(24) www.gruene.landtag.nrw.de, Archiv 2002, 23.04.02 GRÜNE: „Kein Verständnis für Karslis Verhalten"

(25) Handelsblatt
(26) Junge Freiheit
(27) Focus (22/2002)
(28) 14. Mai 2002: Beschluss: »Schluss mit der Gewalt! Für eine europäische Friedensinitiative im Nahen Osten«. Unter: www.fdp-bundesverband.de/grundsaetzliches/bundesparteitage.,53. Ord. Bundesparteitag, 10.-12.05.2002, Mannheim
(29) www.netzeitung.de
(30) Jürgen W. Möllemann: Klartext
(31) aus Freitag 24, von Thomas Rotschild
(32) www.dradio.de/cgi-bin/es/neu-interview/2108.html
(33) www.karsli.de
(34) www.dradio.de
(35) www.semit.net
(36) www.nahost-journal.de/politik/Kommentar.htm
(37) www.karsli.de
(38-40) Rabbiner Rothschild:
www.judentum.net/deutschland/staatsvertrag-0.htm
(41) www.karsli.de
(42) Freitag 24, von Thomas Rotschild
(43) „Tabubruch" von Thomas Schmidt in der FAZ vom 23.05.2002
(44) www.diak.org
(45) Oxford Universallexikon, auf Seite 1838
(46) www.wissen.de
(47) Langers Lexikon der Weltgeschichte
(48) www.kalaschnikow.de
(49) Uri Avnery: Fabrikation von Antisemiten. Nachzulesen unter: www.arendt-art.de/deutsch/palestina/5-linksstimmen_aus_israel.htm
(50) www.d-a-g.de/werte.html
(51) www.petitiononline.com
(52) FAZ
(53) www.stern.de 18.06.2002
(54) Jack Steinberger, Genf, in der FAZ vom 08.06.02
(55) Frankfurter Rundschau,4. September 2001
(56) Ludwig Watzal, „Normalität und Verantwortung"
(57) Süddeutsche Zeitung vom 05.04.2002
(58) WAZ vom 22.05.02
(59) JUNGE FREIHEIT Verlag GmbH & Co., 23/02 vom 31. Mai 2002
(60) Welt am Sonntag vom 13.02.03

(61) www.zdf.de
(62) dpa
(63) Frankfurter Rundschau
(64) www.spiegel.de
(65) Max Brym, Sinn und Unsinn der Zionismus-Kritik, in: haGalil vom 6. Juni 2002
(66) zitiert aus Geschichte des Staates Israel. Teil 1: Hermann Meier-Cronemeyer. Entstehungsgeschichte: Die zionistische Bewegung. Wochen-schau Verlag, Schwalbach/Ts, (Schriftenreihe des Deutsch-Israelischen Arbeitskreises für Frieden im Nahen Osten e.V.; Bd. 28), 1997.
(67) zitiert nach: Geschichte des Staates Israel. Teil 2. Reiner Bernstein. Von der Gründung 1948 bis heute. Wochenschau Verlag, Schwalbach/Ts, (Schriftenreihe des Deutsch-Israelischen Arbeitskreises für Frieden im Nahen Osten e.V.; Bd. 32), 1998
(68) www.fakt-partei.de
(69) aus Uri Avnery: Fabrikation von Antisemiten
(70) Maariv - Tel Aviv. Erstellt am 08.06.2002
(70) Maariv - Tel Aviv. Erstellt am 02.09.1994
(72) *Jerusalem Post von 24.2.2002*
(73) Michael Lind, Die Israel-Lobby in den Vereinigten Staaten, in: Blätter für deutsche und internationale Politik, (2002) 6

Urs Gehriger, Israels langer Arm nach Washington, in: Tages-Anzeiger vom 22.4.2002. Nachzulesen unter

www.muslim-markt.de/Palaestina-Spezial/welteinfluss/usa.htm

oder www.hms-web.de/016/body_016.html
(74) Süddeutsche Zeitung
(75) www.fakt-partei.de
(76) www.staytuned.at/sig/32927.html:“ Antizionismus ist nicht Antisemitismus“ von Michel Warschawski, Leiter des Alternative Information Center in Jerusalem
(77) www.dki.antifa.net/antisemitismusstreit/ chronologie05.html
(78) www.fakt-partei.de
(79) Frankfurter Allgemeine Zeitung, 23.04.2003, Nr. 94
(80) www.kritische-stimme.de/Menschenrechte/ rachel_corrie.htm
(81) www.friedensforum-duisburg.de/gushshalom/gs030317.htm
(82) www.uni-kassel.de/fb10/frieden/regionen/Nahost/waltz.html